公仆本色

——陕北老红军黄静波传

郭兆文 黄少南 高建鹰 著

人民出版社

1984 年，黄静波在青海 （新华社记者　王精业摄）

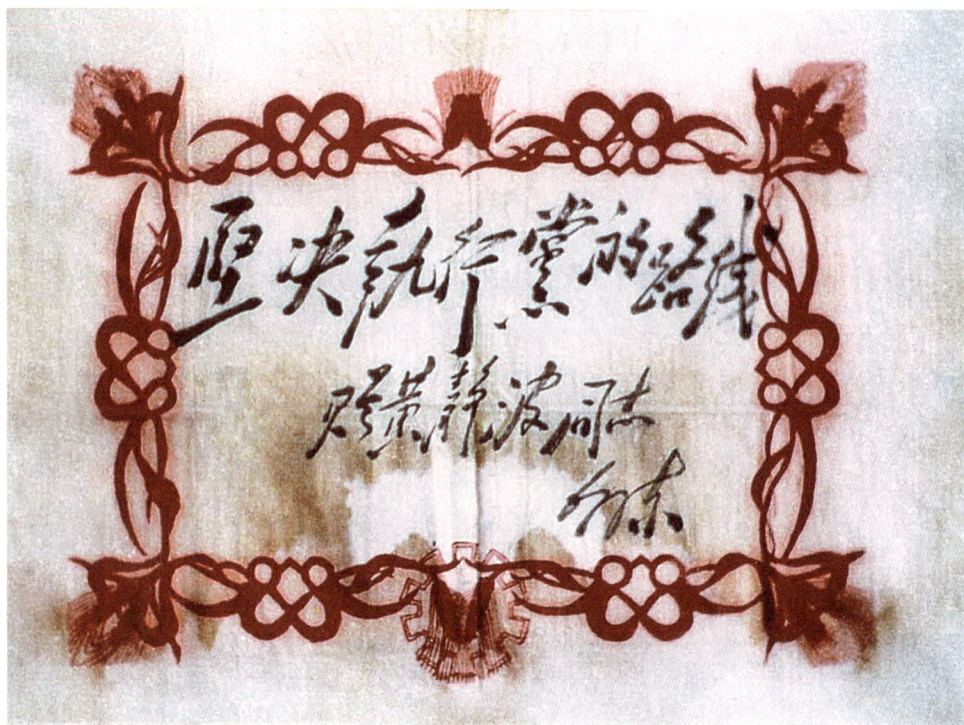

1943 年 1 月，在西北局高干会上毛泽东亲笔为黄静波题写的奖状

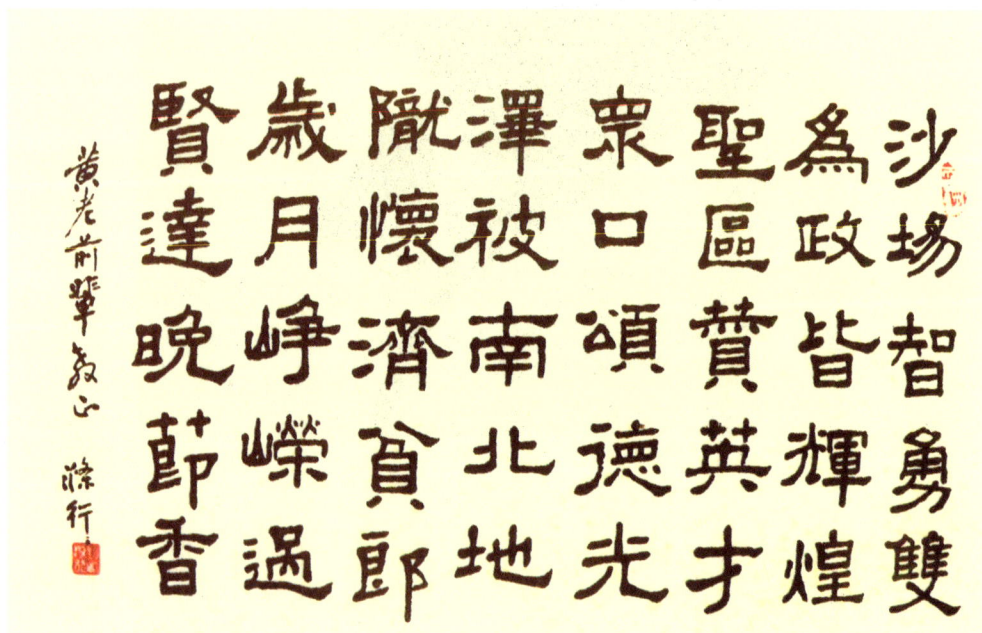

沙场智勇双

为政皆辉煌

圣区贊英才

众口颂德光

泽被南北地

陕怀懷济贫郎

岁月峥嵘过

贤达晚节香

黄老前辈教正

滌行

刘滌行赠黄静波诗

黄静波（右二）和夫人高宗一（左一）看望老领导习仲勋和齐心

王震与黄静波合影

黄静波在机场迎接叶剑英同志

黄静波在美国访问期间，看望黄德华（辛亥革命元勋黄兴的女儿）及其丈夫薛君度教授

原国务院副总理吴桂贤看望黄静波

从左至右：黄秋萍、李伯钊、黄小洪、杨尚昆、王震、黄静波

黄静波夫人高宗一（左）和刘志丹
夫人同桂荣

黄静波与谢觉哉夫人老红军王定国

黄静波（第三排左起第六）出席七大老同志座谈会

陕北老红军黄静波

2016 年 6 月 10 日，温家宝总理看望陕北老红军黄静波

黄静波和邓力群（右）合影

作者和黄静波合影。前坐黄静波（左）、任远（右），后立高建鹰（左）、郭兆文（中）、黄少南（右）

序

本书是陕北老红军黄静波同志纪实传记，作者请我为之写序。

我和黄静波同志相识 70 年余。最初知道黄静波这个名字是在 1942 年，当时谢老（谢觉哉，时任陕甘宁边区参议会副议长，著名的延安五老之一）为配合延安整风，以"焕南"的笔名在《解放日报》辟出"一得书"专栏，连续发表了 60 篇文章。一发表便受到毛泽东的好评，谓之"感兴趣"或"有益的"。其中有一篇《怎样做县长》发表于 1942 年 8 月 6 日，表扬了专员兼县长的习仲勋和清涧县长黄静波，说他们很能创造，是有能力的前进的县长。

1943 年 1 月，在西北局高干会上，表彰了 22 位领导经济建设成绩卓著、在群众中享有信仰的领导干部为边区生产英雄，其中就有黄静波，毛泽东为每个受奖的同志亲笔题写奖状，由于黄静波执行党的路线方针政策成绩突出，给黄静波的题词是，"坚决执行党的路线"。黄静波那时 24 岁，是边区年轻有为的模范县长。1944 年黄静波调任陕甘宁边区政府粮食局局长，同年底升任财政厅副厅长，这样我们便同在边区政府工作。

解放战争时期，黄静波同志任西北野战军（后改称中国人民解放军第一野战军）后勤部供给部部长、后勤部副部长、后勤部政委。新中国成立初，他任中央粮食部副部长，在北京，我们是住地相距不远的邻居，巧的是，离休后我们又是同在一个小区、一栋楼内的近邻，真是有缘。

黄静波是一位德高望重的老同志，他党性观念强，坚决执行党的决议，践行党的宗旨，时刻把党和人民的利益放在第一位，始终保持人民公仆的本色；他识大体，顾大局，主动从领导岗位上退下来，胸怀坦荡、光明磊落；他清正廉洁、严于律己、谦虚谨慎；他密切联系联众，关心群众疾苦，坚持为群众办实事、办好事；他生活简朴、平易近人、待人诚恳、勇于开拓、敢于担当，因此在各个岗位上都做出了较好的成绩。他的这种品格，在这本书里得到了生动地体现。

黄静波同志 95 岁生日时对自己作了个总结，他讲了三句话：一是我没有贪污；二是我没有搞特权，为子女亲友谋私利；三是我没有欺负老百姓。这本书也是对这三句话很好地诠释。

党的十八大以来，在以习近平同志为核心的党中央领导下，在坚持改革开放的同时，大力开展党的群众路线的教育，学习并继承了党的优良传统和作风，黄静波同志是毛泽东树立的联系群众的楷模之一，在他的身上体现了我们党老一辈革命家所具有的优良品质，体现了党的优良传统和作风。这正是我们应该学习的，特别是对年轻一代更具有现实的教育意义。这是一部宣传正能量的书，我乐于向同志们推荐。

王定国

2014 年 8 月 16 日

目　录

前　言

黄河之水天上来，日月大山在青海，

心系天下情不老，红色精神传万代！

本书叙述的是一位参加革命八十余年，把毕生精力献给了中国革命、建设和改革开放事业，作出了卓越贡献、立下了较大功勋的陕北老红军黄静波。

中华民族是有辉煌历史的，在历史上闪耀光芒的人物我们后人都要牢记！

中国的革命史是分阶段的，哪个阶段都不能少。

一个个阶段：建党时期（五四时期）、第一次国内革命战争时期（北伐时期），第二次国内革命战争时期（土地革命时期），抗日战争时期，第三次国内革命战争时期（解放战争时期）。

一个个山头：井冈山、大别山、大巴山、沂蒙山、宝塔山等。

从 1927 年八一南昌起义、秋收起义、建立井冈山革命根据地到1949 年毛泽东登上天安门城楼。二十二年，毛泽东和他的战友们从井冈山到瑞金，从长征到延安，再到西柏坡。

时间最长的是陕北延安时期，最关大局的也是在陕北延安时期。毛泽东在《七大工作方针》中说："我说陕北是两点，一个落脚点、一个出发点。"他又说，"'左'的政策使军队损失十分之九，苏区损失不止十分之九，所剩的只有陕北苏区"。

在中央苏区和其他苏区损失严重时，陕北苏区竟然23个县800里方圆连在一起，形成无坚不摧的根据地，并且不断壮大。刘志丹、李子洲、魏野畴、谢子长、高岗、习仲勋、刘景范、张秀山、马明方、张邦英、耿炳光、白明善、李象九、王世泰、王泰吉、马文瑞、杨琪、张仲良、贾拓夫、杨森、唐澍、刘澜涛、闫红彦、张达志、贺晋年、黄静波、白介夫、白治民、白栋材、张德生、朱敏、张光、崔田民、白纪年、王丕年、王兆湘、崔田夫、刘英勇、唐洪澄、郭洪涛、高朗亭、慕生忠、惠中权、高克恭、苏杰、薛兰宾、曹力如、谭生彬、高锦纯、高克亭、白如冰、常黎夫、王士英、张家修、霍维德等大批陕北共产党人，为创建陕北红军和根据地作出了各自的贡献。

这为党中央和中国工农红军在陕北找到了落脚点，又成为红军抗战的出发点进而使陕甘宁边区成为中国革命的大本营，使延安成为党中央所在地，更成为培养和造就无产阶级先锋战士和革命者的摇篮。

黄静波就是陕北土生土长，被革命浪潮推到第一线的先锋战士，在这里，他由陕北红小鬼成长为老一辈无产阶级革命家。

他14岁参加了革命，后来入团入党成为陕北少共省委儿童局书记、陕甘宁少共省委宣传部部长。

在中共党史上，少年入团入党成为革命家，在中央苏区的代表是胡耀邦、陈丕显、萧华、张爱萍、谭启龙等同志，而陕北少年革命先锋的代表当数20岁出头就担任陕甘宁苏维埃政府主席的习仲勋和14岁就当游击队副队长、少共省委宣传部部长的黄静波。

他们都是英雄出自少年，二十出头就已经是老革命，并担负了重要的领导岗位。

看黄静波的革命履历：

1933年，参加儿童团，不久当了村游击队副队长。

1935 年，入党参加红军参加土地革命斗争，担任陕北少共省委儿童局书记，陕甘少共省委宣传部部长。

1938 年，历任绥德、米脂、清涧县委书记。

在延安大生产运动中，23 岁的他被升任陕甘宁边区粮食局局长。与习仲勋、王震、马文瑞、王世泰、王丕年一起被评为陕甘宁边区 22 个劳模之一，毛泽东亲笔题词"坚决执行党的路线——赠黄静波同志"。

解放战争时期，黄静波担任了以彭德怀为司令员、习仲勋为政委的第一野战军的后勤部政委，后勤部部长是刘志丹的弟弟刘景范。

新中国成立后，黄静波担任甘肃省财政厅厅长，省财经委员会副主任，中央粮食部党组副书记、副部长，后回陕任陕西省副省长。

"文革"后任吉林省副省长，并被习仲勋选为赴广东的领导班子成员出任省委常委、副省长，政府秘书长。

1983 年后，赴青海任省委书记、省长至离休。

做为参与创建陕北革命根据地和陕甘宁边区的老革命家，他以 95 岁高龄做为历史的见证人和亲历者，有很多宝贵财富留给后人。做为延安精神的传承者，永远是后人学习的榜样。

继承下来吧！革命后代的子孙，这是永恒的财富！千秋万古长新。继承下来吧！革命事业的接班人。这是延安精神写真中的一个细节。这就是一篇宏文。

那么让我们沿着黄静波走过的屐痕去回首那峥嵘跌宕的岁月，重温那金戈铁马的青春。

继承那历久弥新的宝贵财富吧！

蓦然回首，黄静波，心海之波何时静？

岁月回眸，革命家，征战归来马蹄香！

第 一 章

年轻延安革命圣地　古老周秦民族摇篮

清涧石板瓦窑堡炭　米脂婆姨绥德的汉

这是一方壮美神奇的土地，这是一方人杰地灵的土地，这是一方物华天宝的土地，这是一方孕育悠久文化的土地，这是一方讲不完故事说不清原委的土地，这更是一方华夏始祖发祥的宝地。

古之周秦地，今之大陕西。自从盘古开天地，三皇五帝到如今。无论商周、无论秦汉，这里都是历史最壮美而神奇的舞台，这里都是精彩故事的讲台，也是征战频频的烽火台。

周立国八百年，封诸侯八百。至春秋战国，中国人智慧大张扬、思想大解放，形成了智者云集，能者辈出之局面。老子、庄子、孟子思想家灿若群星；管仲、晏婴、张仪、苏秦政治家纵横捭阖；乐毅、白起、廉颇、孙武、蒙恬等军事家决胜千里。

260 年间，学者、贤者、名相、能臣、虎将、高士数以百计。其霸业勋功，道德文章，智慧谋略，在历史的天空中恒烁古今，光耀百代。其优礼养士，延揽英才之风，延绵千秋。秦穆公五张羊皮换百里奚，齐桓公不计射钩之仇而用管仲，张仪远交近攻策，苏秦说动六国兵。这样一个大时代的大展演，其舞台便在秦陇之地。

周兴于此而有天下。秦昌于此而扫六合。汉得陇而中原逐鹿。唐虽起于晋，也是先占陇秦而荡平诸王。陇秦如高屋之瓴，据陇秦而小中原，得中原而有天下。

楚汉虽把秦灭了，但传承的还是秦文化。

三秦大地永远生机勃勃，茂盛着物产，茂盛着人才。长安仍旧一片月，咸阳依然马啸天。华山一剑指九域，渭水单勾钓江山。三秦大地是华夏腹地一颗翡翠，是华夏玉体的左心室右心房。触手可及的皆是文物，动之以情的皆是文化。这就是陕西。

然而，陕西的北部更为神奇。溯源它的古老，它是真古老，挖掘它的新鲜，它竟使近代中国革命在这里得到泽润的甘露。

陕北不但古老，而且年轻。古老的故事讲不完，年轻的故事更动人。

从西安向北行 300 公里，就到了延河边的宝塔山。延安古城沿河依山而建。

宝塔山崖上刻着三个古朴大字："嘉岭山"，是范仲淹手书。

山上唐塔，塔身九级，建于唐代宗大历年间。宝塔山原名嘉岭山，嘉岭山原名丰林山。

范仲淹任职延安时改名嘉岭山。山东南的摘星楼是山的制高点。从这里纵目四望，群山在目，延河如带，延安城夹河逶迤西向。

摘星楼北宋时叫望寇楼。那时延安已是边城。北宋实际控制区从汉唐的玉门后退了数千里。甘肃、宁夏已成辽国疆域。北宋高官如范仲淹、狄青、韩琦、沈括、杨业、杨家将都在此任职、掌兵。陕北历来是军事重地，又是文人汇集之地。

明弘治年间知府李延寿留下一首写延安的诗曰：

嘉岭叠叠倚晴空，
景色都在夕阳中。

塔直倒分深树绿，

花枝低映碧流红。

幽僧栖迹烟霞坞，

野鸟飞归锦绣丛。

翘首峰头故营垒，

今人追忆范文公。

延安不是现代才有这般名气。陕甘宁乃中华古之发祥地。陇秦便是陕甘宁。陕北便是延安和榆林地区，包括榆林、神木、横山、米脂、绥德、清涧、志丹、子长、延长等二十几个县。

延安原名叫肤施，因一个宗教故事而得名。

据佛经"大智论"载，释迦牟尼三世祖尸毗王来清凉山修行。

有一天，一只饿鹰追逐一只鸽子，从悬崖上跌落到尸毗王身旁。尸毗王为救鸽子将自己身上的肉割了一块喂饥饿的鹰，这样鹰既饿不死，也不吃鸽子了。使鸽子和鹰全都得救。人们便把此地叫肤施。肤施是大施。延安为中国革命胜利和中国共产党的发展壮大也是做出肤施的。

以延安（肤施）为中心，向北延伸到榆林，这绵亘 800 里的陕北大地，自古雄才大略的文臣武将辈出。

陕北黄土高原海拔 800—1300 米，地势险峻，约占全省总面积 45%，其北部为风沙区，南部是丘陵沟壑区，东部紧临黄河，自古是可攻可守的战略要地。

透过满目黄尘去看上古的陕北，令人难以想象的是，直到秦汉以前这里还是"沃野千里，禾稼殷实，水草丰美，土宜产收"的富饶之地，生态环境极佳。

然而不幸的是，由于陕北同时又是兵家必争之地，就不可避免地成了百战沙场。

以今日的绥德县为例，绥德地处陕北腹地，素有"西北咽喉道，秦地东大门"之称。在秦汉时被称作上郡，据记载，历史上有很多重要事件都发生在这里，公元前 210 年，秦始皇死后，赵高与李斯矫遗诏赐秦始皇之子扶苏、大将蒙恬死，扶苏自杀的位置即在今绥德呜咽泉，蒙恬自杀于阳周，两人又都被葬于绥德。

作为古战场，这里也曾经尸横遍野、血流成河，令诗人不由得发出了"可怜无定河边骨，犹是深闺梦里人"的悲叹；连年的征战和掠夺以及秦、明、清代三次破坏性的毁林屯田，再加上一些自然的原因，整个陕北的环境遭到了严重破坏，到了明清时期一片沃土最终被贫瘠和干旱所占据。

康熙皇帝出巡陕北来到绥德，有感于昔日的边陲重镇和名城要塞，亲书"秦汉名邦"四字，制成石匾悬嵌于绥德城南关帝庙洞额，后又移于城南外文昌楼洞额，20 世纪 50 年代初拆洞时石匾被毁，只有绥德曾被康熙钦赞的故事被保留下来。

昔日的"名邦"和富饶在沧海桑田的变化中渐渐褪了色，而千百年来未曾改变的，唯有陕北人的血气与性情。陕北自古就是民族融合的"绳结区域"。

从商周时代起，鬼方、猃狁、白狄、匈奴、林胡、稽胡、卢水胡、鲜卑、契丹、突厥、党项、羌、女真、蒙古、满等少数民族先后以战胜者的雄姿，走上这个历史舞台，促成了华族（汉代以后的汉族）和其他少数民族的融合与交流；在陕北形成了以秦汉文化为主体，融合了北方草原文化等少数民族文化的独特文化个性，形成了陕北人侠义直爽豪迈、奔放、热情和机智隐忍相杂糅的性格。

在陕北这块土地上，多少英雄在此诞生成长啊！范仲淹、韩世忠、杨家将自不必说，在此演出惊天地、泣鬼神的壮举；不必说，秦将蒙恬在此筑长城、修直道、逐匈奴千里，移民数十万，开辟新秦地，建成 40 县；也不必说，汉武帝时单骑冲阵、射虎石穿的飞将军李广为上郡太守，驻军肤施。卢纶赞他"林暗草惊风，将军夜引弓。平明寻白羽，没在石棱中。"

更不必说，杜甫避安史之乱、小住延安，才有杜甫川少陵祠。就是杨业之妻佘老太君（赛花）家族的佘家军，也在延安"扼守西北，中国赖之。"

在陕北还有两句最有名的现代民谣："陕北出了个刘志丹，他带领队伍下了横山。"歌名叫《横山下来些游击队》。民族英雄刘志丹是陕北革命根据地的创始人。陕北人民对刘志丹的感情极深，他牺牲后，万人"牵衣顿足拦道哭，哭声直上干云霄"。

"东方红太阳升。中国出了个毛泽东。他为人民谋幸福，呼儿海哟他是人民大救星。"歌名叫《东方红》。

这是 20 世纪 40 年代，大生产运动以后，1944 年左右，陕北人民实实在在地体会以毛泽东为首的中国共产党给陕北人民带来了幸福和安康，人民发自内心的欢唱和颂扬。

这就是我们的传主黄静波所出生和战斗的地方。

1919 年 7 月 13 日，陕西省绥德县南区苏家岩乡焦石堡村的普通农民黄锡佑家中诞下了一个男孩。父母给他起的乳名是小锁，是希望这个孩子能锁在自己身边，不要被天灾人祸夺去。旧中国穷人家生孩子大都起名叫栓柱、锁柱、狗剩子等。孩子死了狗都不吃，所以能剩下。都是怕孩子有病治不起而死掉，才起这些具保佑性质的名字。陕北还有给孩子"保锁"的乡俗，认为娃娃三魂六魄不全，为了消灾免难，平平安安，便请法师或道士给娃娃"保锁"。保锁有固定的法事议程，锁一般为银锁，锁上还配有七彩丝线和神符纸条，等娃娃长到 12 岁时，认为魂魄已全，再请原法师来开锁，即给被保锁的孩子举行解锁过关仪式。

小锁虽然没有被"保锁"，但是父母已经在他的名字中寄托了这个愿望。小锁姊妹弟兄 6 人，3 个姐姐，2 个弟弟，他的一个弟弟小信就是在 12 岁时病死了，他们是父母最大的安慰，也是将来家里面重要的劳动力。

生长在平林漫漫、黄沙漠漠的黄土高原，就像生活在一个生命的熔炉，一切和生命无关的杂质都会被淬炼干净，剩下的则是最本质的人生。

当一个个正在茁壮成长的生命被逼到夹缝中的时候，往往会迸发出更大的热情。陕北民歌唱出了人们骨子里那种深藏的压抑后爆发出的热情。

信天游是陕北民歌的代表，2004年出版的《绥德文库》一书"民歌卷"就收集了陕北民歌5000余首，堪称中国民歌之最，其生动、优美的曲调，广泛、深刻的内容，已成为黄土文化的重要组成部分；其天马行空的热烈，信天而游的风情，不仅是人际交流的一种语言，还可以是人与自然、人与万物、人与天地交流的另一种语言。劳累之余、两情相悦、婚丧嫁娶、逢年过节，人们都要用歌声来表达自己的心情。

"就是这一溜溜沟沟，就是这一道道坎坎；就是这一片片黄土，就是这一座座秃山；就是这一星星绿，就是这一滴滴泉；就是这一眼眼风沙，就是这一声声嘶喊；拴着我的心，扯着我的肝，记着我的忧虑，壮着我的胆。"

陕北民歌唱出的不仅仅是西北汉子赤裸裸的浓情，还有对天对地对人生的抗争和挑战。不但富于哲理，更富于真情。

童年的小锁经常坐在崖边，望着远处和近处的沟壑，遥听重重山岭的尽头传来隐约歌声，猜想歌者的样子和想要表达的意思。

有时他也会气运丹田，高歌一曲穿透群山的调子，或者是吼一段掷地有声的秦腔，引来放羊孩子的叫好。

比起那些上不起学的孩子来说，小锁还是幸运的。原来家里有土地百垧，有一些牲口。但是到了1934年，由于父亲替人包账欠债渐多，债主常常找上门讨账。于是开始拍卖牛羊，出卖土地，最后还得借钱还债，家境渐衰。穷人的孩子早当家，小锁愈发地善于思考、通情达理。

上了小学以后，小锁在很多时候已经被称呼为黄深源了。在黄姓族谱中，小锁属源字辈，黄静波是参加革命以后改的名。

黄静波12岁的时候，父母就把他的婚姻安排好了，和一个指腹为婚的女孩成家。他们希望孩子尽早成熟，早些当家。人丁兴旺，传宗接代是人生第一要务。不孝有三，无后为大。尽早有后，最好四世五世同堂才让人叫好呢!

在这种情况下,黄静波没有表示自己喜欢或者不喜欢的自由。实际上他也没有那么幸运,婚后他和高桂英性格不合,经常吵架,再加上这一年发生了很多事,他们很快就不在一起了。他们还都是孩子呢。

高桂英性格刚烈、思想进步,1937 年就加入了共产党。虽然她和黄静波已经离婚,但是在黄静波和弟弟黄太源跟红军走后,她一直守在黄家孝敬他的母亲,是一个对革命有贡献的可敬可佩的女性。

在战争年代,即使是本应少不更事的孩子也会切身感受到它的残酷、动荡,没有人能完全生活在封闭的象牙塔中。此时的黄静波已经切实地感受到了身边正在发生很多事情,乡村虽然荒僻,但是也盛传着革命者流血牺牲的事迹,1933 年底的时候,黄静波所在的小学也因为国民党经常来抓人和"围剿",不得不停课了。

停课对家境艰难的黄静波来说未必是一件坏事,就以这个人生的低谷为起点,黄静波不平静的人生开始了。

如今到陕北旅游或者途经此地的人,想到的往往是要去看看震天的腰鼓、城市化的街景和声名远播的石雕工艺,去看那横跨无定河的绥德千狮大桥上 1008 只形态各异的狮子,繁忙的现代人关注更多的是招牌与特色,而无暇去缅怀那段沉重的历史。

在绥德县城区雕阴山下,绥德革命烈士陵园已默立在这里近半个世纪,"谋幸福求和平不惜牺牲足资楷模,为人类为祖国献身革命虽死犹生",这两行字牢牢地刻在了石门的两侧,园内安放着李子洲等 100 多位烈士的遗骨,铭刻着 1475 位烈士的英名。

黄静波每次来到这里都会驻足良久,与其说是缅怀不如说是痛惜,李成荣、李成兰、崔文运、崔曙光、杨重远、霍世杰、常汉三……他不愿见到笑影如昨的亲密战友成为供人瞻仰的烈士,不管他们是否存在,他们依然还是那么鲜活,他们还是那么团结地、兄弟般地站在一起……只是,这静寂是如此令人压抑,这样的心理落差他永远都调整不过来。

距离那一场血雨腥风已将近一个世纪了,和黄静波同样心情的老人屈指可数。作为爱国主义教育基地，绥德革命烈士陵园时而会有扎着红领巾的儿童前来祭扫，事隔几代人，不知他们还能否理解，同样在这个年纪，他们的前辈已经将生命付诸理想；不知能否会有一刻，凝霜的石碑传导了历经百年的忧思，松间的清风唤起了他们血脉相连的记忆……

1840 年鸦片战争以后，中国沦为半殖民地半封建社会，一个骄矜自傲的封闭大国忽然陷入了落后挨打的局面，华夏民族近现代苦难的历程开始了。1911 年，孙中山领导的辛亥革命，结束了延续两千多年的封建帝制，建立中华民国。1919 年，五四爱国运动标志着中国新民主主义革命的伟大开端。1921 年，在共产国际的支持下，中国共产党正式宣告成立。三年后，为了推翻帝国主义在华势力和北洋军阀，国共实现了第一次合作，这次合作历时三年，被称作"大革命"。

在四一二政变后的血雨腥风之中，共产党人经过南昌起义、秋收起义、广州起义等，走上独立领导革命战争、创建人民军队和武装夺取政权的道路。

毛泽东、朱德领导的井冈山根据地的斗争，进一步认识了中国革命发展的客观规律，把武装斗争的重心转向农村。1928 年，他们合编为工农革命军第四军（不久改称红军第四军），接连击破国民党军队的三次"会剿"。1933 年，蒋介石发动对革命根据地的第五次"进剿"和"围剿"。由于毛泽东被剥夺了军事领导权，在博古、李德等领导下，党内"左"倾错误进一步发展，导致第五次反"围剿"的失败。1934 年 10 月中央红军主力被迫实行战略转移。

陕北地区由于是历代王朝攻防争夺的重要战场，人民大量外逃求生，人烟稀少，土地荒芜，水土流失，沟壑纵横，十年九旱；大小军阀混战，土匪横行，苛捐杂税繁多，民不聊生。

这样的土地，正是翻身求变的革命火种燃起的地方。就在黄静波出生的那一年，五四运动爆发了。

当时的北京是散播革命火种的大本营。李大钊、陈独秀、张申府、邓中夏等大力宣传马克思主义。一批又一批热血青年围在他们身边。

这时，陕西籍北京学生形成了以刘天章、杨钟健、魏野畴、李子洲为首的进步团体——共进社，出版《共进》半月刊。

魏野畴是陕西兴平县人，和周恩来、刘少奇、彭德怀等同岁。1917年在北师大读书，1923年由李大钊、刘天章介绍加入了中国共产党，后与李子洲创办《秦声》杂志。

在此之前，北京师范大学毕业的杜斌丞回到陕北创办榆林中学。

杜斌丞是蔡元培式的开明教育家，他广纳人才，思想开明，兼收并蓄，为陕西的教育事业作出杰出贡献，培养了一大批优秀人才。

魏野畴1921年北京师范大学毕业，杜斌丞把他请到榆林中学，魏野畴在课堂上讲《共产党宣言》《社会进化史》《社会主义论》，学生当中有刘志丹、谢子长、唐澍、高岗等。魏野畴是陕西播种共产主义火种第一人，不久被反动当局撵走，魏到西安出任党的陕西军委书记后，在安徽阜阳为组织武装起义而牺牲。魏野畴被撵走后，杜斌丞又请来北京大学哲学系毕业的绥德人李子洲。

李子洲是一个坚定的共产党人，也是刘志丹、谢子长、唐澍、高岗的革命引路人。

陕西最早的共产主义传火者是魏野畴、刘天章、李子洲、杨明轩、宣侠父、呼延震东、刘含初、郝梦九、南汉宸、耿炳光、陈延年、王一飞、张耀、黄午万、雷晋笙、吴化之、张性初等人。后来李子洲介绍谢子长认识了李大钊、陈独秀，并由李、陈介绍入党。

可以说，陕西的大革命时期革命火种是由李大钊、陈独秀在北京的大学点燃，最后烧到陕西的。

在这些先驱中，魏野畴、李子洲功不可没，是他们培养和引导了谢子长、刘志丹、唐澍、高岗、习仲勋以及李象九、许权中、闫揆要、马明方、潘自力、张达志、贺晋年、张邦英、王世泰、阎红彦、白明善等人走上革命道路。

1925年，李子洲离开杜斌丞的榆林中学，回到绥德，建立绥德第四师范学校，并在学校里建立了陕北第一个党支部。受李大钊主持的中共北方区委直接领导，成为陕北革命的领导中心。

陕西的党团组织成立后，在刘志丹、谢子长等人的领导下，先后组织发动了清涧起义、渭华起义，逐步把陕西的革命斗争推向高潮。然而从 1930 年开始，陕北同样受到李立三"左"倾错误的影响，犯下了"左"倾冒险主义错误。在绥德，盲目合并了党团组织，取消了青年工作，成立了"绥德县总行动委员会"，贸然发动绥德城内的学生、工人空喊"暴动"，"建立红色苏维埃"等口号，到了 1933 年，各区委干部暴露了身份，革命转入低潮。在国民党反动军队的大规模"围剿"下，绥德党组织先后三次遭到破坏，全县有 600 多名党员和革命者倒在了反动势力的刀枪之下。

与此同时，游击队的诞生和发展再次燃起了陕北革命的燎原之火。1932 年 3 月，中国工农红军延川游击队正式成立，刘善忠任支队长，高朗亭任政治委员。他们攻打永坪镇，歼灭了地主民团，焚烧了区公所向群众摊派的税捐档案，没收了高利贷者的银元和粮食。10 月，陕北特委把中国工农红军西北先锋队番号撤销，改为中国工农红军陕北游击队第九支队。1934 年 8 月，陕北已发展了十多个游击队。①

工农红军陕北游击队第二支队是在 1933 年 8 月组建的，当时手中武器竟然只有吉鸿昌部冯大胜等 3 人携带的 3 支手枪，组建会议由崔田民在绥德王家沟村主持，队长罗永宽，政委高朗亭。不久，他们同铁茄坪党支部 20 余人，于薛家峁镇压了国民党南区区长兼团总薛运通，并没收其部分财产，烧毁其高利、高租盘剥穷人的账簿与地契。

1934 年，第五支队配合第二支队，在苏家圪凹村处决 6 名反动分子，又于朱家寨、林家寨捕杀国民党驻军的亲信 5 人。

1934 年春，绥清两县分设县委。特委委员崔文运在王家沟村建县委，游击队改为陕北游击队第五支队，三个月开创了 30 个村庄的红色

---

① 参见王保民：《陕北第一支中国工农红军游击队第九支队的创建战斗历程及改建一支队的经过》，《王保民回忆录》未出版。

苏区，把绥德南区、东区、北区三块红色苏区连在了一起，恢复三个区的党团区委，全县党员发展到300多名，革命高潮到来了。

革命运动的蓬勃发展，引起了国民党反动派的恐慌，1934年5月，陕北井岳秀派出他的八十六师，并由各县民团配合，组成1.5万余的兵力，对陕北革命根据地开始了第一次军事"围剿"。在绥清中心地区，敌军在清涧县城、高杰村、河口、店子沟等地都驻扎了士兵，修寨筑堡，组织保甲，同时指示地方民团破坏赤色村庄，捕杀共产党人和革命群众。在广大群众和红军、游击队的打击下，第一次"围剿"失败了。

黄静波全家人的命运就是被这样的革命洪流推动着，最终他们也成为推动革命洪流的人。

1933年底，正是由于陕北游击队第二支队在薛家峁镇压了区长，国民党开始草木皆兵，到处抓人，在薛家峁上学的黄静波不得不回家务农。

在此期间，他结识了王士英，这位像大哥哥一样的共产党员给茫然无助的黄静波带来了一线曙光。虽然他还不完全清楚革命的全部意义，但是他感觉到这是由百姓组成的为百姓谋幸福的队伍，于是他加入了儿童团。

王士英是王家沟村人，1924年加入共青团。1925年转为共产党员，是和刘志丹、谢子长、高岗同时期入党的陕北老一辈革命家。他在王家沟村办小学、农民夜校宣传革命，发展党员，建立党的组织，发动农民抗粮、抗税、抗捐。在他的教育、动员下，有23人参加革命，其中他的家人、直系亲属就有11人，有6人为革命牺牲了宝贵的生命。1934年春，绥（德）、清（涧）县委分开设立，绥德县委在王家沟建立，同时把王家沟村游击队改建为陕北游击队第二支队。壮大了革命武装力量，推动了绥清革命根据地的发展。

黄静波的家焦石堡距王家沟三十里路。焦石堡是一个古老的山村，据绥德县志记载，绍熙四年，宋朝为抵御党项的入侵在绥德修筑了38个堡、寨屯兵。焦石堡是其中之一。距现在也有八百多年的历史了。抗日战争时，焦石堡村还有土墙、门楼，承载着沧桑的历史。

黄静波的父亲黄锡佑，为人勤劳、善良，在远近颇有人缘。20 世纪 30 年代初，王士英在这一带活动，那时这里还是半红半白地区，黄锡佑与王士英早就相识，受王士英的影响，黄锡佑的家成了党可靠的红色堡垒户。王士英经常在这里开秘密会议。黄静波就是这个时候认识了王士英。

不久，黄静波加入了焦石堡村无定河两岸的游击队，并担任副队长，队长是赵家村的贺子功，他熟知的另一支游击队的负责人是龙飞（化名）和高农夫，两个队活动范围后来扩展到周围 4 个县区（米脂、佳县、吴堡、清涧）。正是因为有这样一位父亲，黄静波加入儿童团的事得到了支持，父子俩冒着"遭遇不测"的危险选择了自己的立场。然而敌人的步步紧逼，让父子俩不得不从幕后走到了斗争的前沿。

1934 年 5 月，国民党驻军的连长张步清带着队伍到焦石堡村，召集全村开会，会上老乡们看到反动派把张家山村的张成华、张成仁两兄弟绑了起来，因为怀疑他们是游击队员，接着开始拿着名单全村点名，恐怖的气氛笼罩着所有人。

点到黄静波时黄锡佑说没在，张步清就问："你儿子到哪去了？"黄锡佑说："割麦子去了。"

"去把他找回来。"黄锡佑走后，张步清面色阴沉地说了句："念书的就是小共匪。"然后卖力地鼓动百姓要及时揭发共产党员和游击队员，立功者有赏，知情不报者杀："老百姓不能通红匪，如果你们发现了这种状况，你们要立即到保甲长那里报告，我保获你们没事。"

等到父亲把黄静波带回来时，会议已散场，张连长把他连同被怀疑是共产党的张成华、张成仁一起带到定仙墕镇，关进了牢房。

黄锡佑非常着急，兵荒马乱的年月，什么意外都有可能发生，同时他也感到，国民党没有任何证据抓人，托人说说情也很有可能放出来。于是他想到了经常和张连长玩牌赌钱的马元真、贺仲清、贺愿禹，找到他们后经过一番恳求，三人毕竟和黄锡佑是多年的乡亲邻里，就去找张连长说了情。

他们说："小锁还上学呢，一个娃娃哪里会是共产党。"于是黄静波被关了三天之后放了出来。之后三个人让黄锡佑买只羊送给张连长，没想到买来羊后正赶上红军到村里来，把张连长赶跑了，黄锡佑就要把羊送给这三人，他们又不肯要，最后黄锡佑买了二斤糖给他们送去了。

那么黄静波被抓走之后究竟遭遇了什么，1967 年，张成华述说了这个经过：

> 黄静波和我儿子张登山一起念的小学，我们是邻村的。我是1932 年入的党，我弟弟张成仁比我入党还早，当时他就是党支部书记了，我没有什么职务。我们被抓是因为敌人报信了，说我是师范生，说我弟弟是红军头子，这样就把我哥俩从村子里抓走了，路过焦石堡时国民党在村里开了个会，开完会后我们都在黄静波家吃的饭，我哥俩都是被绑着吃的饭。
>
> 张连长对黄静波说："娃，给我拉马去好吗？"黄静波没言语，他知道张连长的意思就是要把他一起抓走了。张连长又说了一遍，黄静波就拉着马跟我们一起到了定仙墕。到了定仙敌人就把我的腿打得不能动了。过了二十几天我被贺凤禹、张文跃、贺宪章等几十个人保了出来。
>
> 我到家第三天我弟弟张成仁就被押到绥德枪杀了，我儿子张登山把他的尸首弄了回来。后来听说黄静波也被别人保了出来。

他后来整理的证言说：

> "1934 年阴历四月，朱德生的儿子朱马（化名）出卖了我党的几位同志：张成仁（我爱人的三哥）、张成华、张成炳，他们都是党员。由于张成炳当时在别处送信，没被敌人抓到，他们捎带着把黄静波抓走了。张成仁在狱中承认：'我是党员，1922 年入的党，

> 这个地区就我自己是党员。要杀就杀，要砍就砍，党员多了，你们杀不完……' 就这样张成仁被敌人杀害了。张成华在狱中待了一个多月以后由地下党发动群众保了出来。"

张成仁为了保护自己的兄弟和其他革命同志，真正做到了"舍生取义，杀身成仁"，用鲜血践行了一个革命者的誓言。然而，黄静波有幸被释放一事，在"文革"中竟然被诬蔑为"出卖同志，苟且偷生"。当时，张家修对黄静波没有投敌变节一事作出了保证："我们这个地区，特别是三十岁以上的一些同志对黄静波基本都了解，我对党负责对黄本人负责，我敢保证黄参加工作以来没有投敌变节这回事。"

很多乡亲的笔录也证实："黄静波被保出后就跟张家修、王士英等一起走了，从此参加革命再也没回家。"

黄静波从牢里出来以后，更加认清了国民党的残暴统治。不久，在清涧县牙圪图村一个亲戚高登明家中，黄静波结识了已经参加革命的刘维，刘维时任共青团清涧县委青年委员，在牙圪图村以小学教师身份活动。

当时清涧县委组织部长是唐洪澄，军事部长是张家修。黄静波要求参加革命的愿望得到了刘维的支持，随即被他带到清涧县东部根据地二郎山一带，在中共陕北特委开办的培训班学习，训练班的主任是王士英。

1934年9月，陕北特委在清涧寺墕里召开了陕北党团扩大会议。决定正式成立各级革命委员会和分配土地；红军游击队一、二、三支队已编为红军一、二、三团。这次会议还决定由李铁轮担任陕北团特委书记。

寺墕里会议后，陕北各县苏区的革命委员会相继建立起来，纵横数百里连成一片，建立苏维埃政权。

少年黄静波就是在这时，由共产党员刘维带到清涧东区二部的特委，参加土地干部训练班。

当时的条件十分简陋，一间破窑洞就是教室。没有正式的教材、教具，墙上钉一块黑布就是黑板，黄土块就是粉笔。训练班的机构设置也很简单，只有班主任和管理员。

在培训班，黄静波听到有关国际共产主义运动的历史和领导人物，听到领导中国革命的朱德、毛泽东的名字，听到中国共产党建党建团的历史，学习了党的思想、理论、政治路线和方针政策的知识。这让他悬在心中的疑问落了地，让他认识到这不仅仅是穷苦人反抗统治阶级的一场斗争，还是旨在谋求人类社会公正秩序的一次创举。

从这时起，黄静波才真正意义上走进了陕北红军和革命根据地的创建伟业中来。

那么，在此之前陕北的共产主义火种和革命根据地的创建是怎么促进的呢？

在陕北有一个久远的传说，有位周游九域八荒阅尽人间春色的风水高士，观其山川地理，循阴阳卦术，给陕北留下一句话：这里的延绵大山之中潜存九条长龙，日后必有力争天下的英雄出现。

而真的在明朝万历年间，陕北的米脂、横山两县交界，还真出现了一个敢与世道问不平的英雄，把大明朝的天下闹个天翻地覆。这个人就是闯王李自成。

李自成的农民起义军作战骁勇，旗帜鲜明地提出"均田免粮""割富济贫"，当时有民歌曰：

快开城门快投降，城下来了李闯王。

打开城门迎闯王，闯王来了不纳粮。

曾任陕甘宁地区政府副主席的李鼎铭先生说："吾国自秦以来两千余年推动社会向前进步者主要是农民战争。"大顺帝李自成将军所领导的伟大的农民战争，就是两千年来几十次这类战争中的极著名的一次。这个运动起自陕北，实为陕北人的光荣。

据传李自成在山海关兵败，退出北京之后，朝廷曾派陕西督导到陕北的米脂横山一带，撒开数万兵丁，不仅挖了李自成家的祖坟，掘墓扬尸，而且把这里貌似龙蛇之状的延绵山峦，也统统挖沟削壁，发誓要断这里的"龙脉"。

时间走到 20 世纪 20 年代，共产主义思潮从北京、上海蔓延开来。

首先是李子洲，这位绥德汉点燃了陕北的共产主义星星之火。

1917 年春，李子洲考入北京大学预科。1919 年李子洲入北大哲学系学习。陈独秀、李大钊、蔡元培、鲁迅、胡适等任教。

李子洲参加了陈独秀、李大钊成立的哲学会、雄辩会、新闻研究会等组织。

在北大期间，李子洲寓居在三眼井吉安所太巷 6 号院里，和刘天章等陕籍学生成立旅京陕西学生联合会。主要成员是李子洲、刘天章、杨钟健、耿炳光、杨晓初、刘含初、潘自力、方仲如、营尔斌等和北高师的杨明轩、魏野畴等。

这些最初的陕籍革命者，成为陕北革命根据地最初的播火者。

由于李子洲、魏野畴、耿炳光等回到陕西组织宣传发展革命组织，使陕北很快爆发清涧起义、渭南起义等大大小小数十次起义和兵运活动。

到 1934 年夏天，红军长征北上，即将到达陕北之时，陕北和陕甘已经创建了由 23 个县连成一片的陕北红色根据地，由红 26 军、红 27 军为主力的几万红军创建，并形成了以刘志丹、谢子长、高岗、习仲勋、张秀山为首的革命根据地领袖人物。加上李子洲、魏野畴、耿炳光等人，掀起了陕北大地的革命狂澜。

魏野畴，陕西兴平人，1921 年夏毕业于北师大，1923 年春经李大钊介绍加入共产党。同年受校友杜斌丞之邀来榆林中学任教。

1917 年，杜斌丞从北师大毕业后，拒绝许多朋友的挽留，放弃了北京、天津就业的良机，接受陕西监学袁刚的聘请，回到陕北，他先在榆林中学任教，1924 年担任了榆林中学校长。

自杜斌丞担任榆林中学校长之后，他广罗人才，先后聘请杜斗垣、李鼎铭等知识渊博、德高望重的人士任教，后又决意在北京一些大学聘请思想进步，才华横溢的大学生来校任教。当魏野畴被聘请来之时，杜喜出望外。

魏野畴来校后，致力宣传新文化，宣传民主思想和马克思主义学说。魏野畴在课堂上给学生讲授《共产党宣言》《资本论》等著作，介绍《新青年》《向导》《共进》等进步刊物。他给学生们讲到国家内忧外患的形势时说"人家拿刀架在咱们的脖子上，不起来救国，国亡族天，我们还有书读吗？"魏野畴善于团结群众，富有组织才能，作风朴实，平易近人。为了唤醒民众，他还创作了历史话剧《爱国赋》，描写了一位爱国青年深入军阀巢穴，盗出了军阀与帝国主义签订的卖国密约，揭露军阀卖国的丑恶嘴脸。

然而，不久反动当局探知魏野畴在学校宣传赤化，硬逼杜斌丞免去魏野畴职位。后来魏野畴成为职业革命家，成为中共陕西党的负责人之一，后牺牲在安徽阜阳。毛泽东对魏野畴高度评价，认为他是青年导师，对魏的文章更是极力赞赏。

魏走后，杜斌丞又聘北大毕业的李子洲来校，李子洲更有甚于魏，大力宣传组织革命斗争。在榆林中学学习的学生，受魏野畴及杜斌丞影响教育，参加革命的就有一大批成为陕北革命的中坚力量。如谢子长、刘志丹、高岗、曹力如、王子宜、霍世杰、李波涛、白志成等学生。

耿炳光（1899—1972），名坚白，字景山，陕西澄城人。1917年秋考入西安私立承德中学，1921年春因控告陕督陈树藩滞留北京，考入天津南开中学，1922年秋中学毕业考入北大预科后转本科。1923年入团，1924年入党。1925年，代表于右任先后赴榆林、耀县等地向井岳秀、杨虎城等宣传三民主义。后同魏野畴、张仲实等推动共青团工作，1926年春到北京在共青团北方执委工作。后回陕北建立中共绥德地方执委会。是年秋，中共北方区委执委会考虑到冯玉祥、于右任即将由苏联回国，可能在西北有大的发展，遂建议中共中央成立中共陕甘区执委会，派耿炳光任书记，后成立陕西省委，耿任书记。

刘志丹，原名景桂，其弟景范。1903 年出生于陕西保安县（现志丹县）金汤镇。家境小康，其父刘培基乃前清秀才。志丹之祖父，也是杀富济贫的红笔师爷。刘志丹在榆林中学参加革命斗争，后又入黄埔军校第四期，毕业后，回陕从事兵运，成为陕北红军领袖。

谢子长，号浩如，陕西安定县（今子长县）人。早年考入西安省立一中，后转入榆林中学。未及毕业即回乡创办小学。自任教师、校长。1920 年秋赶赴山西，投靠阎锡山的学兵团。当他到学兵团应试时，学兵团招生名额已满，且人家看他个头矮，身体瘦弱，不愿意录取。这位满怀志向的热血青年并不气馁，在太原找一些知名人士，通过多方说情，被录取。在学兵团里，这位其貌不扬的青年聪明好学，专心致志，以优秀成绩毕业。

1924 年，谢子长回到安定县，一心要办民团。他的父亲谢彪鹏，是个开明人士，在县里非常有影响，儿子要创办民团，他赞成，动员绅士地主出钱，支持办团，谢子长当上团总。

第二年，谢就辞了职，到北京、天津寻救国之道。在北京结识刘伯坚、李大钊等共产党人，并经白超然、白志诚介绍入党。

1925 年，谢子长回陕，接受李子洲领导，从事兵运活动。从此，谢子长愈战愈勇，成为陕北红军领袖。

1927 年，根据中共北方区委领导人李大钊建议，成立中共陕甘区委。耿炳光任书记，李子洲负责组织，魏野畴负责宣传。从此革命浪潮一浪高过一浪。

第 二 章

自古英雄出少年　自古绥德出硬汉

西北星星之火是这样燎原的

在中共陕北特委的培训班受训后，黄静波被派回绥德各村开展工作。主要任务是发展红区，组织赤卫队、少年先锋队、儿童团、妇女会、农会，建立乡苏维埃政权；发动贫、雇农及广大革命群众进行打土豪、分粮分地的斗争；组织游击队进行游击战争，粉碎敌人的"围剿"。当时组织的游击队有两个，黄静波是其中一个游击队的副队长。

除了严肃的政治斗争和军事活动，革命工作中也会有片刻的轻松愉快。党组织考虑到革命者的安全问题，要求每个人都取一个化名。

黄静波的化名是小常。

对于黄静波而言，1934 年是个多事之秋。8 月，由于"左"倾盲动错误，绥德党组织遭到第二次破坏之后，为了迎接革命高潮的到来，打算召开的一次会议，也是全县最早的党代表会议，并且确定这次会议就在焦石堡村的黄静波家举行。

虽然黄静波的父亲黄锡佑曾经多次为党组织活动提供后勤保证，但是听闻这么重要的会议要在家中召开，他在兴奋之余也更加谨慎了。尤为特别的是，这次会议的安全工作落在了黄静波和他领导的儿童团员们的身上。

此时，黄静波已经有四五个月的时间没回家了，对一个 15 岁的孩子来说，离开父母和亲人内心实在是一种煎熬，而这次能有机会保卫父亲和党组织的安全是令他再高兴不过的事，而且这还是他第一次拿到这么重要的任务，一种"保家卫国"的豪情在他心中燃烧起来。

陕北高原位于我国黄土高原的中心部分，是在中生代基岩所构成的古地形基础上，覆盖新生代红土和很厚的黄土层，再经过流水切割和土壤侵蚀而形成的。基本地貌类型是黄土塬、梁、峁、沟、塬，是指顶部浑圆，斜坡较陡的黄土丘陵，以峁为主的峁梁沟壑丘陵区在米脂一带最为典型。这种地形对于开展游击战十分有利。

在会议召开的这天傍晚，苏家岩乡的孩子苏正明带着十几个儿童团员从山沟里爬到焦石堡村的后山上，也就是黄家石畔村，按事先约定，上级让他们在这里找一个姓黄的，由他来分配任务。

他们在一个被水冲开的山洞里找到了黄静波。看到黄静波，苏正明恍然大悟："小常，原来我们要找的人是你呀！"

他一边放下背的一捆树皮，一边继续说："昨天晚上，来了两个人，一个叫占山，一个叫老武，召集我们儿童团开会，向我们布置新的战斗任务，让我们上山剥松树皮，然后把松树皮扎成小把把，送到黄家石畔后沟的一个山洞里，那里有个姓黄的人会安排用场的。同时还让我们把这一紧急行动立刻通知临近各村儿童团。我还一直纳闷，红军要松树皮干啥？但又不敢问，咱得遵守革命纪律，你说对不？"

黄静波拉着苏正明的手说："你们来得太好了，今晚的任务是站岗放哨，防备坏人来，现在你们听我分配任务。"

他把十几个人分为五个小组，有三人一组的也有两人一组的，分散在焦石堡村四周山头放哨，如果发现有敌人部队的行动，就把松树皮点着，朝村里摆上几摆，这东西含油脂多，容易点着，还不易被吹灭，晃起来一闪一闪，像打着手电筒。

这样临近的"岗哨"就会把消息传递下去，直到村里，这种方法模仿的是古代战争中运用的烽火报信。松树皮信号，不仅可以报信，还可以引开敌人的注意力，骚扰敌人。

那么对于村口该如何把关呢？黄静波又派本村几个人到达村口，外村的人来了都要查路条，没有路条就缠住他不让进，剩下的人游动着，哪里有情况就赶紧去支援。

第三道关口安排在家门口，他安排本村的黄锡忍在他家对面的田地里看着，有不认识的人来就学狗叫三声。黄锡忍是瞒着父母出来的，因为家里人怕他遭遇不测，但是他感到这些孩子在一起干的不是坏事。

这十几个娃娃都是邻村的，有的还在一个学校读书，今天见面，都没有想到，但他们没有时间玩耍，对今天的行动，有一种庄严感。黄静波分配完任务他们立即就散开了。

这天晚上，明月高照，不过长势旺盛的庄稼隐藏了孩子们的行踪。为了防止发生意外，黄静波带几个人来回游动，不知疲倦。

此时，他感到自己就像是战场上指挥战斗的将领一样，要对全体士兵的生命负责，不能出现任何差错。

此时在黄静波的家中，中共绥德县第一次党代会正在热烈进行。原县委领导成员张家修、崔正冉、王士英、王明园都出席了会议。

会议总结了"左"倾错误的教训，讨论决定了党组织中心任务和斗争方法及策略，对县委领导成员进行了调整和充实，恢复了共青团等组织，增设了妇女委员会。同时黄静波也在会议上被任命为团县委儿童委员。

焦石堡会议极大地推动了全县革命形势的发展，壮大了党的组织机构，在中共绥德党史上具有十分重要的意义。

直到黎明时分会议才结束，黄静波又安排儿童团将参会者分别送到其他村中，这才松了一口气，擦了一把头上的汗，任务终于顺利完成了。

夏日的陕北，黑夜与白天过渡得非常快，毒辣的日头带着暑气似乎又一下子扑了上来，黄静波在一道眩晕的白光中想到了这天唯一的遗憾——这一次又没有见到父亲。他多想站到父亲面前骄傲地说："爸，我一个人能在外面做很多事情了，你就放心吧。"

这次儿童团行动之后，黄静波发现自己的布鞋被脚趾顶出了一个洞。经过一夜工作，黄静波感到有些困倦了，他又回到平时住的山洞里去休息了。这个山洞目前就是他的家，在一块石板上铺层旧棉被就是他的床，比起家中冬暖夏凉的窑洞虽然差不少，但毕竟还是个安全的窝。清晨鸟儿会将他叫醒，夜半虫儿会催他入眠，石缝中，他还发现了好几种动物的遗迹，看来在他到来之前，这里曾经是它们的安乐窝。

在生活上黄静波并没有感到怎样的痛苦，这似乎是儿时最顽皮时梦想的生活，只是对家的思念常常会让他变得脆弱，如果梦到妈妈怜惜的眼神，梦到和兄弟姐妹们在一起玩耍，醒来就会满脸是泪。第二天黄静波醒来，看到弟弟黄太源拿着一袋红枣坐在他身边，他高兴得跳了起来："你是怎么找到这里的？"

"你在哪里我都能找到！"黄太源骄傲地说，他只比哥哥小一岁。

"你来干什么，不在家帮妈好好干活！"黄静波有些嗔怪地说。

"来看看你，"黄太源顿了一下又说，"哥，你也带我一个吧！"

"带你什么？"

"参加儿童团呀！我也要革命！"

"不行！咱家就剩你一个男孩了，你不能有任何危险。"

"哥，好男儿要有志向，这可是你说的。我可不想在家做孬种，别忘了，你可是负责革命宣传工作的！"黄太源也参加过儿童团的活动，他对革命的理解已经有了一定的基础。

黄静波陷入了沉思，家里三个姐姐都出嫁了，如果他和弟弟出了事，父母将来不知要由谁照顾，他应当全身心地拥护革命，但是也要保护好自己的家人。虽然他从心里不愿意黄太源加入儿童团，可是由于弟弟苦苦哀求，他就勉强同意了。没多久，年仅14岁的黄太源就离开家参加了绥德县的独立营。

有了目标和愿望，一切就会不一样。只要一想到这是自己的"根据地"，是焦石堡村、整个绥德儿童团的根据地，黄静波就会信心百倍。白天在山里睡觉，晚上到村里给儿童团开会，教儿童团唱革命歌曲，张贴传单，送鸡毛信。

黄静波至今还能唱当时学会的第一首歌："工农联合齐奋斗！大家起来向前进！豪绅、地主、军阀、官僚全打倒，帝国主义赶出门。思想做革命，政权归于工农兵，统治阶级、流氓分子，一切的坏人都杀尽，救天下老百姓。"

儿童歌曲通常是最言简意赅、通俗易懂的。这充满童稚的歌声，使陕北这块在旧统治制度下多灾多难的土地开始萌醒，使广大陕北劳苦大众走上了抗击剥削制度、挣脱黑暗、追求光明的征程。儿童团、妇女会等群众团体的活动，也为后来开拓武装斗争的道路，开辟发展壮大陕北根据地，创建地方苏维埃红色政权奠定了良好的群众基础。

这天深夜，黄静波正在村边的一个山峁上组织儿童们学唱革命歌曲，忽然听到放哨的儿童学猫叫。这是发现敌情的信号。正在小声唱歌的孩子们立刻警觉起来，黄静波示意大家四下散开，自己走出去一探究竟。这时黑影一闪，一个人从坡下蹿了上来。黄静波定睛一看，原来是父亲黄锡佑。黄锡佑由于长期见不到儿子，爱子心切，打听到了今晚儿童团有活动就赶了过来。

父子相见，原本想大哭一场的黄静波却不得不在小朋友的面前表现坚强，他强忍住泪水说："爸，你咋来了？"

父亲重重地推了推他的肩膀："你小子也不回个家，可不就得老子来看你！"

"爸，我是怕把危险也带家里去了，其实我可想你们了，你们都好吧？"

"知道知道，你妈想起你就哭。我听说了你没事，就是不知道你过得咋样了？"黄锡佑看到黄静波的鞋都烂得快穿不上了，不禁心疼地说："这孩子，鞋都穿成这样了也不回家换一双。"

父子俩说了几句话，黄锡佑就连夜回家给黄静波取鞋去了。这一天黄静波很开心，但同时心里又很不平静。他知道这样的日子一定会有尽头，只是不知道作为一个儿子，能为疼爱他的父母做些什么。

焦石堡会议后不久，蒋介石亲自部署了对陕北红色根据地"围剿"，被蒋介石收编的陕北军阀、八十六师师长井岳秀的部队由榆林南下，驻山西的八十四师师长高桂滋率部渡河西进，又令宁夏马鸿逵的部队东进，以绥德县城为中心，企图把各苏区分割开，一举扑灭正在蓬勃兴起的陕北革命。

为了配合红军和游击队的工作，黄静波带领儿童团在山上放哨监视，敌人一有行动，儿童团员们就把消息一个山头一个山头地传递过来。

敌人想"围剿"游击队，每次都扑空。后来刘志丹等率领红军二十六军、二十七军来到绥德，在定仙墕黑圪落一带采取"围点打援"战术，和游击队、赤卫队、少先队协同作战，将定仙墕团团围住，围而不打。晋军呼吁救援，一个营的援军到来时，又进入了我军的埋伏圈。我军发起进攻，喊声震天，敌人遭我军分割包围，溃不成军，欲战不得，欲逃不能，最后被压入一条沟道内。红军战士、赤卫军、少先队和革命群众，一齐下沟抓俘虏。经过三个小时的战斗，敌人除个别漏网外，整营被歼。总计毙伤敌 200 余人，俘敌 800 余人，缴获迫击炮 6 门、重机枪 12 挺、轻机枪 57 挺、长短枪 1900 余支。

定仙墕战斗是西北红军战争史上的辉煌战例，首开西北红军一战歼敌一个整团、一个旅直属队又一个营的作战纪录，显示了人民战争的巨大威力，粉碎了蒋介石第二次的"围剿"。

此时，刘志丹率领的红二十六军已经在陕西南梁建立了革命根据地。中共在成立陕甘边特委的基础上，于 1934 年 11 月成立了陕甘边苏维埃政府，习仲勋任政府主席。与此同时，谢子长率领陕北游击队开辟了陕北革命根据地。

1935 年 1 月，成立了陕北省苏维埃政府。随着陕甘边根据地和陕北根据地的发展，两块根据地日益接近。

1935 年 2 月，陕甘边和陕北特委在子长县召开联席会议，决定成立西北工作委员会和西北革命军事委员会，刘志丹任军事委员会主席。在刘志丹的领导下，先后解放了安定、延长、延川、安塞、靖边、保安6座县城，从而把陕甘边和陕北两块根据地连成一片，初步形成了西北革命根据地。这是当时全国唯一保存的革命根据地。革命形势在其他省份已不容乐观。

在粉碎了敌人的四次"围剿"之后，由于"左"倾错误进一步发展，1934年第五次反"围剿"失败，中央根据地失守，中央红军主力被迫实行战略转移。10月，中共中央机关和中央红军8.6万多人撤离根据地，踏上了战略转移的征途，开始了磨难重重、历尽艰辛的两万五千里长征。

1935年1月，召开了遵义会议，事实上确立了毛泽东的军事路线领导地位。中央政治局常委决定由张闻天代替博古负总的责任，此后又成立了由毛泽东、周恩来、王稼祥组成的三人团，负责全军的军事指挥。毛泽东被选为政治局常委。遵义会议在极其危急的情况下挽救了党，挽救了红军，挽救了中国革命。

在这种形势下，陕西的红色根据地显得格外耀眼，而在国民党看来则格外刺眼，陕北的革命形势愈发严峻了。黄静波在儿童团的工作中也感到了这种紧张气氛。

1934年底，黄静波虽然只有15岁，但是他的意志力和责任心已经达到了一个党员的标准。经过一段时间的考验后，经张家修、王士英介绍，黄静波加入了中国共产党，在陕北党团特委办的训练班学习了一段时间后调到了陕北特委，任少共特委巡视员。

1934年4月上旬，根据神堂沟中共陕北特委联席会议精神，崔文运在绥德县王家沟召开了中共绥清中心县委会议，决定绥德清涧分设县委。中共绥德县委重新恢复后，由崔文运任书记，李景林任秘书长，唐洪澄任组织部长，李光白任宣传部长，张家修任军事部长。团县委恢复，由高鹤龄任书记，白志明任秘书长，白治民任组织部长，贺生祥任宣传部长，贺建山任青工部长。

1935年2月14日，农历正月十一，焦石堡村的家家户户都盼望着过完这个安稳年。黄锡佑则焦急地想找机会给儿子送点吃的去。黄静波的母亲郝氏也在这个大年夜赶出了一双棉鞋。

她说："小锁现在穿鞋太费了，没多久就穿坏一双，脚也不停地长，去年的棉鞋估计是不行了，得赶快把这双给他送去。"

因为点着麻油灯熬了几夜，郝氏的眼睛有些红肿，但是看着密密缝着的"千层底"，她还是很舒心地笑了。

黄锡佑找到邻居小团，一个经常和黄静波来往的儿童团员，问他黄静波的情况，小团说正好今晚他们有个活动，就在村边。黄锡佑非常高兴地回到家，把棉鞋、一块熟羊肉准备好打算晚上送过去。

就在这时，本村的几个村民突然来找他，说国民党八十四师一个部下在薛家峁召集联保会议，焦石堡村也要有十几名代表参加，群众就自发委托了他们几人去应付敌人。

黄锡佑当然不好拒绝，只是不知道回来是否来得及给儿子送东西。想来想去，他干脆把鞋和羊肉塞到衣襟里，冬天穿得厚，估计敌人也不会怀疑什么，他想回家的时候就直接去找儿子了。

联保会开得很长，到了晚上会议结束，黄锡佑和十几个本村的人往家走。开完了会，十几个人说话都非常谨慎，在紧张的斗争形势下人人自危，搞不清身边谁是敌人。

陕北的正月天气干冷，人们禁不住相互靠近抵御寒风。夜出奇地静，月亮在将圆未圆中瑟瑟发抖。它能给天下光亮却不能给自己温暖，它能昭示天下却无法掩饰自己的缺陷。

走到榆家镇山口时已经快到焦石堡村了，黄锡佑突然听到旁边的田地里有声响，几乎在同时，几束手电筒光朝他们照来，枪声也响了起来。

黄锡佑一声"快跑"刚出口，胸口就中了一枪倒下了，其余的村民四处逃散，有的找柴垛，有的直接趴到路上，对方总共开了十多枪，见村民没有武器反抗才停下来，离黄锡佑只有几步远的黄忠堂也差点被打中。

黄锡佑看着自己的伤口鲜血在喷涌而出，他下意识地把怀里揣的鞋拿了出来，白色的鞋底尽被染红，在寒风中冒着热气，他皱着眉头说了句"脏了"，手中的鞋就掉了下来。

这是他今生说的最后一句话，也是他对儿子的最后一次关爱；他的爱就像春天山野里的一株小花，平凡而又热烈，自然而又执着，不易被察觉而又无时不在，可就在这一刻它凋谢了。

枪响过后，愤怒的村民们发现，国民党巡逻兵匆匆忙忙跑了。老乡黄忠堂和黄才源两人轮流忍着泪把黄锡佑背回了家。他们多么不愿意看到，被他们叫出来的活生生的汉子，回去却成了一具尸体，不愿看到他一家老小摇着他哭喊，不愿……

父亲被杀害时，黄静波并没有在村边组织儿童团活动，而是改变了计划正在清涧县牙凹凸村发动工作。在国民党的残酷打压下，争取一个村的村民就等于少牺牲几个革命同志。这时一个老乡气喘吁吁地跑了过来，把事情告诉了他，让他马上回去。

黄静波真切地感到了剜心之痛，但他在村民们面前又不能表现得过分失态。这种剧痛甚至麻木了他的神经，以致他只是淡淡地说："死了就埋了吧，不用等我回去了。"黄静波自己也不清楚，这种看似平静的态度在村民眼中是怎样的，但无论如何共产党人应该坚强，即便他心头还在滴血。

这时焦石堡村拥护红军、倾向革命也只有半数人。黄静波强忍悲痛，把仇恨记在心中。但乡亲很不理解他这种态度，虽然当时没说什么，心里却对这个"逆子"骂个不停，回到村后对黄的母亲说："你就当这个儿子死了吧，他爹死了就好像没他事一样！"还是母亲理解儿子，郝氏边抹泪边说："小锁心里难受。"

此时，黄静波正在荒野的山洞里放声大哭，内疚、仇恨和悲痛啮咬着他的心灵。哭声在山丘中回响，孤寂而凄惶。他想把第二天的眼泪也哭完，因为在第二天的工作中，他不愿意再掉一滴泪。

有时在梦中，他看见父亲又拿着一袋红枣站到了洞口，笑着说：

"小锁，饿了吧，谁说我死了，他们骗你的!"醒来时仍然希望梦是现实，而现实才是一梦。

过了一段时间，黄静波因工作原因路过焦石堡村，他感到自己的脚步异常的沉重，几乎要承受不住归心的重量。他不得不叫人捎信让母亲到村口来见一面。匆匆赶来的母亲，比他离家时苍老了许多，脸上似乎还带着泪痕，他鼻中一酸，眼泪差一点落下来。他用很小的声音说："妈，对不起。"

郝氏终于见到了儿子，两眼巴巴地望着他说："知道你在外面忙……先回家喝口水吧!"

"今天不行了，我还有急事，来告诉你一声我很好，以后不要挂念我。"才说了一句话，黄静波就匆忙地走了，虽然脚步很快，但他却回了很多次头，挥了很多次手。

郝氏并没有拉着儿子不放，只是她没想到这场盼了好久的团聚只有几分钟，怅然若失地看着儿子走远了，她看了很久、很久……儿子已经长大了。

1990年5月19日，绥德县人民政府开具了这样一个证明：

"一九三四年冬，黄锡佑到薛家峁开会，回来时在榆家壤村口遇到驻守定仙墕的国民党反动军队围剿红军和清洗革命根据地，当即被枪杀牺牲。"黄锡佑同志为革命光荣牺牲后，其子黄静波、黄太源均忙于革命工作，没有即时处理此事，故拖延至今未追认为革命烈士。

这一份告慰迟来得太久，生者亦留下了太多为之悲、为之痛、为之无可奈何的印迹。

咱们中央红军到陕北

1935年从2月到10月，黄静波把丧父之痛化作力量。作为少共陕北特委的儿童部长，黄静波加紧了抗日民族统一战线方面的宣传工作。

在这段时间里，黄静波不畏艰苦、危险，每一项工作都能出色地完成。然而周围的人都很难察觉在他的心里也一直进行着一场战争——抵御着父亲惨死的巨大悲痛。渐渐的，外表的坚强已经抵不过哀伤的侵蚀，再加上工作的劳累，生活条件的恶劣，1935 年下半年，他终于病倒了。

过了几天，他病得更严重了，站不起来了。刘海旺只好找担架抬着他到中央医院，中央医院是当时最大的一个红军医院，在南门外水沟坪。到医院时见到了陈时夫，他是少共省委书记，他同意让海旺来照顾黄静波。

后来来了一个内科医生，他看后没说什么，护理人员转告海旺说："可能好不了了。"正说着进来一个人，护士说："你看，王院长来了，你让他看看。"院长叫王斌，只用听诊器听了一下就说："送重病房。"重病房是最边上的那个窑洞，共有 5 个病人。两个护工和海旺把黄静波抬进病房靠窗的位置，医生开了几包白粉末状的药就走了。男护士说："一定给他吃下去，另外多喝白开水。"

黄静波这时像个植物人，除了有点呼吸一动不动，但是有一线希望海旺也不想放弃。海旺就按照那护士说的，到附近农民家烧点开水，回来把药给他灌进去。窑洞里没有陪护的床，晚上海旺就在窗子边盖个衣服睡下。

在那里住的头一天晚上，海旺刚给黄静波吃完药，就发现靠里面的那个病员断气了，他是一个红军战士。他身边也没什么家属，海旺就帮两个护工把这具尸体抬了出去，放在一个开着天窗的空屋里。海旺这时已经发觉，重病房的几个人恐怕都活不长了，每天住在这样的房间里实在太压抑了。黄静波反倒还好，因为他一直处于半昏迷状态。

第二天海旺给黄静波灌了点米汤，他多少应该吃点东西了。又过了两三天他终于清醒了一些，知道海旺是谁了。这时刘英勇还有其他几个人来看过他，大家对他的状况非常担心。也就是两三天的时间，这个病房就送出去了三具尸体，整个窑洞看起来阴森恐怖，死亡的气氛太浓了。海旺开始有些害怕了。看着黄静波昏迷不醒的样子，海旺担心他也活不了。

说也奇怪，到了第五天，黄静波居然能起来坐一会儿，吃流食也多了点。这时海旺想躺在一群快死的人堆里，心情一定好不了，就通过护士长找医生要求转病房。开始医生说不行，海旺只好继续恳求，最后他同意了。这时候黄静波还是不能自己走，于是海旺和一个护士把他半架半拖地带到了新病房。

此后他的病大有好转，可是新问题来了，就是营养跟不上。靠机关里领的那点伙食根本不够，不仅吃得不好，还不够。这时海旺把情况给某位领导讲了一下，她设法给了海旺几次钱，每次不多，但可以解决点问题。当时那里卖的驴肉很便宜，海旺就买个一两斤回来，烧驴皮汤给他吃。效果还不错，大约半个月的时间，黄静波的病就养好了。

在生死的边缘跑了一圈，黄静波反而感到自己的心情比生病前好了一些。他对自己说：既然老天没让你死，就是要让你振作起来多做些事情！于是他整理好自己那些黑色的悲伤情绪，把它们统统埋葬在心灵最深处，以最积极的心理、最顽强的态度迎接新的战斗任务。

在黄静波战胜病魔的时候，我党也在这一年完成了一次浴火重生。1934年10月，红军第一方面军（中央红军）主力开始长征。遵义会议后，中央红军四渡赤水、强渡乌江、飞夺泸定桥、翻越终年积雪的夹金山，与红四方面军在懋功会师。之后，红军以北上建立川陕甘根据地为战略方针，跨过草地，夺取腊子口，翻越六盘山，于1935年10月19日，到达陕北吴起镇（今吴旗县城），取得了长征第一阶段的胜利。11月取得了直罗镇战役的胜利，为党中央和红军扎根在陕北奠定了基础。历时367天，转战11个省，最远行程约二万五千里。红一方面军长征落脚陕北这个决定是在哈达铺产生的。1935年9月18日，红军长征的先头部队到达甘肃南部的哈达铺（今陇南市宕昌县哈达铺镇），随后毛泽东、张闻天、周恩来、博古等也相继到达。那么，红一方面军长征落脚点为什么会选择陕北呢？

1935年9月12日，中央政治局在俄界召开扩大会议。当时部队即无行动的明确方向，又无一个落脚点可以生存，已成为中共中央领导人毛泽东、张闻天、周恩来等面临的一个严峻的问题。毛泽东在会议上作出《关于与四方面领导者的争论及今后战略方针》中说：目前应经过游击战争打到苏联边界上去，打通国际关系，得到国际的指示和帮助，整顿修养兵力，扩大队伍决定继续北上，并突破天险腊子口，翻越岷山大雪山。

毛泽东曾做过最坏的思想准备。

可是9月17日，中央红军攻下腊子口，毛泽东派侦察连长梁兴初、指导员曹德连到宕昌县哈达铺镇执行侦察任务。

9月18日，梁兴初、曹德连等率侦察连化装成国民党中央军，大摇大摆地走进哈达铺镇，受到镇长、国民党党部书记的欢迎。正好国民党一个师上校军官，刚从兰州路过，骡子驮着东西，也来拜会中央军。梁兴初不费一枪占领了哈达铺镇。

梁兴初到邮局查找报纸。那个被俘上校说：我从省城带回的报纸，不知贵军有用否？

这些报纸有《天津大公报》，还有《晋阳日报》。梁兴初在《晋阳日报》上看到：陕北刘志丹、高岗匪占领六座县城，赤化人民70万拥有正规军队五六万人，游击队赤卫军少先队二十余万。现在陕北情况，正与民国二十年之江西情形仿佛。

梁兴初连夜将这些报纸和上校军官送到中央红军军团部。聂荣臻看完立即派骑兵通信员把报纸送给毛泽东。毛泽东看了报纸，连连说道："好了，好了，我们快到陕北根据地了。"[①]

黄静波闻听中共中央已到达陕北，他和同志们都非常激动。通过各种渠道黄静波得知，红军战士在参加长征期间，食草根、树皮、皮鞋，穿草鞋披蓑衣，风餐露宿，在敌人的枪林弹雨中攀爬着铁索，眼睁睁看

---

① 梁星亮：《榜罗镇柳暗花明扫沉郁　到陕北三军将士尽开颜》，《陕西日报》，2016年8月18日。

着自己的战友在沼泽地中消失、在冰天雪地中长眠……这些画面常常激励着黄静波的斗志，他常常想，两万五千里，多少年轻的生命牺牲在他乡的土地上，就像是一场超越极限的群鸟的迁徙，付出了那么沉重的代价。虽然陕北的革命工作同样凶险，但和他们相比较，自己又是幸运的，所以更应该加倍努力为革命事业作贡献。

今天，他终于见到了这些可敬的中央红军战士，以及毛泽东、周恩来等一些令其景仰的中共领袖。他们虽然风尘仆仆、疲惫不堪，但是在他们当中仿佛孕育着一个新的生命，承载着无数新的希望；他们就像久别重逢的故友，像是远途归来的亲人，让黄静波感到，有很多话要向他们倾诉，有很多理想要和他们共同筹划。

1935 年冬，中共中央来到瓦窑堡后成立了中共陕西省委和少共省委、省苏维埃政府。任命黄静波为少共省委儿童局书记，少共省委的成员分别是：书记陈时夫，宣传部长白治民，组织部长王月明，少队部长

20 世纪 30 年代初，少共陕北特委的领导人合影，20 世纪 50 年代摄于北京，前排左起黄静波、白治民、慕纯农、高朗山；后排左起白志明、鱼得江、郝玉堂

刘英勇，副部长黄庆熙，秘书长高朗山，工作干部李光字、刘秀梅。

虽然陕北红军和群众热情欢迎中央红军的到来，然而瘠薄的土地却不利于军队长期驻扎，同时，红军统一抗日战线的目标还一直没有实现。

1935 年 12 月，中国共产党在陕北子长县瓦窑堡召开中央政治局会议。出席会议的有毛泽东、张闻天、周恩来、刘少奇、秦邦宪、邓发、何克全、李维汉、张浩、杨尚昆等 10 余人。会议通过了《关于军事战略问题的决议》，确定把国内战争同民族战争结合起来，"准备直接对日作战的力量"和扩大红军的方针，同时提出了抗日游击战争在战略上的重大作用。这次会议是从土地革命战争到抗日战争的伟大转折时期中召开的一次极其重要的会议，它表明中国共产党在总结革命中的成功和失败的经验教训的基础上，已经成熟起来，能够从中国的实际情况出发，创造性地进行工作。

瓦窑堡会议召开时，黄静波是少共团陕北儿童局书记，通过瓦窑堡会议，黄静波深刻认识了毛泽东同志"又斗争，又团结，以斗争求团结"的战略思想，为他今后四年里坚决执行抗日统一战线、成功开展反摩擦斗争奠定了思想基础。

1936 年 2 月 5 日，毛泽东、周恩来、彭德怀带领军委总部和先遣部队，从安定县赢窑堡出发，经延长延川两县来到清涧县袁家沟，袁家沟东距黄河岸 30 里，早在大革命时，白如冰、白栋才就在此建立了党组织。

到了袁家沟的第二天，毛泽东、周恩来、彭德怀等骑马来到黄河沿岸视察黄河渡口部队的渡河准备工作。

此时，天空飘起纷纷扬扬的雪花，毛泽东踏雪登上黄河西岸高圪塬的最高山巅，眺望陕晋两岸的黄土高原，雄姿百态的群山峻岭尽收眼底，面对银装素裹的北国风光，触景生情，诗意盎然，即兴吟成气壮山河的史诗《沁园春·雪》。

下了山回到住处，当时是借住在袁家沟白治民家，在一张极其简陋的小炕桌上，毛泽东将创作的腹稿一挥而就，革命诗词《沁园春·雪》就这样诞生了。"小炕桌"也因此身价百倍，现在陈列在延安革命博物馆。

新中国成立后，上面的字被拓在清涧县的"天下第一石碑"上，树立在城北的秀延广场，高3米、长6米、厚0.2米、重9.3吨的石板词碑，展示了中国"石板之乡"的光荣历史。

带着《沁园春·雪》的豪迈激情，在东征命令发出的同一天，毛泽东在红一方面军团以上干部会议上作了关于东征形势与任务的报告。他指出东征任务：一是到外线打击军阀阎锡山，并调动他在陕北的四个旅的兵力，粉碎敌人对陕北根据地新的"围剿"。二是配合北平一二·九学生抗日爱国运动和全国反内战高潮。三是壮大自己的力量，促进抗日民族统一战线的实现。毛泽东强调说：当前我们的首要任务是渡过黄河。

在黄河东岸，国民党十个师已抵达山西，每隔一里就有一座明碉堡。1936年2月20日，我军正式下达渡河命令，红军从北起绥德的沟口、南到清涧县的河口百余里的渡口，同时发起攻击。红军突破黄河天险后，即分兵数路，长驱东进。红一兵团、红十五兵团主力冒着严寒，冲破了阎锡山的防线，胜利渡过黄河。此后，刘志丹、宋任穷率领的红二十八军也渡河参战。

这一年在瓦窑堡，黄静波被调到少共中央局少先队训练部任部长，培训各县区少先队、儿童团干部，加强在赤少队中的宣传动员，选择优秀的赤少队的班排争取他们全体加入红军。

1936年3月，刘志丹率红二十八军参加东征战役，挺进晋西北，屡克敌军，4月14日在中阳县三交镇战斗中牺牲，年仅33岁。噩耗传来，万民悲恸。这是继1935年2月谢子长牺牲之后陕北红军的又一大损失。党、军队、人民不会忘记他们，子长县、志丹县的名称由此而来。20世纪40年代，毛泽东等中央领导为他们的碑文题词"群众领袖，民族英雄"；朱德的题词是"红军模范"；周恩来的题词是"上下五千年，英雄万万千，人民的英雄，要数刘志丹"。

也是在 1936 年，黄静波的弟弟黄太源被调到清绥独立营，在一次与国民党胡宗南民团的战斗中受重伤，但是他坚持不下火线，直到吐血不止才下来。年仅 16 岁的他由此落下了终身残疾，每当劳累就会吐血。

后来黄静波又得知，曾经和他一起被捕入狱的党员张成华的儿子，是他的一个好朋友，和他一起参加革命后去了瓦窑堡，在横山五家坡做青年团工作时被敌人发现了，被枪杀时年仅 18 岁。

当一个人悲愤的心情过于沉重，就会让自己增添背水一战的决心和力量。黄静波在后方积极宣传的口号包括："猛力扩大红军，准备抗日力量，来争取和日本直接作战"，"武装上前线，为刘志丹同志报仇"等等，教唱歌曲"赤卫军和少年先锋队呀！紧急动员起来呀……整班整排整连整营全体加入红军去……"由于党团员带头，绥德、子长都有整班、整排赤少队员参加红军。

历时 75 天的东征在军事和政治上都取得了重大的成功。东征共毙伤俘敌军 1.7 万人，迫使原来侵入陕北的国民党晋绥军撤回山西，巩固了陕北根据地的东部地区，发展壮大了红军和根据地的力量。红军在山西 20 多个县开展群众工作，宣传共产党的抗日主张，为我们党以后开辟抗日根据地打下了基础。

红军东征引起了蒋介石的恐慌。为了保存抗日力量，促进国内统一战线工作的开展，在东征取得预期目标之后，中共中央决定及时结束东征。

当年 5 月，毛泽东、彭德怀指挥东征军西渡黄河，于 5 月 5 日全部返回陕北休整。同日，毛泽东彭德怀发表《停战议和一致抗日》的通电，实际上是向全国宣布，党的"抗日反蒋"政策已经转变为"逼蒋抗日"政策。

1936 年 6 月，因敌人进攻，所有中央机关被迫撤出瓦窑堡，转至志丹县（原保安县）。在志丹县，中央组织地方工作团，黄静波被分配到顺宁区担任组长，工作团团长是王观澜，副团长是胡耀邦。主要工作是发动群众斗地主、分粮食、整顿苏维埃政府、发展生产。经几个月完成任务后，黄被调到中央团校临时工作一段时间，主要训练青年干部。

黄静波的弟弟黄太源在1936年负重伤后，得到组织上的照顾，调到警卫团工作，后来给董必武和周恩来当过警卫员，在延安时被安排到抗大学习，但是因伤残后遗症不能坚持学习，而且由于当时医疗条件很差，也不能继续在延安生活了，经上级领导批准回家养病。

1971年，51岁的黄太源病逝。

1991年，黄太源的妻子年纪大了不能承担重体力劳动，儿子因健康问题也不能劳动，家里生活十分紧张，为此，家里不得不让焦石堡村村委会开了一份证明，请求组织给予照顾。革命战争年代，往往一人参加革命，必将带动全家及亲友参加革命。这在老一辈革命家中成为普遍现象。

少共宣传部长入中央党校学习

一个十五六岁的孩子，参加了少共特委的工作，当然他还不会全面了解陕北革命根据地的全貌。1935年夏天的陕北，既是23县连成一片，又是将士人人自危之时。

当时陕北红军红二十六、二十七军共约5000人，红二十五军到陕北的部队约3400人且装备较好。三支部队合编为红十五军团，军团长是徐海东，政委是程子华，副军团长兼参谋长是刘志丹，政治部主任是高岗。全军团共7000余人。

1935年九十月间，"左"倾教条主义的执行者在陕甘根据地实行错误的肃反，实行大逮捕，把刘志丹、高岗、习仲勋、刘景范、张秀山、杨森、杨琪、李西萍、黄子文、张庆孚、蔡子伟、汪锋、张文舟、张仲良、赵启明、赵守一、张策、马文瑞、惠子俊、郭宝珊、高朗亭、王聚德、朱子休、孔令甫、黄罗斌等几十名西北根据地和红军的领导人抓起来并实行酷刑。后来是毛泽东率中央红军赶到，一声令下，刀下留人，立即放人。是毛泽东挽救了陕北根据地啊！

中共中央来到陕北，才使"肃反"停了下来，才使陕北根据地巩固下来了。如果中央红军和毛泽东不到陕北，恐怕用不了多久，陕北的形势会是另一种样子。

在中央的领导下，1937年1月，陕甘省委成立，李维汉任陕甘省委书记，刘景范任省政府主席兼军事部长，霍维德任省政府副主席，张邦英任组织部长，李华生任宣传部长，杨一木任统战部长。

少共陕甘省委中，白向银任书记，王朗超任组织部长，黄静波任宣传部长，省委驻地在陕西省中部的黄陵县店头镇。同时，中共中央领导机关迁驻延安，延安成为抗日战争和解放战争的指挥中心和战略总后方。

黄静波随即被调到延安参加市的工作团。延安市整个工作由高朗亭和张汉武负责，主要活动地区除延安外包括富县、甘泉县、王家坪、子长县王家湾、杨家园子、绥德县张家山、延长县等。

这期间，黄静波曾经跟随陕甘省委组织部长张邦英一起去关中特委地区巡视，关中特委驻地是淳化县桃曲河，习仲勋是特委书记，军分区司令员是张仲良。

关中特区苏维埃政府是在1937年2月由陕甘边南区革命委员会更名而得的。陕西地形地貌是这样划分的：北山和秦岭从北到南把陕西分为陕北高原、关中平原、秦巴山地三个地貌区。陕北畜牧业较为发达；陕南秦岭、巴山和汉江谷地以林业和农业见长；而关中平原西起宝鸡，东至潼关，地势平坦，交通便利，气候温和，是全省的精华之地，号称"八百里秦川"，因此这里的根据地也格外重要。

为了促进第二次国共合作的实现，1937年2月，中共中央致电国民党五届三中全会，提出五项要求：停止内战，一致对外；保障言论、集会、结社的自由，释放一切政治犯；召开各党各派各界各军的代表会议，集中全国人才，共同救国；迅速完成对日作战的一切准备工作；改善人民生活。并提出，如果国民党将五项要求定为国策，共产党愿意实行四项保证：停止武力推翻国民党政府的方针；苏维埃政府改名为中华民国特区政府，红军改名为国民革命军；特区实行彻底的民主制度；停止没收地主土地的政策。

这四项保证是对国民党的重大让步。这种让步是有原则的，在国难当头的情况下也是必要的。因为只有这样，才能消除两大政党和两个政权的对立，实现国共合作，一致反抗日本的侵略。这五项要求和四项保证引起巨大反响，并得到国民党内部抗日派的赞同。

"西安事变"得到和平解决之后，国内形势发生了变化，抗日统一战线形成，实现了国共第二次合作，国民党军队陆续撤离，苏区逐渐得到恢复，但有国民党政权的地方，党的组织仍处于秘密状态。中央决定撤销陕甘省委，工作人员回到延安。黄静波被调回延安西北青年救国联合会（前身为陕北、陕甘少共省委）。

对敌斗争稍有平歇时，黄静波感到自己的理论知识还需要进一步充电，1937年5月，在他的要求下，进入中央党校四班学习四个月。党校在延安桥儿沟，党校校长是李维汉，教务长是成仿吾，总支书记是廖志高，四班主任是白栋材，教师是方仲如、邓力群、罗炳辉等。黄静波学习期间兼任校总支委员和民运工作。党校四班都是陕北干部。在政治精英云集的地方，黄静波感到受益匪浅，对如何化敌为友、团结起来抗日有了进一步的了解。

抗日战争爆发后，成千上万的爱国青年冲破重重阻力，跋山涉水奔向延安。为了造就抗日救国的人才，中国共产党先后在延安创办了30多所干部学校。

中国人民抗日军政大学是中央到延安后创办的第一所高等军事学府，先后培养了十多万德才兼备的抗日军政人才，为中国人民的解放事业建立了不可磨灭的历史功勋。

中央党校、马列学院是培养党的中高级干部和理论干部的学校。毛泽东于1943年还为中央党校亲笔题写了"实事求是"四个大字，这个题词一直被奉为中央党校的办学宗旨，也是党的思想路线的核心。

1937 年的国际形势是，第一次世界大战后走上法西斯主义道路的德、意、日三国企图重新瓜分世界，先后结为反共同盟，成为欧洲和亚洲的战争策源地。在中国的抗日民族统一战线刚刚建立之时，日本就悍然发动了全面侵华战争。

1937 年 7 月 7 日夜，日本侵略军在北平西南的卢沟桥附近，突然向中国驻军进攻，中国官兵奋起抵抗。中华民族全面抗战从此开始。抗日战争时期，既是关系中华民族生死存亡的关键阶段，也是中国共产党发展壮大的重要时期。

经国共商议，8 月 25 日，中共中央军委发布红军改编为国民革命军第八路军的命令（9 月改称第十八集团军），朱德任总指挥，彭德怀任副总指挥，叶剑英任参谋长，左权任副参谋长，任弼时任政治部主任，邓小平任政治部副主任，其一一五师师长林彪、副师长聂荣臻，一二〇师师长贺龙、副师长萧克，一二九师师长刘伯承、副师长徐向前。总共 4.5 万多人。

南方八省边界地区的红军游击队除琼崖红军游击队外，改编为国民革命军陆军新编第四军，叶挺任军长，项英任副军长，共 1.03 万人。红军改编后迅速开赴抗日前线，国共两党军事上的合作，推动了全民族抗战和国共合作的进一步发展。

第三章

七品为民官官小业大 英勇抗顽敌敌败我胜

19 岁的绥德、米脂县委书记和米脂李鼎铭为友

1937 年 10 月，在日军兵临黄河东岸，并企图渡河西犯的危急形势下，党中央十分重视陕甘宁边区的北大门——绥德的局势。

1937 年 9 月，从延安学习回来后，黄静波被分配到绥德警备区，任绥德县中山镇（亦称绥德市）镇委书记，对外的身份是中山镇抗敌后援会副主任，同时任驻军民运工作人员代表。主要任务是进行抗战动员、发展生产、拥军优属、组织募捐和加强自卫军工作，统一领导抗日救亡群团。

在反共摩擦中，绥德县抗敌后援会主任何绍南尤为活跃。从1938—1940 年，他制造了大量的摩擦事件。

何绍南是国民党派任的绥德专员兼保安司令，是顽固的反共分子。就在他当上抗敌后援会分会主任后不久，便以"确保地方治安"为名，在绥德、米脂、佳县、吴堡、清涧等县抽调保安队员 400 余名，收买一批兵痞、匪徒，合编成 5 个保安队为其直接指挥，同时还组织什么暗杀队、石头队、棒子队、扳子（娼妓）队，假冒我党成员，无恶不作。国

民党作出各种伪装，以达到反共限共的目的。

毛泽东在延安曾经找何绍南过去，当面严厉斥责他制造摩擦的罪行，何绍南虽然当面应允不再搞破坏，过后仍然我行我素。

中山镇在县城里有警备区司令部和特委、县委做后盾，黄静波坚决执行毛泽东"又斗争，又团结，以斗争求团结"的统战方针，发展党员，恢复国民党军队多次破坏了的党组织和基层群众组织。

高世有、柳庭扬、李永和等人，有的是农民党员，有的是社交广泛、消息灵通人士，黄静波通过这些人，摸清了国民党组织的内部情况，揭露何绍南破坏团结、破坏抗战的罪行，争取广大群众，很快打开局面。

1938 年 1 月，黄静波调任绥德县委书记，在斗争频繁的 1938 年，等待他的还有两次工作调动。当时的绥德特委书记是郭洪涛，后为刘澜涛、李合邦，绥德县委组织部部长是李光业，宣传部长是马锡侯。

由于刚任县委书记时，黄静波对绥德县各区的情况不太了解，这时的信息传递就要靠人力，遇上恶劣天气，通讯员十分辛苦，黄静波对他们总是心怀感激。

新中国成立后，已经 85 岁的通讯员刘怀道回忆起 1938 年给黄静波送信的情景，仍然记忆犹新。

　　1938 年初，绥德东片党的地下工作者负责人刘发峰找到我，说有一份机密文件急送县委。我接受了这个任务后，当天下午就出发。我们那里距县城有 100 来里路，我不敢走大路，只有绕道走山路。

　　又刚下了一场大雪，我摸黑走了一夜，天刚刚亮时终于赶到了绥德县城。由于实行国共合作，绥德城东、南门由国民党把守，西北门由共产党把守。

　　我要找的绥德县委主要负责同志住在城外落雁砭农民家里，我得绕过无定河、小理河才能到。桥已成"冰桥"，"冰桥"上又有雪，由于一夜走雪路受累，我就没敢从桥上走。在冰面上走时，突然脚下一滑，半个身子掉进河中的冰窟窿里，刺骨的寒冷激得我拼命往外爬，等到爬上来时已经冻得全身麻木了。

带着一身的冰碴，我冻得一直上牙打下牙，强撑着走到落雁砭，跑着寻找县委同志的住处。终于我看到了一家住户门上有个红纸贴——这就是我们说好的信号，松了一口气。走到门口时，迎面走来一个浓眉大眼、身材魁梧的年轻人，他一见我头上的暗号（白羊肚手巾的系法）就笑了，又见我冻成这个样子，急忙把我领到窑里。

走进温暖的窑洞，他找出一条自己的棉裤叫我换上。我感觉很不好意思，跟他说"没关系，一会干了，不换了。"

实际上是因为我一没穿衬裤，二没穿半裤（当时农民生活习惯），再说我们还很陌生，怎能随便穿人家的裤子。他就温和地劝我说："同志，你走了一夜雪路，又掉进冰窟窿里，看把你冻成这个样子，快换上！"这个同志倒是实在，说着便动起了手。当时我又凉又怕又羞，口里说不成话，手冻得不能自已，全身直发抖，只得由他摆布。换上干棉裤，身上顿时暖了起来。

感谢的话还来不及说，忙乱中我还是记起了我的信，当时为了安全，信被缝在棉裤腿里面。可是我口里说不出话，只得指了指我脱下的棉裤，那位同志把我拉到锅圪落（角落），用棉被围住了我，加大了灶火里的柴，口里只说了一句话"先暖暖身子再说"。说着给我倒来一碗开水放到我跟前让我喝，这时门外又回来一个年轻娃娃，端来一盆热水叫我洗洗脸、泡泡手。

忙活了半天，我的牙也不打战了，手也听使唤了。我要来我的湿棉裤，拆开裤缝，拿出湿了的信件，问："哪位是县委书记，我要亲自交给他，还有要事口头汇报（因怕信件丢失，大事只能口头汇报）。"

没想到刚才为我换棉裤的那位同志笑着说："你跟我汇报就行

了。"这时那个年轻娃娃端来一碗"不烂疙瘩点鸡蛋",说:"黄书记,你去看信,我给喂。"

这下我全明白了,眼前这位待人亲切的后生就是县委书记黄静波了。等我完成了任务,回家时因为我的棉裤没干,就穿黄静波的棉裤走了。

后来我又去绥德还棉裤时,听说他调到米脂去了,时至今日再没见到他,但那件棉裤还保存在我家里,留作我永远的纪念。①

一件小事,道出了党组织上下级之间休戚与共的深厚感情,表明了一个代表人民利益的政党必然会得到人民的拥护。同样是劳动人民出身的黄静波,并没有因为身份的改变而改变朴实的本色,他对待下属如兄弟般的热情。这就是共产党人的作风,这就是延安精神。

黄静波在绥德就任没多久,米脂县成为国民党搞摩擦最凶的地方。米脂县农村中不少党组织遭到破坏,反动势力十分嚣张。我党派去的同志被驱出驻地,工作无法进行。

这时日寇正在黄河东岸加紧炮击,企图西渡黄河进攻延安,形势非常严峻,河防危急。

1938年4月,中共绥德特委就把刚打开局面的绥德县委书记黄静波调往米脂任县委书记,这是他在这年第二次调动工作。该县委总共只有三人,另两人是宣传部长王锦章,组织部长王琢章,对外称作民运股。

在黄静波到来之前,在抗战危机时刻,制造"摩擦"给国共两党带来了许多无谓的内耗。这是《新华日报》1938年的报道:

米脂举行欢迎第二集团军及讨逆大会时,米脂县国民党指导员王道之,在大会上公开指责:"陕甘宁边区和北平伪组织是一样

① 韩义林:《一段未写完的回忆》,《绥德》,2002年第2期。

的，都是非法的汉奸组织"。

八路军警备第一团团长贺晋年站在统一战线的立场指出了他的错误，王道之反而恼羞成怒，向西安行营蒋主任报告说贺团长"鼓吹阶级斗争"。

这一事件在米脂抗敌后援会及各机关的公函中被揭露后，王道之不得不表面承认错误。在抗战周年纪念的时候，王道之不仅不发动民众参加抗战动员，反而下令该党部干事赵伯龄，率领兵警，撕毁"反对民族失败主义"、"拥护国共合作"等抗日救国标语。

米脂军及百姓们无不愤怒，准备到党部去质问王道之，后经八路军许多同志出面调解，王氏承认其错误，并补贴了各种抗日标语。这里说的贺晋年就是当年带领少剑波、杨子荣在威虎山剿匪的东北军区副司令员，后任军委装甲兵副司令员的解放军战将。

黄静波到米脂和县委的同志一块分析了米脂的情况，认为当地的绅士在陕北都是有名望有影响的，争取了他们，就会把县政府国民党的顽固分子孤立起来。

米脂的绅士中突出的代表人物是李鼎铭先生，那么该怎样把他争取过来呢？

李鼎铭，幼年受教于舅父杜良奎（杜聿明之父）家中，遍读经史子集，兼及医学经典著作，精通地理、数学、天文、气象，曾自造地球仪、天文盘，计算日月食。清末考为廪生，做过榆林道尹公署顾问；曾开办两所国民小学，兼任校长，从事教商事业十余年，并开办医院，治病救人。其为人正直、爱憎分明、刚正不阿、不畏权贵，所以在地方上和贫苦百姓中很有威望。

李鼎铭的家在县城东街，黄静波三天两头去一次，找老人拉话。地方上的事常和他商量、请教。开始，李鼎铭并不认同社会主义，但共产党提出的争取国家民族独立自主、团结抗日的主张，深为有爱国思想的李鼎铭赞赏。尤为重要的是，李鼎铭的儿子李力果是共产党员，那时在敌后抗日根据地担任领导职务。黄静波把他知道的有关李力果的消息告诉老人，使他们之间多了一座沟通的桥梁。

父子观念不一致一直是李鼎铭心头的一块病，黄静波就把他自己在党校学习时，听毛主席讲课的内容也跟李鼎铭交流。

李鼎铭听了很感兴趣，就对黄静波说："我看过讲社会主义的小册子，现在想看看毛主席是怎么讲的。"黄静波就把毛泽东著作送给他，使他对共产党有了更多的了解。时间稍一长，李鼎铭与黄静波熟悉起来，也很信任他。

在后来陕甘宁边区的一次会议上，李鼎铭曾说："我本来右倾，觉得共产党的社会主义不对，后来找到几种社会主义的书，加以研究，才知道社会主义是天公地道的主义。"

从此，陕北爱国民主人士李鼎铭成为中国共产党的真诚朋友，并在后来的陕甘宁边区政府工作方面作出了许多贡献，发挥了特殊的作用，获得了边区人民的敬仰和爱戴，得到中共中央和毛泽东的高度评价。

李鼎铭先生的思想转变，对打开米脂县统战工作的局面起了重大作用。黄静波通过李鼎铭又争取了县教育科长姬伯雄及李健候等开明绅士。马济川也是个很有威望的人，国共双方都在争取他，通过做工作，我方胜利。

姬伯雄和马济川、高云屏一起在米脂学生中做工作，把大部分学生组织起来，和我们站在一起，把县长刘学海、国民党县党部书记王道之孤立起来。

没过多久，"摩擦"事件就找上了黄静波。1938年5月，警备区参谋长刘澜涛（中共绥德特委书记）写给黄静波一封信，信的内容是关于开展反"摩擦"斗争的，该信被通讯员送到"抗敌后援会"。王道之得知后即派米脂县党部干事赵伯龄前往骗取该信，骗到手后即伪造曲改，指八路军"鼓吹阶级斗争，收编土匪，进行共党活动"，并送交米脂县政府。

7月，米脂县长刘学海与王道之以此为据，联合下令驱逐八路军在米脂工作的同志，解散米脂抗敌后援会，同时在群众面前讲："如以后任何人不经县政府介绍，擅与八路军接近者，即以汉奸治罪。"这时，八路军民运股的牌子也被偷走了，绥德通往佳县的我军电话线，被城里的联保主任割断。

绥德特委闻讯，刘澜涛亲赴米脂和县委研究对策。黄静波说："特委布置我们开展反摩擦斗争，这是正义、光明的事，是为了维护统一战线。反动分子一再对我寻衅生事，我们不能这样被动。公开揭露国民党的阴谋，让广大群众、社会上的中间人士明了真相，他们再想欺骗人就难了。"

刘澜涛说："我们在统一战线工作上积极性、攻克性力度不够，静波同志的意见很好，我们就是要针锋相对、理直气壮地同国民党的顽固分子斗。必要时，派部队将滋生事端的反动家伙捉起来。"

随即黄静波以抗敌后援会副主任的名义召开会议。会议之前，刘澜涛和黄静波亲自向李鼎铭、姬伯雄等开明绅士征询了意见。

会上，黄静波把最近发生的一系列破坏统战、破坏抗日救亡活动，专对八路军挑衅闹事的事摆出来。有证有据地指出王道之、刘学海是这些事件的指使者。

黄静波愤慨地说："现在国难当头，国共两党建立统一战线是为了共同抗日，这种事还能允许再发生吗？"他对应邀参加会议的人说，"你们都是爱国爱民的开明人士，请你们评评理。"

会议上群情激愤，争相发言。王道之、刘学海在一片声讨声中灰溜溜地走了。大势所趋，王道之一伙变得老实多了，乖乖地把扣留的信交给黄静波。

在进行反"摩擦"斗争的同时，黄静波还要开展抗日救亡活动，搞募捐、收粮款、征兵、布置做军鞋支援前线，发动群众抵制国民党不合理的摊派。工作不到两个月，就形成了对国民党驻米脂顽固派势力展开强有力斗争的局面，米脂的形势得到了好转，得到了特委的表扬。

黄静波本以为教训王道之的事件已经结束，不料一个半月以后，王道之和刘学海竟将伪造信公布，借此驱逐八路军。当时刘澜涛因公赴榆林，闻知此事，即向王道之提出严重抗议。王道之声明此信是赵伯龄抄录。刘即与赵面谈。赵面色苍白，非常痛苦地说："我们这些做小事的太难了，上面命令不敢不服从，但丢下乱子，上面又不负责。"刘认为真相大白，即要求赵伯龄写一份证明书，赵万般无奈，只得把事情经过大概写了下来：

> "……五月底由绥德一老汉送黄静波信一件，我当时戏装黄静波，将这信收到交王道之，王委员将信拆开，用铅笔抄录，我当时对王说'要扣便扣下，不然便找人送去，何必鬼祟'，他说不着急，随后令工友送黄静波。以后王委员令我将抄袭的东西（按道之抄下的原文）交县长。"

至此，写假信造谣事件算告一段落。王道之等人这种粗陋的伎俩、低层次的破坏行为常常令人无可奈何，和陕北 8 月火热烦躁的天气一样，反反复复、大大小小的反"摩擦"不断，这也令黄静波大伤脑筋、不胜其烦。

有时，还会出现两军相对峙、硬碰硬的情况。一次，桃镇区党的地下区委书记被联保抓起来往城里押送，民运股得到消息后，带一个连的战士在城东门外等着。当国民党一个排的队伍押着人走来时，明显兵力悬殊，就被缴了械，排长也给抓了起来。之后国民党跑来要人，这边不放，后来榆林派人来调停，才把人放了。

这种"团结"实在是来之不易，有时就像一对相互仇恨、死缠烂打却不能分家的兄弟。民运股派往各区的民运干事，大都遭到国民党联保的排斥。在桃镇，当郭文华被任命为桃镇的民运干事时，桃镇联保就把他的铺盖扔了出去。他就向民运股请示该怎么办。此时任民运股长的黄静波就说："他们往出撂你的铺盖，你回去就撂他们的铺盖，看他们怎么办！"

就这样，依照毛泽东当时"以斗争求团结""人不犯我，我不犯人；人若犯我，我必犯人"的思想，黄静波指导着米脂县的反"摩擦"斗争，鼓励我党工作人员毫不示弱，但是又要给对方留出退路。

经过一番斗智斗勇的反"摩擦"，1938年的夏天总算过去了。

这天黄静波带着纷乱的斗争思路走进民运股办公室时，忽然感到眼前一亮。只见一位清丽脱俗的女子坐在办公室中。从俊俏的脸庞和白皙红润的肤色来看是典型的米脂美女，从其利落的短发和眉宇间的英气来看又像是个民主革命的新青年。

就在黄静波发愣的片刻，这个女子大方地站了起来，微笑着向他伸出手说："您是黄股长吧，我是新来的高宗一，以后在这里负责妇女部。"

黄静波一下回过神来——前几天是有领导告诉他说要过来一位新同志，他不好意思地笑了。

身材高大、仪表堂堂的黄静波也给高宗一一个很好的印象。同时她也感到有些意外：没想到革命经验那么丰富的一个前辈竟然是个年轻朴实的后生。

在后来的接触中黄静波了解到，高宗一是米脂以北的佳县高家寨人，原名高振亚，1919年3月出生在一个地主家庭，和自己同岁。祖上在康熙朝时做过总兵，到她父亲高冠雄时，家境衰落下来。

母亲苗桂英也是书香门第出身。

父母很开明，让她从小就读书，从佳县中学毕业后在榆林师范学校读书。

她的老师张明远是共产党员，七七事变更激发了青年学生们的爱国主义斗志，她在老师的影响下参加了马克思主义读书小组，积极参加学生运动。

1938年，她和同学董志宏等23人随绥德特委书记郭洪涛到延安参加革命，进入陕北工学院和抗日民主大学学习，在学校加入了中国共产党。毕业后分配到延安妇女联合会工作。9月，被调到米脂县委接任妇女部长尤祥斋的工作。

米脂的县委副书记王金璋、宣传部长赵锦峰、组织部长李虎岗、妇女部长尤祥斋几个人都十分欢迎高宗一的到来。尤祥斋是陕北革命根据地的主要创始人谢子长的夫人，1927年就加入了共产党，是陕北妇女革命的先驱。由于党的干部中女性较少，她和高宗一走得比较近。

不久，在民运股的领导下，米脂草场成立了马列主义研究读书会，也叫马列主义研究小组。艾奇华任组长，常应邦、高宗一、高举静等人参加，这是第一次国共合作以后，米脂共产党建立的第一个青年组织。通过读书学习，团结一些进步青年。

艾奇华入党后，又在马列主义小组建立了支部，并担任书记，常元华是组织委员，高宗一是宣传委员，这是党组织的第一个青年支部。

在复杂多变的斗争形势、繁忙紧张的县委工作中，黄静波和高宗一都感到，他们不仅是非常默契的工作伙伴，而且还可以成为厮守终生的伴侣。虽然如此，两个人由于不够自信都没有表白心迹。高宗一向姐姐一般的尤祥斋吐露了这件事，尤祥斋非常愿意牵这根红线，在她的说合下，两个人很快结成了革命伴侣。战争年代，爱情是纯洁的，婚姻是简单的。

从1937年9月至1938年10月的一年时间里，八路军以小米加步枪的劣势装备，抗击装备精良的日本侵略军，作战1600余次，歼敌5.4万多人，收复了大片国土，创建了19块抗日根据地，牵制了大量日军，阻止了敌人的战略进攻。

1938年10月，武汉和广州失守后，中国抗战进入战略相持阶段。日本侵略军在坚持灭亡中国的总方针下调整侵华策略，停止对正面战场的战略性进攻，而将主要力量用于打击八路军和新四军；对国民党采取政治诱降为主、军事打击为辅的方针；在占领区加紧扶植傀儡政权，建立和发展汉奸组织。1938年12月，以国民党副总裁汪精卫为首的国民党亲日派公开投敌，并拼凑伪中央政权。

以蒋介石为代表的国民党亲英美派开始推行消极抗日、积极反共政策，掀起了三次反共高潮，对陕甘宁边区进行骚扰、破坏和封锁。

1939 年 1 月，国民党五届五中全会决定了"溶共""防共"和"限共"的方针。各地接连发生袭击、杀害共产党领导的抗日军民的反共"摩擦"事件。中国团结抗战的局面出现严重危机，民族矛盾和阶级矛盾交织，使国家政局空前复杂。

针对国内时局的逆转趋势，党鲜明地提出坚持抗战到底以及反对中途妥协、巩固国内团结、反对内部分裂、力求全国进步反对向后倒退的口号。

在谢子长、刘志丹先后牺牲后，陕北、陕甘根据地的领军人物就是高岗、习仲勋、张秀山、刘景范、马明方、贾拓夫、马文瑞、张仲良等人。1938 年春陕甘宁地区已经发展成一定规模了。

当时，成立陕甘宁边区，宣传部长是王若飞，参议长是高岗，副参议长是谢觉哉，主席是林伯渠，副主席是张国焘、刘景范、李鼎铭等，而关中地委书记习仲勋、绥德地委书记刘澜涛等都是陕北革命根据地的领袖人物。

1938 年，国民党清涧县县长艾善甫反动气焰更为嚣张，强令抗敌后援会取消青年救亡工作，召开群众大会。

6 月，发表"收回土地归原主"的演讲，鼓励地主、富农倒算已分出的土地、房屋，许多地方发生联保要地、毒打农民事件。有的地方部分土地被地主、富农倒算回去。

艾善甫还组织哥老会码头和黑军"政府"，串通土匪，假扮八路军，到处抢劫，无恶不作。一时间清涧县的兵、粮分配乃至抗日宣传都被限制，地方的一些党组织被破坏，清涧的形势让特委焦虑。

由于黄静波在米脂县反"摩擦"斗争中表现杰出，特委的领导把黄静波喻作对敌斗争的"小钢炮"，哪里局势严重，就把黄静波派往哪里，要把"小钢炮"放到斗争的风口浪尖上，因此决定任命他为清涧县委书记，对外是以八路军总部留守处警备三团民运股长的身份，并任县"抗敌后援会"副主任，主任即是艾善甫。就这样，10 月，黄静波带着新婚的妻子离开米脂到清涧上任。

到达清涧后，黄静波依据以往反"摩擦"经验，把县委成员分工到各片收集国民党破坏抗战的罪行；由于1936年国民党军队残酷"围剿"，苏区遭到败坏，党的基层组织停止了活动，这时他就发动群众重新组织农民协会、妇女联合会和儿童团，和地主恶霸、保甲长进行斗争。并将这些情况向绥德特委和警备区领导汇报，得到特委、警备区领导的指示和支持。

1939年春，在警备区驻军三团阎红彦团长的支持下，解除了清涧县保安队的武装；又在东区解家沟地区组织农民，将几个民愤较大的联保主任抓起来，让群众诉苦申冤，给伪联保主任及黑军以沉重打击，并把地主、富农倒算回去的土地又分给农民，使其余各联保主任和保甲人员不敢再嚣张。

清涧县委书记黄静波，公开的身份是八路军总部留守处警备三团民运股长，任统战组织"抗敌后援会"副主任。图左起高宗一、黄静波、高振汉（又名高健）

同时安排共产党员到联保任职，改造保甲，逐步控制了基层政权。黄静波又通过统战工作，争取过来几个县政府的科长、学校校长和县里的商人。县政府名义上是国民党的，实际上已被架空了。

县长艾善甫派人假冒八路军抢劫、杀人的事，黄静波已搜集了足够的证据，查明了真相，于是向特委报告。此后，特委派人将警备队长等四人抓获押至绥德游街示众，公布事件真相。最后国民党专员何绍南被迫撤了艾善甫的职。

黄静波到清涧后和国民党的斗争取得了第一回合的胜利。县长艾善甫走后不久，国民党陕西省政府又派李鹏飞来任县长。1939年冬的一天，李鹏飞在城关小学操场给集训教师开会，大肆进行反动宣传活动。黄静波听说后，就带县委赵锦峰、白元芳等来到小学。守门的士兵不让进，黄静波把士兵推开，闯了进去。

黄静波对李鹏飞诬蔑共产党的行为十分气愤，并向教师们列举了清涧县国民党政府在何绍南的指挥下，组织富农同盟会、哥老会，建立复兴社；表面上去各联保编保甲、抓壮丁、搞军训、一致抗日，暗中却秘密发展"忠义救国人员"，建立情报网点，刺探八路军动态，制造摩擦，破坏抗战；勾结土匪，祸害百姓。

黄静波指着李鹏飞质问："保甲二中队火烧二郎山军械库，高杰村联保主任煽动八路军战士开小差，解家沟联保主任强迫农民退田、暗害共产党员、袭击八路军驻地。5月，安定县县长田杰生指挥保安队袭击杨家园子，打死打伤我官兵数十人。9月，吴堡县县长黄若霖，组织暗杀队，杀害我718团三营副营长尹才生。10月，清涧保安队冒充八路军，持枪抢劫，妄图杀人灭口，诋毁八路军的声誉，被绥德警备区抓住四人游街示众……这些都是谁指使的？"

这些连珠炮般的质问，搞得李鹏飞满头冒汗，张口结舌说不出话。这一件件、一桩桩破坏抗日统一战线的罪行充分揭露了国民党真投降、假抗日的面目。黄静波把国民党的反动宣传变为共产党的抗日救国宣传。

县委的几个人开始时还为黄静波的举动捏一把汗，看到会场由骚乱变平静，又由无声到高呼拥护共产党的口号，悬着的心才放下来。

在回家的路上，赵锦峰说："黄书记你真厉害！不怕国民党把你抓起来？"黄静波笑着说："他们没那个胆，我还是抗敌后援会的副主任，我和他们斗过。国民党外强中干，你看他们的士兵，不是处在动摇之中吗？只要我们敢上去宣传，就能让他们转变过来。跟敌人斗争没有什么客气的，要当仁不让，这样好的时机能放过吗……"

这场舌战顽敌的斗争，让清涧县的国民党组织见识了"小钢炮"的厉害，黄静波冲破阻力、有感而发地即时演讲，既宣泄了长期积郁在心中的愤慨，又让处于犹疑状态的群众吃了颗定心丸，让我党宣传工作转为主动。

反"摩擦"工作，黄静波不仅"炮火猛烈"，而且勇敢果断。

1967 年，时任中国人民解放军总参谋部军务处长的李平证实了一件他亲身经历的事：

> 1938 年我在八路军留守兵团警备三团政治处民运股工作，驻在清涧县。当时上级党委把黄静波派到清涧县负责县委工作，他的工作是不公开的。为了便于工作，他在我们团部里以民运股副股长的身份出现做党的工作，他化名叫黄江。……1939 年春天时，他带领部队搞掉了国民党的联保处，把主任贺自立抓了起来，缴了他的枪（警备队十余人），负责保护联保处的保安队有两个连队的人也没敢动，我们去了一连人。

令黄静波愤怒的几件"摩擦"事件，和国民党派的绥德地区专员兼保安司令何绍南都脱不了干系，除此之外，何绍南任专员期间伙同其手下，到处欺压百姓、敲诈勒索，仅他一人就贪污受贿逾十万元银元，甚至侵吞大量救济款。

1939 年 10 月，在日军加紧侵犯河防和国民党大肆包围与封锁陕甘宁边区的严重关头，中共中央调三五九旅从晋西北回师边区。驻防绥德警备区，由该旅旅长王震接替陈奇涵为司令员。

于是何绍南又借机造谣，诬蔑三五九旅是"溃军"，不准群众卖粮、借房给部队，妄图撵走三五九旅。

事实上，在绥德警备区军政委员会和王震的领导下，军队和地方各级党组织团结一致，领导广大人民群众共同奋斗；警备区下辖的五县军民一方面坚决固守河防，在长达380里的河防线，这一年抗击了日军发动的大小23次进攻，使日军始终未能渡河西犯。

1939年11月，日军近万人袭击黄河东岸的碛口，同时炮击西岸。这时，王震早已带群众修好的战壕发挥了作用，我军又从左翼渡河袭击敌人侧后，迫其撤退。

12月，在日军的操纵下，阎锡山制造"晋西事变"，进攻山西新军，并纠集400余人进攻河防。我军激战5天，迫敌后撤。

1940年3月，日军1万余人兵分六路进攻晋西北，王震令部队渡河作战，配合河东军队取得重大胜利，取得了保卫河防、保卫陕甘宁边区安全的累累战果。

面对何绍南等的破坏与罪恶行径，中共中央、边区政府和三五九旅广大官兵不得不采取针锋相对的斗争：一面致电国民党政府，并通电全国，强烈要求停止"摩擦"、团结对外，希望国民政府撤换、严惩何绍南；一面组织群众，揭露何绍南制造"摩擦"、侵吞赈灾款、危害百姓的种种罪行。

边区政府主席林伯渠与八路军后方留守处主任萧劲光又联名致电蒋介石、孔祥熙、程潜、蒋鼎文等人，要求逮捕何绍南、解至陕北，组织巡回法庭公审，同时提出委任王震为绥德行政督察专员。国民党迫于舆论的压力，只好另图打算，但又不愿改弦更张。结果在何绍南的保举下，榆林86师政治部主任包介山被委任为绥德专员。何绍南反共邀功，迷了心窍，在包介山赴绥德接任的路上，他又化了装后藏在车内，再次秘密潜入绥德，煽动保安队哗变为匪，袭击八路军河防部队，不料很快就被绥德军民发现。

在无法继续躲藏的情况下，何绍南、包介山等只得烧毁文件，率领保安队于 1940 年 2 月间逃离绥德城。这就是当时闹得满城风雨的所谓"绥德事件"。国民党曾借此大肆进行反共宣传，其实，这不过是何绍南的一幕丑剧而已。

何绍南等逃离边区后，八路军随即便任命王震为绥德行政督察专员，兼绥德警备区军政委员会书记。名噪一时的何绍南至此成了个人人喊打的过街老鼠。在这一系列的斗争中都凝结着黄静波的心血，体现着黄静波的斗争艺术。

对于下一步的反"摩擦"斗争计划，王震和特委决定选择清涧为突破口，发动群众，驱逐国民党反动势力。在反复研究了斗争策略报告党委通过后，黄静波亲自深入东区，让在农民中有影响的党员白学忠、贺荣保等，分别到解家沟、店子沟、西区折家坪、石嘴驿串联发动农民。县委还通过联保里的共产党员，通知农民群众进城至少带三天的干粮。

1940 年 3 月初，全县 6000 名农民自带干粮，手举红旗，高呼口号从四面八方涌向县城，堵住城门，向国民党政府请愿，要求减免税负。面对如此庞大的请愿人群，国民党慌了神，城头上国民党二营和保安队架起数十挺机枪朝向请愿民众。而城外各山头被八路军警备三营占领着，机枪对着敌人，支持请愿农民。

经过三天的斗争，请愿农民干粮已经吃完，忍无可忍，涌进城内，才得知县长李鹏飞早已躲到宁远台去了。

宁远台又名文昌阁，位于县城南门外，种公将台（宋时大将种世衡演武场）之上，初建于明洪武年间，原是一个古柏参天、清流绕麓、祠台巍然、风景奇丽的清涧名胜之地。

李鹏飞在得知农民要进城请愿的消息后，便带着保安队员，从县政府躲到这里。群众又围住了宁远台向李鹏飞提出三个条件：

1. 减免税，保护边区安定生产。

2. 解除地方保甲武装。

3. 县长李鹏飞、县党部指导员张雄飞下台。

1940年3月16日，李鹏飞答应了群众的条件。3月18日，国民党在清涧最后一任县长李鹏飞和县党部指导员张雄飞弃职逃跑，结束了国民党在清涧的统治。

3月19日，清涧县人民政府成立。黄静波是清涧县共产党的第一任县长，也是警备区由人民群众民主选举的第一个县长，这一年他刚刚22岁。被赶走的国民党"摩擦"之心不死，仍继续任命县长。直到1948年先后任命了9个"挂号县长"。但他们对巩固强大的人民政权，只能望洋兴叹，空挂其衔。

"嘤其鸣矣，求其友声。相彼鸟矣，犹求友声。矧伊人矣，不求友生？神之听之，终和且平。"诗经中《伐木》一诗是这样歌颂友谊的，意思是"小鸟为何要鸣叫？只是为了求知音。仔细端详那小鸟，尚且求

1940年3月，黄静波发动农民进城请愿，把国民党县长李鹏飞围在宁远台，他被迫接受请愿要求，第二天，李鹏飞等人弃职逃跑，清涧全境解放，黄静波成为人民民主选举的第一任县长

友欲相亲。何况我们这些人，岂能不知重友情。天上神灵请聆听，赐我和乐与宁静。"无论人情还是天理，都以实现和平的政治理想为最终目的，而不顾情谊、互相猜忌只会带来恶性循环。

在第二次国共合作期间，共产党的"求其友声"湮没在"咚咚"的伐木声中。据不完全统计：从 1938 年底到 1940 年 10 月，国民党顽固派在边区共制造了 372 起"摩擦"事件，其中局部武装进攻 112 次，抢劫骚扰 105 次，暗杀、拘捕、驱逐我方人员等 150 多起[①]。黄静波深刻地感觉到，国民党制造的"同族相煎"之痛胜过了沙场上的流血牺牲。虽然如此，黄静波并不想否认国民党在正面抗日战场上作出的重要贡献，淞沪会战中的"八百壮士"，台儿庄战役中牺牲的众多官兵，都曾令他叹喟良久。

很多事只有在时间河流的下游回顾时，人们才会找到正确答案，然而又有多少人能站在未来决策现在呢？

其实，国民党人在抗战时期，不乏忠勇之士，为保国土，悲壮牺牲，其壮烈不止一个张自忠，不止一个戴安澜，国民党高级将领为抗战捐躯者多于共产党牺牲的高级将领。只是少数国民党顽固派坚持与共产党为敌。这也是阶级利益使然。

黄静波作为无产阶级先锋战士，为了人民的利益、党的利益，发挥聪明才智，发扬克敌制胜的奋斗精神，实践了共产党人为人民利益奋斗和牺牲的宗旨。他的少年老成成就了他的事业。

民主县长大生产

清涧又称青涧，因绕城的河水（涧水）和夹辅河水的青石板而得名。清涧县北接绥德，东临黄河，是中国的革命老区。据统计，从抗日战争

---

① 参见《陕甘宁边区保卫团在抗战中》，载《陕西日报》，2015 年 8 月 31 日。

到解放战争时期，清涧人口最多时为8万人，而参加红军以及支前的就有2万余人，可以说几乎整个清涧县的青壮年都投入了革命战争之中。清涧县为革命牺牲的烈士仅次于江西兴国，中央党史馆中有记载的就达3000多人，而无法记载的则更多。

顺治《清涧县志·地理志》记载：古代，清涧人"尚气概，先勇力，厚重质直；尚俭节，勤稼穑，多畜牧，少寇盗。婚不论财，丧不事佛，民务农桑，力崇学问。"来到清涧，你会被一个"石雕石砌"的世界所震撼，这里的道路、围墙、房子、门、窗、炕、灶、桌椅凳、家具、锅盖均是石板造就，仿佛是被"石神"点化过的一个童话世界。如今，能工巧匠们已经不仅能把石板变成实用品，还能雕梁画栋，将其变为实用艺术品。

如果非要从考古的角度来看清涧的石板，清涧县政府《可爱的清涧》一书解释得很清楚：

> 在约4.5亿年前的古生代，清涧是华北海的一部分，后来几经海水浸入退出，地层堆积，形成了灰岩、泥岩等。……这套地层在本县境内处于隐伏状态，厚达900多米。……此后在漫长的地质历史中，经历多次抬升、凹陷交替过程，并一层层像书页一样沉积了很厚的中生代晚期的河湖成因沉积物。

清涧的另一样宝贝是红枣，曾被评为"红枣之乡"，目前，全县红枣栽植面积达58万亩，正常年景产量逾10万吨，原产值3.2亿元，红枣人均面积、人均产量及加工比例均居陕西省第一。在抗日战争和解放战争时期，红枣成为我党我军最困难时的"天赐甘品"。行军打仗的战士，有时一天只吃几颗枣，可以说是"救命的甜蜜"，这样的味道我们在今天已经很难体会到了，用这一点点"甘"去支撑巨大的"苦"，其艰难可想而知。

回到那个深知"甘味"的年代，石板和红枣都不能当饭吃，"民以食为天"，而当时最缺少的就是粮食。在陕甘宁边区，1940年，旱、病、水、雹、风五大灾害袭击，灾民达60万。初春，延安等县发生脑膜炎等瘟疫，盘龙一区就死了500多人。夏天暴雨使山洪突发，沿河庄稼、农田全部冲毁，保安等地遭受雹灾，地上冰雹一尺乡厚。盐池、靖边的飓风，毁坏了许多庄稼、牲畜。

清涧县山高沟深，交通不便，气候干燥，雨量稀少，连年收成都不好，百姓日子很苦。有民谚说"春雨贵如油"，在清涧县，则是四季雨水都贵如油。

尤其是1939年、1940年、1941年，因久旱无雨，几乎颗粒无收，老百姓吃野菜充饥，有时，连野菜也挖不到。中央到达陕北后，公务人员逐年增多，经常保持在万人吃"皇粮"。农民负担沉重。延川代县长李彩云在边区开会被雷电击死。有一个农民说："怎么就没把老毛打死。"借此发泄对征粮太重的不满。

公安处把他抓起来，问毛泽东怎么处置，毛泽东找来高岗问："为什么这个农民对我这么恨呢？"

高岗亲自听汇报，并派人调查了解到农民对公粮有意见。高岗向毛泽东汇报说："看来粮食问题是个大问题。"

毛泽东对高岗说："征粮任务重，群众有意见。这是实际情况要允许人家讲话，不要抓人。"随即指示边区将公粮由20万担减为16万担。

于是毛泽东提出"自己动手、丰衣足食"的指示，开展了轰轰烈烈的大生产运动。

除了调王震的三五九旅开赴南泥湾开荒种地，全边区党政军民，开展开荒种地，开展大生产运动，从中央到基层全员参加生产。

正是在军队急需补给而又受到封锁的危急时刻，1940年3月，黄静波经民主选举，当选为清涧县人民政府县长。说起边区民主制度，早在1937年5月就确定了议会民主制，1938年将议会改为参议会，工农民主制转变为抗日民主制。相对于蒋介石的独裁专制，边区民主政治尤其受到百姓欢迎。陕甘宁边区实行普遍、直接、平等的选举制，使最广

1946年，清涧全境解放，黄静波成为群众民主选举的第一任县长

大的人民群众都能参加选举活动。

受命于危难之中，黄静波既要带领群众与天斗，又要与顽固派斗。他深深地知道，只有依靠群众才能胜天，只有巩固人民政权，才能取得革命斗争的胜利。

他按照边区政府和特委的指示，把抓经济建设、领导全县人民抗灾自救度荒年，作为民主政府的头等大事。

黄静波积极响应边区大生产的号召，领导和团结全县人民自己动手、自力更生、克服困难、艰苦奋斗，一上任就把城关和东区作为工作和依靠的重点。

黄钵原先是城关区人民政府保安助理，这时已调到县政府工作，黄静波就委派他多到城关了解情况。春播前，黄静波自己到了解家沟、袁家沟等村，一家一户地走访，一家一户地谈心，了解家里人口劳力，能种什么庄稼；一家一户地帮他们制订生产计划、吃粮计划、节粮计划，

以实现家家做到"耕三余一"，即耕种三年节余一年的粮食以备灾荒。"耕三余一"的出处是《礼记·王制》："三年耕，必有一年之食；九年耕，必有三年之食。"可见这种粮食储备法自古有之。这个做法受到特委表扬，作为典型在警备区五个县推广，并逐渐向若干边区人民政府推广。

1940年9月，黄静波又到城关区柏树坬亲自搞"变工"和"互助"的试点。

"变工"，是老解放区和20世纪50年代初期曾经实行过的农业劳动互助的简单形式，是农民相互调剂劳动力的方法，有人工换人工、牛工换牛工、人工换牛工等。

"互助组"，是变工的组织，是中国劳动农民在个体经济基础上组成的带有社会主义因素的集体劳动组织。自愿互利，互换人工或畜力，共同劳动；有农忙临时互助和常年互助之分，土改以后得到广泛发展，在农业生产合作化运动中，发展成为初级农业生产合作社。

至于黄静波为什么会选柏树坬村作为试点，主要是看中了这里非常好的群众基础。柏树坬村在县城

1942年，清涧县党政领导同志合影。黄静波县长（右），裴仰山县委书记（前左），王锦璋县参议会议长（后右），赵锦峰县委宣传、军事部长（后左）

东北，距县城有几十里，村子不大，但却是清涧县最早"红"起来的一个村子。

这个村子有个周继丰，1924年考入榆林中学，接触革命志士，阅读进步书刊，投身学生运动；之后加入了中国共产党，回到清涧执教，曾任校长、区委书记。

1927年后，国民党实行"清共"，周继丰被驱逐出校，回柏树圪创办贫民学校。没有教室、宿舍，他家三代挤在一室，腾出两孔窑洞让学校占用。周继丰边讲课，边宣传革命道理，组织学生开展社会调查，吸收优秀学生入党。学校成了党的一个秘密联络点，在他的培养下一批批青年走上革命道路。

后来他被叛徒出卖，入狱后遭到严刑拷打，拒不屈服，英勇就义。周继丰虽然牺牲了，但是这位执着的"贫民教师"的故事却一直牵动着百姓的心。

黄静波一到柏树圪就召集党员开会，说明组织起来生产的好处，要求党员做模范。然后，他又教村民唱从延安学来的组织互助、变工的歌："变工好，变工好，变工真正好，活干得多来活干得快，不熬又不累，打下的粮食呀如山堆……春天里来暖洋洋，春分过后三安排，组织变工去呀，今年咱们要大生产呀……"

通过党员做工作，柏树圪很快建立了清涧县第一个互助组。同时，县委、县政府把干部放到各区，宣传边区政府新的经济政策；对好吃懒做的人，陕北人叫作"二流子"，把他们集中起来进行教育，发给他们生产工具，也给他们下达开荒硬性指标；开办公营企业，发展传统丝绸业和合作事业，奖励互助。到1941年春，互助组、变工队、扎工队等形式的合作组织在全县展开，到处是红红火火的春耕场面，生产运动蓬勃发展。

在陕甘宁边区，政府通过劳动改造和健全法制基本消灭了赌博、嫖娼等违法犯罪行为，同时也以一股清新的廉政之风昭示给边区群众，而廉政成果正是靠依法严厉处置贪污腐败分子得来的。

黄静波任清涧县长期间，清涧一名税务官员的贪污事件成为边区廉政建设的典型。这个人叫肖玉璧，1940 年秋，他还是一名老战士，毛泽东去中央医院看望伤病员时看到了他，肖身上有多处疤痕。毛主席向医生询问病情。医生说："说起来百病缠身，其实非常好治，只要能给他吃一个月的饱饭就行了。"毛泽东当即把中央特批给自己的每日半斤牛奶证转让于他。肖玉璧出院后，上级安排他到清涧张家畔税务所当主任。他嫌官小，居功自傲，不服调遣，找到毛泽东申诉，说你看我有多少疤。毛泽东严厉地说："我不识数。"后来肖玉璧到税务局工作期间，利用职权经营私人生意，贪污 3000 元。甚至把根据地奇缺的食油、面粉卖给国民党"破坏队"，边区法院判其死刑。

肖玉璧写信要求怜其往日有功，让他战死前线，以抵其罪。毛泽东问林伯渠："你准备怎么答复他？"林说："据法院统计，贪污腐化犯罪占 5%，这股风非刹不可。不过，怎么处理肖玉璧，边区政府和西北局都想听听你的意见。"

毛泽东问："你还记得 1937 年枪毙的那位黄克功吧？"林答："记得。"毛泽东坚定地说："和那次一样，我完全拥护法院判决。"肖玉璧遂被处以极刑，边区贪污腐化之风收敛。

这件事向边区的官员们发出了警示：法律和战争一样无情，即便是为革命九死一生的战士，如果在经济建设中不能抵挡自己的贪念，同样会在法律的铡刀下丧命。

杀过贪官杀土匪。1942 年冬、1943 年春，黄静波把当地的土匪陈老二（代名方丑）和惠福元两个大土匪头子抓起来枪毙了，百姓无不拍手称快。

在清涧人心目中，黄县长对恶势力的冷酷和对百姓的热忱是一种强烈的对比。作为一个"人民县长"，黄静波要面对的事情非常庞杂，当时还没有"群众生活无小事"这句话，但这一意识却能很恰当地表明他的观念。

1941 年 4 月的一天，正在窑里办公的黄静波突然听到一声巨响，像是手榴弹爆炸的声音，此时他心里一紧：莫非敌人冲破河防了？可转念一想，不可能，这么大的事我们不能毫不知情啊！接下来就没有任何声响了。

过了一会儿，去了解情况的同志回来说："一个住在东街的小孩捡到一颗手榴弹，他很好奇，就拿手榴弹当锤子砸东西，手榴弹爆炸，他被炸晕了。"黄静波听完立刻派人去通知县医院，然后跑到了现场，看到一个八九岁的小男孩身受重伤不省人事，血流了一地。旁边围观群众很多，想抬起他却又怕把他碰坏了，想帮忙却没有主意，家里人也慌了神，哭喊着："快来救人啊，救三娃吧！"

黄静波安慰说："你们放心，我已经派人通知县医院了，一会儿他们就会来把孩子接走。县医院是咱们自己的医院，他们是会尽力的。"

这时有人认出了黄静波，兴奋地喊道："这不是黄县长吗？太好了，黄县长来了。"

人们把黄静波围到一个台阶上，纷纷说："反动县长刮人民，民主县长为人民，还是新政府好，共产党的县长好！"

黄静波说："清涧现在是人民的清涧了，我是人民选出的县长，我如果不为人民，人民也会把我同国民党的县长艾善甫、李鹏飞一样赶跑。请清涧人民监督我和政府人员，谁不为人民办事，就把谁赶下台。"

不一会儿，县委工作人员就带着县医院的人来了，用担架迅速把三娃抬走了。经过一番抢救，三娃被救了过来，并且没落下什么伤残，黄静波听了感到很欣慰。

2007年10月13日，已年届90的黄静波回到陕北，来到清涧烈士陵园瞻仰吊唁先烈。随行人员在陵园遇到个叫崔凤维的人，时至今日，清涧人还习惯称黄静波为"黄县长"，崔凤维讲了一个从他父辈那听来的故事：

> 陵园这个位置叫牛家湾，离清涧县城12里。1941年，黄县长从延安开会回来，走到这就下马牵着马走，我家老人也往地里去。

见到县长有马不骑，十分奇怪，就问黄县长："你咋拉着马走？"黄县长说："这里离县城不远了，回来了，还摆什么架子，骑着马扬着鞭，老乡们还不躲得远远的！拉着马还可以和你们拉话。"黄县长不论从哪回到清涧，快到县城时，他都下马边走边和群众拉话。

在清涧，这虽然不是件大事，然而正是这一件件小事使黄静波一心为民的形象牢牢印在人们心里。他不仅是一个个人形象，还是一个党派民主县长的形象。

《军民大生产》这首歌曲以诸多的象声词生动再现了当时的场面。党中央、毛主席号召的边区军民自力更生、克服困难的大生产运动热烈地展开了，中央领导带头参加劳动。毛泽东和他的警卫人员在杨家岭挖地种菜；朱德总司令在王家坪种菜；周恩来、任弼时参加纺线比赛。

"花篮的花儿香，听我来唱一唱，唱一唱，来到了南泥湾，南泥湾是荒山，是荒山……"郭兰英的经典歌曲和富有信天游韵味的比兴把我们带到了那个火热的年代。

1941 年 3 月到 1942 年 8 月，三五九旅分三批开赴南泥湾，开始了"背枪上战场，荷锄到田庄"的战斗生活。南泥湾是延安的南大门，是顽敌侵犯延安的必经之路，战士们肩负着双重任务。经过三年的辛勤劳动，把昔日一派荒凉的南泥湾变成了"陕北好江南"，成为大生产运动中的一面旗帜。

在经济来源陷入困境、全军实行大生产的两年里，黄静波在经济和民主建设方面取得了累累的硕果。其《1941 年 9 月—1942 年 9 月清涧一年工作报告》介绍了有关情况：

> 清涧没有矿产，没有荒地，人多地少，而人民主要靠土地收入生活，但是清涧东部不仅有桑林，黄河两岸的沙土层也很适合棉花的生长。为此，我们的工作重心放在了植棉、蚕桑和家庭纺织上，同时，大力发展合作社……

今年比去年 1 月纺织的增加 2000 人，总共 2.4 万人，每年产布 40 万丈以上。……全县在今年动员 100 多个二流子参加了生产，共种地 1000 多垧，他们的改邪务正，不仅使他们的家族觉得政府有办法，也鼓励了一般农民的生产情绪。

全县有 7 个消费合作社，两个生产合作社，今年 1 月以来又相继办了 2 个私人合伙民办合作社。……全县参加合作社的共有 14470 人，共 172692 股，全年营利 100437 元。合作社今年完全改变了过去摊派股金的方式，实行民办，有计划扩大股金。

绥德分区货物的入超及敌人对我们的经济进攻。近来河东的敌人通过商人用大量的法币到我们的边区抢购货物，特别是粮食食盐，影响到边区物价上涨，边币跌价。……政府明令禁止食盐出境。在今天政府维护边币的指令下，我们每位参议员同志也有责任向人民宣传解释，信任人民币即是以行动反对敌人的经济进攻，否则我们成箱成捆的法币也换不到一粒粮食的！

还有几件大事是精兵简政、民主建设和征粮运盐。

边区民主的特点使许多人民参加了管理自己的事，而目前的战争环境中，组织显得过于庞大。有的乡参加工作的占了全乡劳动力二分之一强。……经本府第 22 次政务会议决定，除乡长外，下设经济建设、除奸保卫、优抚救济、文化教育四个委员会。每委员会 3 人（过去七八人）。

从去年 3 月开始，清涧县各级政府依照边府指示实行三三制的原则改组了，10 月县参议会通过改保甲为区乡制及保证人权、财权建议，通过了正规司法制度的议案。

1940 年 3 月，中共为争取和团结各界人士共同抗战，提出了"三三制"政权建设思想。根据这一政策，抗日民主政权中人员的分配，共产党员大体占三分之一，左派进步分子大体占三分之一，中间分子和其他分子大体占三分之一。

在教育工作上，整顿小学提高教学质量；加强行政领导，改善教员待遇；教育经费独立。经费来源：一部分靠公产，一部分向群众募集，主要的还是依靠上边的补充。社教的开支主要在冬学，1939 年冬天，我们一共办了新文字冬学 13 处，汉字冬学 41 处，现在我们还有夜校一处，多半是城里的店员学徒，有 18 人。男识字组 263 人，女识字班306 人，都由妇救会、青救会协同进行。

"冬学"是抗日战争时期的一种群众教育机构。由于农民的空余时间主要在冬季，各个抗日根据地都开展了大规模的冬学运动，有力地推动了群众识字和文化、政治学习。有些冬学保留下来成为常年民校。

在此之前，清涧种棉花的地区主要集中在城东一带，而沿黄河无定河一带不普遍，棉花供不应求，一部分要从南边运来。黄静波担任县长后，开始在城西一带推行植棉业的发展，有两年的时间里，植棉业发展较快，走上了可以本县自给的道路。

"县长"往往被老百姓称作"七品芝麻官"，可就是这样"芝麻"大的小官，怎样做才算最好？通常的要求只有下限，没有上限，任何一个职位，无论高低，都是这样。

"大力发展植棉业"，任务不能停留在口号上，就要从了解植棉入手。黄静波虽然也是农民家庭出身，但是在 15 岁参加革命之前他并没有种过棉花。我们无法再现他是怎样"深入群众，虚心求教"，但是从他当年发表在《解放日报》上的一篇文章中可以看到，在当时环境下，想要做一个好县长首先要成为一个"农业专家"和"企业家"。"关于洋汉花的产量和收益我们作过一番比较，在民国十三年前，沿黄河、无定河一带种的都是汉花，又叫笨花，到了民国十三年、十四年，从河东柳林、南路等地来了一些洋花种，因为洋花比汉花轧得多，所以大家都改种洋花。洋花和汉花比较，洋花嫩苗时秆子是红的，叶子大缺口浅，分枝多，荷包叶底下是分开的，白花没有红心，疙瘩大向天开，自籽。汉花嫩苗时秆子是青的，叶子小缺口深，分枝少，荷包下面是连着的，开红心黄花，棉籽小也是白籽。……汉花绒长，比较耐穿，洋花绒短，不耐穿。在劳动力的花费上，汉花比洋花省工，汉花只打一次头，洋花除打头外还要多费5个工。"这样的经验毫无疑问要经过长期仔细观察了解才能得到。在黄静波的积极参与生产和清涧大生产政策鼓励下，清涧县出现了一批劳动英雄。全县模范村、任家峁村村长白德，领导全村妇女纺纱织布，成立了5个粉坊，养猪700余头，做到了布多、粮多、肉多；韩家塬村有个折碧莲，带动妇女纺纱织布，支援前线，成为有名的模范军属，《边区群众报》所刊《折碧莲劝韩家婆姨》的快板道："模范抗属折碧莲，丈夫前线去抗战，她在家里闹生产，每天织布纺线线，种了豌豆又种棉，不愁吃，不愁穿，公公心里多喜欢！"

这些模范有力地推动了全县生产运动的开展。1942年，全县超额完成开荒、植棉任务，还栽种各种果木树29544株，做到了"丰衣足食"。

1942年7月5日延安《解放日报》报道了清涧生产上的消息，清涧县被选为陕甘宁边区先进县。

由于陕甘宁边区人口分布不均衡，有的地方人多地少，有的荒地还没有被开发出来，边区的"移民"工作从来就没停止过。虽然做群众工作是黄静波的一个长项，但此时他已经忙得无法分身了，把经验教给其他工作人员是最好的办法。在他的《移民工作检查报告》中这样写到：

> 移民工作不比别的工作，是一个很艰苦的、苦口婆心的说服工作。经验证明照上转下的宣传是无效的。移民最有效的方法，关键是说通乡、村级干部和有威信的人，使他们有信心并信任那些优待条件。
>
> 要大量移民南下，最关键的问题是下面安置和如何做巩固移民的工作，也就是优待条件见诸实现。例如折区四组移去的户数最多，本来还可移走，但因有两三年前移去安塞的移民今年突然回来好几户，问其原因则因公粮重、支差多、老户欺新户等原因，而回来这是个很坏的影响。

由此可见，要把"群众工作"做好，首先要成为群众信得过的人；要得到群众的拥护，也要给他们权力推举自己相信的人。

抗战期间，中共在边区建立了真正的人民管理国家的权力机关参议会。

参议会作为抗日战争时期各根据地最高一级权力机关，各根据地先后都建立了参议会或临时参议会，一般以边区或省为单位，在边区内、省内设立三级或四级参议会。各级参议会的议员由人民直接选举产生。参议会的全权机构为各级参议会参议员大会，参议会休会期间，边区、县均设有议员互选产生的常驻议会。

1941 年，清涧进行了一次轰轰烈烈的普选，人们就像过节一样，男女老少喜气洋洋地出来选举。对于选民较为分散的地区，工作人员采取"背箱子"的方法挨家挨户送票收票；对于不识字的选民，投票方式采取投豆法、烙票法（用香火在票上烧个洞）、举手表决法等方式。有人说："一颗豆豆要顶一颗豆的事哩，选上不能办事的人，还是咱们吃亏"，"今天圈的，像咱们种下地的种子一样，收成好不好，就看种子好不好。以后咱乡下太不太平，就看今年选的人公正不公正。"

陕甘宁边区的选举，从 1937 年、1941 年、1946 年先后进行了三次。参加选举的选民分别占总选民的 70%、80%、82.5%。1941 年选举前做了周密的准备，从 1 月到 6 月，成立各级选举委员会，培训各级选举干部，并组织 9000 多名干部宣传动员，调查人口，登记选民。6 月 10 日开始选举，全边区参加选举的选民平均达 80%，绥德、清涧、延川等县达 95%，清涧县有一个乡，选民全部参加了选举。陕甘宁边区参议会三届议长均为高岗，甚至 1946 年高岗赴东北任东北局副书记后，陕甘宁边区还选他做议长。

1941—1942 年，"摩擦"事件仍然不断，黄静波在作报告时说：

在政治环境上，依旧有顽固分子混入我内地实行阴谋破坏。去年我们征粮时就有小股"土匪"到处捣乱，放火烧了我们几万公斤草。今年运盐代金刚布置下去，马上就有三五成群的人，明火执仗地抢劫民财，散布流言。

就在黄静波为新一轮"摩擦"事件头疼的时候，1941年冬，黄静波再次见到了旧日的反"摩擦"战友，在米脂县时结交的爱国民主人士李鼎铭。这为他增添了许多信心。

1938年经过了几次联手反"摩擦"事件，黄静波到绥德特委汇报工作时，专门介绍了李鼎铭先生的为人、学识及在群众中的影响、对共产党的态度，特别是在反对国民党县长、县党部书记制造"摩擦"的斗争中起的重大作用，向特委推荐李鼎铭先生参加米脂县参议会。1941年夏，李鼎铭以无党派人士身份当选米脂县参议会议长。此时的李鼎铭已经以更加积极的态度参加到统一战线中来，并起到了很大的作用。这次他是要去参加延安第二届参议会，路过清涧，特委特意让黄静波一路陪同。两个人一路上回想起短短几年形势和个人的巨大变化都感慨万千。李鼎铭还把将要在此次会议上提出的议案和黄静波进行了探讨。

1941年11月，陕甘宁边区第二届参议会第一次会议在延安开幕了。在这次会议上，李鼎铭当选为副议长，后经毛主席提名，当选为边区政府副主席。在热烈的掌声中，李老先生拄着拐杖登上主席台，从容不迫地发表演说，讲自己思想认识的转变过程，同时，他还提出了"精兵简政"的提案，总的原则是：精简、统一、效能、节约、反官僚主义。

这一提案受到了党中央和毛主席的重视并很快向各根据地发出了"精兵简政"的指示，成为我们党在抗日战争时期的十大政策之一。

不久，李鼎铭举家迁往延安，成了中央领导同志身边的一位良医。在工作之余，他经常为毛泽东、徐特立、林伯渠、谢觉哉等人推拿按摩、望闻问切，和他们建立了深厚的友谊。李鼎铭和共产党的靠近，和毛主席的友谊，是通过黄静波的工作取得的。黄静波不但组织能力、管理能力、领导能力强，还是一个团结同志，善于做统一战线工作的强手呢！

陕甘宁 22 个劳模，毛泽东为之写奖状

1942 年 10 月 19 日至 1943 年 1 月 15 日，中共中央西北局高级干部会议在延安召开，黄静波作为模范县县长参加了这次会议。会议的任务是在党中央的直接领导下，根据整风的精神总结陕甘宁边区的历史和检查陕甘宁边区的工作。先是在陕甘宁边区实施，1942 年后在全国范围推广。

来自各个单位的 267 名主要领导干部集中学习文件、进行批评和自我批评，并检查党的纲领在边区实施的情况。在会议上，毛泽东在开幕式上讲了三个问题：（1）关于国际国内形势。（2）关于整顿三风。（3）关于边区的建设。

这次会议体现了党、政、军最高层的整风过程。西北局在 1942 年间在边区各地大兴实地调查，这在延安整风运动中具有典型意义。那些调查报告涉及社会、经济和政治方面的问题成为会议讨论材料。会议所制定的群众路线，以后在全国范围推广，成为中国共产党战胜敌人的三大法宝之一。

毛泽东在《经济问题与财政问题》的报告中指出：“发展经济，保障供给，是我们的经济工作和财政工作的总方针。”在讲作风问题时他说：“在边区各县同志中，我们已经看见另一种好的作风，是值得大家学习的。他们是了解情况，联系群众，实事求是，积极负责，不怕困难。他们真正替人民打主意，创造出许多动员群众发展生产的好办法。”此时，他列举了边区的一些模范例子，包括清涧发展纺织业，延安开荒、移民、动员二流子参加生产，靖边修水利、发展畜牧，延安南区合作社的发展，陇东运盐成果，等等。他说：“一切空话都是无用的，须给人民看得见的物质福利。”

会议期间，毛主席找到黄静波、惠中权（靖边县委书记）、王丕年（延安县委书记）、任成玉（赤水县委书记）四个模范干部谈话。他们 4

毛泽东为中共西北局奖励的 22 位领导经济建设干部题词

人分别向毛主席汇报了工作情况。

1943 年 1 月 6 日，报中央批准，陕甘宁边区党委改为西北局党委，西北局设立常委会和办公厅。书记为高岗，常委有高岗、林伯渠、贺龙、陈正人、贾拓夫（兼办公厅秘书长）。会议上高岗代表西北局宣布了毛泽东亲笔题写的奖状，表彰了关中地委书记兼专员习仲勋、三五九旅旅长王震、陇东地委书记马文瑞、专员马锡五、三边司令员贺晋年、靖边县委书记惠中权、黄静波、刘建章、王丕年等 22 位陕甘宁边区劳动模范，同时处分了 6 名假公济私、贪污腐化的干部。

这 22 位劳模既有党的高层领导人，如王震、贺晋年、马文瑞、习仲勋，也有各县领导人如黄静波、王丕年，更有第一线基层干部如刘建章等。

他们是陕甘宁革命根据地的杰出代表。被毛主席亲自表彰后，他们的革命热情和工作干劲更加高涨，在后来的工作中起到了更大的作用。成为开创共和国的各条战线的杰出领导者，习仲勋、王震自不必说，新中国成立后马锡五为最高法院副院长、王丕年为黑龙江省高级法院院长、贺晋年是东北军区第一副司令员。黄静波进步更快，一直是经济战线的领导者和战斗员。

黄静波的个人奖品除毛毯外，还有由毛泽东亲笔题字的奖状，奖状写在由边区生产的白布上，四边印有齿轮、麦穗图案；正中书："坚决执行党的路线，赠黄静波同志"，落款是毛泽东。黄静波从边区政府主席林伯渠手中接过奖状的一瞬间，心中充满了激动的暖流，两年来的大干苦干、疲惫与心酸此刻都不及这张奖状沉重。他感到这不仅仅是党组织对他的鼓励，更重要的是一种信任与托付。这是让黄静波一辈子都永志不忘的事。多年以后，黄静波一提起毛泽东授予他的奖状，就激动不已。激动之余，他总讲："我是毛主席奖励的人，我一定一辈子听毛主席的话，跟毛主席走，啥时都不走样。"

对于其他 21 位受奖同志，毛泽东的题词分别是：三五九旅旅长兼政委王震——"有创造精神"，延安县委书记王丕年——"善于领导群

毛泽东 1943 年 1 月为黄静波题词

众"，边区保安司令员王世泰——"忠实、努力，不馁不骄"，靖边县委书记惠中权——"实事求是，不尚空谈"，陇东特委书记马文瑞——"密切联系群众"，关中分委书记、专员兼旅政委习仲勋——"党的利益在第一位"，延安南区合作社主任刘建章——"合作社的模范"……

1943 年 2 月 3 日，《解放日报》介绍了黄静波领导经济建设的主要成绩：

1.1940 年至 1942 年开荒 6964 垧，组织二流子生产有成绩。

2.1941 年至 1942 年全县植棉 4000 垧，收净棉花 84000 斤，恢复了全县纺织，除人民自用外，今年可出口小布 7 万丈。

3.恢复了蚕丝业。1942 年收茧 2 万斤，植桑 3 万株。

4.植果树、畜牧、合作社亦有发展。由于大生产运动的开展，清涧人民开始进入"丰衣足食"的境地，辛家沟村，全村共有 26 户，1941 年收获量为 209.6 石，消费量为 142.4 石；负担为 24.7 石，占收获量的 11.8%；收支相抵，盈余 42.5 石。1943 年收获量为 285.7 石，消费量为 184.3 石，较 1941 年增加 27.2%，生活上升；负担为 20 石，占收获量的 7.01%，负担下降；收支相抵，盈余 81.8 石。

1943 年底，在边区第三届生产展览会和第一届劳动英雄大会期间，清涧县的白德和吴满有等共 17 位劳模，应毛泽东主席邀请，参加生产经验座谈会；同时受到朱德总司令的嘉奖。折碧莲也被选为陕甘宁边区特等劳动模范。

中共中央当时为大生产运动制定了一系列具体方针：在各项生产事业中，实行以农业为主，畜牧业、工业、手工业、运输业和商业全面发展的方针；在公私关系上，实行"公私兼顾"和"军民兼顾"的方针；在上下关系上，实行统一领导，分散经营的方针；在生产和消费关系上，实行努力生产，厉行节约的方针；在组织形式上，实行合作互助，开展生产竞赛，奖励劳动英雄的方针。

到 1943 年，陕甘宁边区机关和部队每年需小米 3900 万公斤，自己就能生产 1500 万公斤。边区许多部队粮食、经费达到全部自给，实现了"自己动手，丰衣足食"的目标。大生产运动不仅使陕甘宁边区克服了困难，渡过了难关，达到了丰衣足食，而且培育了自力更生、艰苦奋斗的延安精神，改善了党政、军政、军民关系，积累了生产建设的经验，培养和锻炼了一大批从事经济工作的专家和人才，为新中国的经济建设事业奠定了基础。

与此同时，党领导敌后军民充分发挥人民战争的威力，创造和运用麻雀战、地道战、地雷战、破袭战、水上游击战以及派遣武工队等多种有效的歼敌方法，开展反"扫荡"、反"清乡"和反"蚕食"斗争，给日、伪军以有力的打击。1941 年至 1942 年间，人民军队共作战 4.2 万次，毙伤俘敌军 33 万余人。敌后抗战牵制、消灭了大量日军，成为中国坚持长期抗战最重要的因素，也是对世界反法西斯战争的重要支持。

在黄静波的观念中，做群众工作不仅要把工作做到位，还要充分体谅百姓的疾苦，"拥军爱民"的至高境界，不论哪一方都是发自内心的。在刘子谟回忆录《革命生涯二十年》中就记录了这样一段故事：

> 1943 年，清涧是个模范县，黄静波的工作很有成绩，王震是三五九旅旅长兼绥德警备区地委书记。三五九旅卫生处几个干部出差到清涧，晚上向老乡要盆子洗脚，老乡说没洗脚盆，只有和面盆，这些卫生干部就拿和面盆洗了脚。老乡很气愤，把这事告到黄静波那里，黄听到后很生气，说这是违反群众纪律嘛，用群众的和面盆洗脚，成何道理？之后批评了卫生处的干部。
>
> 结果卫生处的干部不服气，向王震告状，说清涧群众不给洗脚盆子，拥军工作问题很大。王震就在绥德专署召开的各县县长会议上批评黄静波——工作搞得一塌糊涂，老百姓连个洗脚盆也不给借，还谈什么拥军爱民，还是什么模范县……黄静波当场站起来分辩，王震发了火，黄抬脚走出了会场，王叫他，黄头也没回。这件

事传到毛主席那里，主席批评了王震。

王震一直是令黄静波尊重的老前辈，自从两人相互配合赶走了国民党顽固派艾善甫、李鹏飞之后，就结下了深厚的友谊。在这件事中王震误听一面之词造成了对黄静波的误解，而两个人坦荡无私的工作作风和开诚布公地交谈也化解了这一场矛盾。2003 年 4 月，在王震将军逝世 10 周年的时候，黄静波写了篇文章《将军情深恩犹重——深切怀念王震将军》，道出了这件事的结尾。出于一贯的谦逊作风，他把自己替换成了"有个县的领导同志"。文章中写道：

> 1943 年，有个县的领导同志，因认真执行党的群众纪律，遭到个别同志的不满，歪曲事实，向王震告状。王震将军听后很生气，在一次会议上，王震对那位同志发了火。后来，王震将军知道了事情的原委，就把那位同志叫去，主动道歉，作自我批评，这是我绝对没想到的。王震将军原则性很强，对部下要求很严，律己更严。他光明正大，坦荡无私，实事求是的思想、品德和作风，使我们这些年轻的干部受到了深刻的教育，是我们永远学习的楷模。在这里我没有浓墨重彩写将军的丰功伟绩，是因为，将军对革命作出的巨大贡献，不仅仅是在战场上，也包含有他崇高的思想、品格、作风的一面，因为，这使他具有了超于寻常的人格魅力，对同志和后人所产生的教育力量、深远影响是无法估量的，这对党的事业同样是十分宝贵的贡献。

就这样，陕甘宁边区的百姓深刻体会到，共产党的"爱民"并不只是政策和口号，"爱民"同时也是尊重人民，尊重人民的一盘一碗。这也成为清涧人民自始至终响应号召、积极生产、舍生忘死投入革命的重要原因。

黄静波在清涧取得的成绩得到了党中央的充分认可，为了让他更大地发挥在经济建设方面的才能和作用，1944 年 4 月，他被调到延安任陕甘宁边区粮食局局长。

这天清晨，黄静波一个人走在清涧的石板上。春回大地，泛青的石板缝隙中冒出惹人喜爱的嫩芽，五年了，这个绿意萌动的城市是如此的熟悉，这些街巷和乡亲是如此的熟悉，然而这一刻马上就要走出城门。离开这里，就像离开乡土一样不舍。

黄静波出城前并没有告诉过任何人，就是怕老百姓来送他，给大家添麻烦。可是在他一迈出城门的时候，感到一大群人就像热浪一样涌了过来，围上来争着和他握手送别，突然的感动让他有些不知所措。

原来，群众不知从哪听说黄县长要走，天还不亮就聚集在南门外为黄县长送行。乡亲们有的塞给他刚煮熟的鸡蛋，有的倒一碗陕北人过年才喝的黄酒给他喝。清涧的煎饼是陕北的一大美食，在南门外开饭铺的高启贤端来一盘煎饼，让黄县长再吃吃清涧的煎饼。黄静波无法拒绝这样的盛情，看着白发苍苍的老人，黄静波突然想起了父母，想起家乡的兄弟姐妹，想起了他漫山遍野地找也没有找到的父亲最后带给他的那双新鞋……这个时候，他似乎感到，那双鞋已经被乡亲们找到了，并把它塞到了他的手里……

这时人群中挤过来一个后生，喊道："黄县长你咋说走就走。"黄静波仔细一看，是那个玩手榴弹被炸伤的小孩三娃，三娃含着泪说："也不告一声，俺也好给你包顿'扁食'（饺子）。"黄静波爱惜地拍了拍他的后脑勺，端详了好一会儿，说："这娃娃好命大啊，留下伤疤没有？以后可不要贪玩了。"

乡亲们围着黄县长，边叙旧边慢慢走着，东一句西一句，你一句我一句地说着。

"我记得黄县长来咱这一两年的时候，1940 年，那个时候土匪太多了，钱也抢粮也抢，我家那点救命的粮都被他们抢得差不多了。黄县长就领来咱驻军部队，把薛应礼、拓怀兴两个坏家伙，还有他们同伙 400 多个全抓起来了，那天我高兴得见谁都说这事。"

"真是太痛快了，咱老百姓这么多年尽受他们欺负了。""那年咱这流行麻疹，可把我吓坏了，我们白家坪那就死了几十个小孩，我刚要带着孩子往外地跑，黄县长就带着干部和医院的人到村里来了，给小孩治病，给我们讲怎么防病，后来终于没事了，幸亏黄县长来得及时啊！"

"黄县长你还记得，就是那回你到我家跟小三聊种地的事，小三顺便讲了几句李万江那个排，你就怀疑他们要叛变，小三还不信呢，后来你带人把李万江抓了起来，我们才知道，他真要把人控制住一起叛变。小三讲黄县长看得真准哪，红军差点少了个排。"

黄静波在清涧五年里做的事群众件件记在心里。黄静波总是说要感谢就感谢共产党，感谢毛主席，感谢边区特委的领导，"要不我一个受苦娃，懂个啥？"

从县城一直到清涧县境，沿路不断有送行的群众拥挤在崎岖的山路上，送了一程又一程。他们跟黄县长有说不完的话。

是啊，乡亲们忘不了黄县长常常披星戴月，步行下乡，摸摸他们的炕，看热不热，揭开锅盖，看有没有米下。陕北连年大旱，饥荒之年，刚成立的民主政府将灾民救济看作一件大事，黄静波生怕哪一家哪一户漏掉了，他说："那会饿死人的。"黄静波盘腿坐在炕上，婆姨、老汉们跟他聊家常，啥事都跟他商量。谁家的后生好吃懒做，黄县长一次次找他批评、教育；开荒、养蚕，虚心地向他们请教……想起这些，许多人泪如雨下，泣不成声。黄静波是个在困难面前从未畏惧的硬汉，这时也是热泪滚滚，一步一回头。

当历史定格在泛黄的长卷中，《清涧县志》有这样的一段记载：

黄静波任清涧县委书记、县抗敌后援会副主任和县长时，积极领导进步力量对国民党反动势力展开斗争，剿匪反霸，安定人心；短时间内初步解决了群众吃饭问题，还为抗战作出了贡献。他常常披星戴月，步行下乡，体察群众疾苦。一次城关镇某居民被捡到的手榴弹炸成重伤，他亲临现场，安排送医院救治，在场群众说：

"反动县长刮人民，民主县长为人民。"他还注意总结工作经验，曾在《解放日报》上发表有关领导区乡工作的文章。1943年受到毛泽东的嘉奖。离清赴延安任职时，群众自发来到通往延川的大路上依依道别，有的人挥泪如雨，泣不成声。

究竟和什么样的人别离才会"挥泪如雨，泣不成声"？或许当时老百姓心中想的并非是在送一位离职的县长，而是一个难再相见的弟兄。

六十多年过去了，对于清涧人，特别是上了年纪的清涧人，那难舍难分、依依惜别的情景依然清晰地留在记忆中。

这五年来，令黄静波最感到欣慰的并不是老百姓都记住了他的名字，而是他终于带领乡亲走出了艰难的生存困境，看着他们不必为灾年而衣衫褴褛、四处乞讨，看着他们穿上了自己织的新衣，黄静波才松了一口气：他没有辱没自己的使命。

他的使命就是党的一块砖，哪里需要哪里搬。1938年，他从绥德县委书记到米脂县委书记，又到清涧县委书记，再当选民主县长，一年内连任三县县委书记，而在清涧一干就是五年，成绩斐然。

2007年，黄静波为清涧县革命历史纪念馆题词："珍惜历史 启迪后人"

陕甘宁边区粮食局长　心中"军以食为天"

　　到陕甘宁边区做粮食局局长，黄静波深感肩上担子的沉重。粮食局创建时期的政治环境比较好，国民党每年发给八路军抗战军饷，还有国民党统治区和外国同情支持革命人士的捐助。为了休养民力，粮食主要靠财政拨款买，公粮征得很少。从1940年到1941年，国内局势逆转，边区受顽敌的重重封锁，外援完全断绝，而当时边区财政自给，经济基础没有足够地建立起来，在这样内外交困的情况下，要保证粮食供应，就要靠征收公粮来解决，公粮一下由过去的12万石猛增到21万石。陕北地瘠人少，粮食产量很低，农民的负担到了难以承受的地步，难免引起群众的不满。

　　在来延安之前，黄静波就知道，因为粮食毛主席挨过农民两次骂。一件事是他亲自经历过的，骂人的农民也是在清涧。1941年6月3日，边区政府主席林伯渠在延安召开各县县长联席会议，黄静波也在会上。由于人多，会议室条件较差，会议室里县长们有的坐着、有的站着、有的蹲着，挤得满满的。会议正在进行着，天气突然转阴，电光闪闪，暴雨如注。忽听一声巨响，一个大火球从西北屋角窜入会议室内，众人大惊，出于本能迅速往屋外跑。刚跑出室外，屋里就传来"救命"的呼声。林伯渠当即派人入室，见到多名同志被雷击中，其中当时蹲在门口的李彩云最严重。雷电入室通常是从窗入从门出，由于参会人多，大家并没考虑到这一点。

　　李彩云是延川县农业科长，因为县长辛兰亭要做急性阑尾炎手术，就受到委托替他开会，世事难料，不曾想竟替出一条性命来。李彩云因触电过重，抢救无效死亡；延安市高市长、志丹县赵县长、延长县白县长也受电击，经抢救脱险。西北局和边区政府第二天下午在南门外召开追悼大会。

　　这件事在社会上传得沸沸扬扬，一个农民在赶集的时候，抱怨交公粮任务太重，大声说："雷公不长眼，劈个小县长算啥，怎没把老毛劈死。"在粮食物资紧缺的 1941 年，原本很穷的地方又增加了很重的负担，农民的负担很重，怨气更重了。

时值雷雨季节，偏偏这时另一桩雷击事件发生了，这次遭雷击的是清涧西区的一个农民，正在田里犁地时被雷击死。死者的婆姨姓惠，长期被艰难的生活压抑，这次又死了丈夫，悲痛和绝望之际就把所有抱怨都一起发泄出来，她边哭喊边咒骂共产党和政府。

就在谣言四起之际，听到有人公开响应，中央设立的社会调查部抓到了这个"典型"，并把她当作反革命押往延安受审，秘书叶子龙把这一情况向毛主席汇报了。

毛泽东听了很惊骇、不解，农民为什么要雷击死我呢？作为中国农民领袖，深知农民的淳朴、厚道，这究竟是什么原因？就去问高岗，高岗是土生土长的陕北人，他说出了老百姓内心的想法。毛泽东这才一锤定音：自己动手丰衣足食，开展大生产运动。

之后，毛泽东找到了正在延安开会的黄静波，黄静波坦言现在农民负担的确过重，同时向主席汇报了清涧这时的农业生产状况。县长联席会议结束后，黄静波回清涧，毛泽东就让他把那个农妇一起带回去了。

和姓惠的农妇走在回清涧的路上，黄静波的心情非常复杂，他不知道是应该批评她还是安慰她，比见毛主席时还要尴尬；同时他又感到有些内疚，感到是自己这个县长没做好，老百姓才会委屈和抱怨。想到这他对这个女人说了这样一句话："以后你再想骂人呢，不要乱讲，就来找我吧！"姓惠的婆姨连连道歉，懊悔不已。

黄静波下定决心搞好粮食生产，真抓实干，也终于如愿以偿获得了大生产的成果。事情虽然过去了，但是粮食危机给他的刺痛却让他牢记在心。

陕北的婆姨性子烈、脾气直，第二个对征粮不满骂毛主席的还是一个婆姨，叫伍兰花，这件事也是雷击事件不久后发生的。这件事是黄静波听别人说的，由于年代久远，无从查证伍兰花是否是根据清涧惠姓婆姨的演绎出来的一个版本，关于伍兰花的故事是这样的：

伍兰花是安塞县磨拐乡的一个村的村民，她的男人又呆又傻，家里有三个孩子，还有一个白发苍苍的婆婆，六口之家和五亩坡地全落在了伍兰花的肩上，此时已拖欠了两年公粮。这年公粮任务重，上边催得紧。一天乡里干部到她家，给她做思想工作，动员她主动上缴公粮。话说得急了、重了，伍兰花是个烈性子的人，一腔怒火对乡干部说道："缴吧，缴了我就等死！"她一把拉开里屋的门，把存下的老母亲和孩子明年度命的一小袋细粮、几袋粗粮扔在门外，用颤抖的声音说："拿去吧，这是我们一家一年的口粮……"

乡村干部见伍兰花从里屋拿出粮食，认为这是"私藏粮食"，一个乡干部生气地说："粮食没收充公！"伍兰花猛地扑到粮食口袋上，用双手紧紧地抓住口袋，生怕被人抢去。她清楚，这一点口粮是全家人的命根子，粮食一旦没收，全家人就会饿死。想到此，她再也忍不住了，就脱口高声说道："天啦……黑暗啦！共产党不该这样……"

"你……你敢骂我们共产党？"村长大声质问。"骂了又怎么样？"伍兰花收住眼泪愤恨地指着村、乡干部说："你们这些没良心的，你们这些毛泽东领导的官僚。"

伍兰花被抓起来，问题一直上报到中央保卫部。事有凑巧，当时正赶上中央社会部大张旗鼓追查雷电击人后社会上传出的各种谣言，伍兰花同样也被定为"典型"，这使问题的性质发生了根本变化。中央保卫部给她定了一个"反对共产党，反对毛主席"的罪名，决定枪毙。

毛泽东看到保卫部决定枪毙伍兰花的报告后，发现伍兰花是因为骂了自己而被判死刑的，心里很不是滋味。他叫人把伍兰花带到枣园，他要亲自问问情况。

伍兰花把她缴不起公粮，一时气愤骂了毛主席的情况说了一遍，然后又说了村里的老百姓因公粮负担过重，生活苦不堪言的状况。

伍兰花谈的问题引起了毛泽东的重视，他让保卫部马上派人把她送回去。"她是个好人，敢讲真话，是给我们提意见的好同志。告诉地方政府，在生活上要照顾她，她家的生活是很苦的。"

伍兰花走后，毛泽东心里一直很难受。他在想，群众负担究竟到一种什么程度呢？要详细了解，要采取措施，决不能让陕北人民再受苦。他责成西北局高岗书记深入基层搞专项调查，两个月后，两份报告放到毛泽东的案头上。一份是固县张家村这几年上缴公粮的情况，一份是这几年边区灾害的报告。

望着这两份报告，毛泽东心事重重，一个劲地抽着烟。他知道照这样下去，人民是难以生活的，共产党和八路军也会失掉人心。第二天，他命通信员请西北局书记高岗、边区政府主席林伯渠、八路军留守处负责人萧劲光等同志来到枣园……1942年，党中央、毛泽东就向全边区党政军民学校发出了"自己动手、丰衣足食"的号召。从此以后，轰轰烈烈的"大生产运动"便由此诞生了。

毛主席赦免伍兰花，给边区的党员、干部极为深刻的教育，对黄静波来说感触尤深：领袖的宽广胸怀、实事求是、体察民情正说明了一个问题——什么叫作人民公仆。由于毛主席真正为人民服务，替人民着想，由于陕甘宁广大干部认真实践履行党的宗旨、方针、政策，开展延安整风运动，西北工作总结和大生产运动，使人民实实在在得到了共产党的好处，这才有了"东方红，太阳升，中国出了个毛泽东，他为人民谋幸福，他是人民大救星"。

这是毛主席的高风亮节和领导艺术的体现，没有毛主席，红军走不到陕北；没有毛主席，红军同样不会在陕北发展壮大。这也是陕北老红军、老革命家维护党的利益、维护党的团结，进行不懈努力和艰苦工作得来的。延安精神和延安作风，这是中国革命取得胜利的一大法宝，任何时候都不能丢掉这个法宝。

粮食局是边区政府财政厅的下属单位,1944 年,黄静波到延安的第二天,他的上级领导、财政厅厅长南汉宸接见了他。

南汉宸,山西洪洞县人。他的革命经历颇有传奇色彩。他 1926 年加入共产党,在皖北领导过武装暴动,长期从事党的秘密工作和兵运工作,先后在冯玉祥、杨虎城部工作,利用与杨虎城的关系和他在国民党政府的合法地位,在陕西、河南等地多次掩护党的工作,营救党的一些高级负责干部。当年杨虎城身边有四个人左右着他。一个是杜斌丞,一个是南汉宸,一个是汪锋,一个是王炳南。可以说杨虎城身边被共产党包围了。南汉宸参与了西安事变策划,又为西安事变的和平解决和抗日民族统一战线的建立作出了贡献。1939 年到延安,任中共中央统战部副部长、边区政府财政厅厅长,新中国成立后首任中国人民银行行长。

黄静波走进南厅长办公的窑洞。南厅长迎过来握着他的手高兴地说:"欢迎你,早就等你来。"

没有多少客套,南汉宸就和他谈工作。南汉宸说:"粮食工作是国家财政的中心,是革命战争胜败的关键。边区政府粮食局是 1937 年 9 月成立的,经过三年的初创时期,度过 1941 年、1942 年最困难的阶段,现在情况好多了,但问题也不少。我听到一些反映,很多人把粮食工作看得太简单了,说不就是几把米、几捆草的事么。思想轻视、工作马虎、问题丛生,这是当前民族普遍的思想认识问题。以前,哪个单位的干部犯了错误,就往仓库调,仓库的好干部又调出去,这就使干部的素质非常差。从已暴露出的情况看,下边仓库干部贪污的问题不仅严重而且漫延,霍维德同志(财政厅副厅长)作了一次调查,有的仓库集体贪污,有的县管粮库干部都发了财。当然好干部也有,粮食局对这些问题也显得非常软弱,所以我们要你来当粮食局长。这方面的情况。我有个讲话,这个讲稿你拿去看看,希望能很快改变粮食工作的现状。"

黄静波说:"厅长,我没做过粮食工作,心里现在还没底哩!"南厅长说:"你在清涧工作很有成绩,很有魄力,你就放开手脚干。我和霍

1944 年 9 月，粮食局召开陕甘宁边区各分区各县二科长暨边区模范仓库主任联席会议，图为参会人员合影，二排左边站立者为局长黄静波

维德同志都会支持你。粮食工作说复杂也不复杂，说难也难不到哪去。目前，粮食工作上的问题是不少，但只要多依靠大家，肯定会有办法。"

南厅长亲切的鼓励和期待的眼神，使黄静波对新的工作充满了信心。这也让黄静波感到肩上的担子确实不轻。

黄静波对边区的粮食状况已经有了一定的了解。这两年开展大生产运动，边区粮食自给能力虽然一年年增强，然而由于地域不同，粮食的余差相差很大。粮食供给的主要地区，收支供需方面，始终没有摆脱寅支卯粮的紧迫状态。

南汉宸在《关于粮食工作报告》中指出："粮食是人类生命的要素，是保障战争与革命最后胜利重要因素之一，也是财政工作中最重要的一部分，但在我们政权工作中恰是最薄弱的一环。组织极不健全、干部极缺乏；各种制度没有完善，还有些未建立，既无计划，更少检查，甚至仓库的数目也不清楚。"

粮食来之不易，再不能增加老百姓的负担了。在县里工作抓粮食就是抓战备，而延安粮食局长怎么个抓法？俗话说"新官上任三把火"，黄静波上任烧第一把火，那就是认真调查研究，在调查中学会工作。

于是，黄静波做的第一件事就是带上行李，到下边仓库巡视检查。黄静波是一个从不畏惧困难的人，甚至可以说，他是一个喜欢和困难打交道的人。他总是爱说："天下无难事，只怕有心人，只要你肯干，没有过不去的火焰山。"他骑着自行车直奔蟠龙镇，这是他选的第一站，因为边区政府粮食局的中心仓库设在那里。他要找到仓库主任何纯高同志，先认识认识他。

何纯高是个模范主任，他的事迹黄静波早就听说了。在1942年西北局高干会议上，毛泽东亲自介绍了何纯高、白合明两个仓库主任的模范事迹。他还记得毛主席讲："任何工作，于政策之外，就决定于干部的好坏，粮食工作也如此。粮食工作中最艰苦的是仓库干部。最易犯错误的亦是仓库干部。因此，在这里特别提出几个比较典型的好的和坏的仓库干部来讲讲，使每个同志都很好地学习，并拿坏的警惕自己。"

毛主席介绍何纯高的事迹时说："他过去当过区委书记，在边区党校受过训练。当初由边校一起派来做粮食工作的有7个人，坚持到今天只有他一个。他在工作上表现出的优点：沉着细心——收公粮时能从容写收据，每晚上结账、支粮时，算盘总打两遍。刻苦负责——对粮仓很关心。1941年收公粮时，延川一个农民向他行贿，他当时就翻脸，把他送到区政府。"

黄静波到仓库时，何纯高正在清扫院子里支粮时掉下的粮食。何纯高是个53岁的老汉，不多说话，很细心沉着，积极苦干。从1939年调任蟠龙仓库主任兼调剂员、运输员，三个人的工作由他一个负责。仓库离他家很近，但是他很少回家，一心扑在工作上。何纯高的窑是办公室，也是他住的地方，窑里收拾得很干净。炕上放了一个小方桌，吃饭办公都在这张桌上，墙上挂个秤，地上放个斗，桌上一把算盘，就是工作的全部设施。

黄静波坐在炕上恭敬地对他说："你是粮食工作的老前辈、老模范，我是这来跟你学习的。"

何纯高也听说过黄静波这个人，没想到他这么快就来到蟠龙。他的诚意让何纯高感动，他也喜欢上这个年轻的领导。黄静波在蟠龙待了三天，白天他跟着何纯高干活、清扫院子、检查粮仓。交公粮的来了，他帮助过斗。交粮的农民说："何主任，你又添了个后生，干活蛮麻利的么！"

何纯高一边记账一边说："你别瞎说，他可是我们新上任的局长。""真的？"农民瞪大了眼睛，"这么年轻就当局长，真行。"黄静波一边往斗里倒粮，一边说："我是来跟老主任学习的。你这粮食还蛮干净的。"

交粮的农民说："何主任心细得很，可不敢马虎。"晚上，油灯下，他们把一天的账清了。这时黄静波问："老主任，去年你收了3万石粮食，只坏了38斤，这在咱全边区是最低纪录，说说你的经验。"何纯高说："啥经验不经验的，保管粮食，靠的是勤快、有责任心。有一个窑稍微温些，我就特别注意，经常翻晒，支粮的时候先支这一窑，这样周转得快些。我又把窑的后边挖出一道渠，把窑外边地面挖得比窑里低，仓库就干了一些。发现老鼠洞，就灌药进去，然后用石灰堵死。你看我的这些窑里就没有一个老鼠。最主要的是进粮要把好关，不能短斤少两，群众送坏粮，就把他劝回去。"

在后来的几天黄静波又了解到，何纯高一个人管三个摊子，还帮人家铡草、挑水、烧饭、调剂粮食。有些领导机关人员发脾气，他也能忍让，委屈地把事办好，从不与人争吵。

一次在蟠龙街上也听到群众赞扬他："一到下雨天，何主任事就多了。他围着窑洞转，哪里漏雨就赶快补上。还说有一次下雨，集上的粮卖不出去，卖粮的都急得没法，他就一下都买了下来，既帮助了老乡，又为政府节省了开支。"

黄静波对何纯高工作很满意，在这里他也学到了不少东西。在关中，黄静波了解到赵澄玉，他管的是石窑，自己动手用柳条编成囤子，把粮围起来，减少老鼠吃。囤子底下是空的，能透气，可避免潮湿。这一带柳条编囤很普通，可像他依照窑的大小编成一个整囤，这在当时，是一个创新。

还有志丹县桥儿仓库的闫永文、延川拐峁仓库的杨海宽，都是做了七八年的过斗工作，从没要求调动，工作一贯认真、负责。黄静波为他们的这种精神深深感动，尊称他们为粮食工作的老前辈。

这次巡查中，黄静波也发现不少问题，有些粮库管理不善、方法不好，粮食损失很严重。延川禹居区一个仓库有 58 个老鼠洞，老鼠在那里跑来跑去没人管；还有鸡吃、猪吃；有的霉了、坏了、丢了。有的地方收粮不注意质量。还有的账目混乱，收支上，尾欠、错账、遗失条子、乱支、乱借粮的现象也很严重。有些仓库，干部不识字，责任心不强，造成无组织、无制度、无计划、无检查，甚至无卷、无案，账目无从查清。有些干部浑水摸鱼、私卖粮食、贪污现金……加上因设施简陋、运转中流失，几年来仅账目上的损失就有 5500 石。

黄静波还发现，草的保管造成的损失比粮食还大。还有的地方不体会百姓疾苦，搞官僚主义和教条主义，不讲究工作方法，让百姓很伤心、很不满意。甘泉一位区委书记霍德义向群众借公粮，群众既无存粮，也无处去买，没有粮食借给公家。

霍德义说："我有粮卖给你们。"结果群众用每斗 65 元（低于市场价 40 余元）的价格把公粮买下又借给公家。老百姓很气愤，搞不清政府是缺钱还是缺粮，或者是什么都不缺，只是强行向老百姓"借"。有的群众对黄静波说："你们的猪都吃小米，我们的人都吃野菜，而猪吃的米是我们交的公粮。"黄静波听后很难受。粮、草是向群众征的，群众忍饥挨饿交了粮，我们又不珍惜，形成恶性循环，累积越来越多的民怨实在是太危险了。

黄静波到粮库、草站进行调查，脑子里装满了情况，可是怎样理出个头绪，把材料写出来。黄静波有些犯难。他只读过几年小学，让他讲可以滔滔不绝、头头是道，拿起笔，他就感到压力有千斤重。

这时他想到了谢老。谢老是谢觉哉，是陕甘宁边区参议会副议长，就在黄静波后边的窑里办公。那时他已60岁，是边区人民尊敬的五老（董必武、徐特立、林伯渠、吴玉章、谢觉哉）之一。为人谦和，对黄静波像长辈一样关心。谢老是湖南宁乡人，早在1921年经何叔衡、毛泽东介绍加入新民学会，1923年加入中国共产党。在中央苏区给毛泽东当过秘书，任过内务部长，中央苏区颁布法律、法规、条例都是他参与起草的，新中国成立后，任最高人民法院院长、全国政协副主席，是我们党司法工作的开创者。

谢老对黄静波早有所知，还在他写的一篇文章中表扬过黄静波。那是1942年，延安整风运动中，谢老以"焕南"的笔名，在延安《解放日报》上辟出"一得书"专栏，配合整风学习发表了许多文章。其中有一篇题为《怎样做县长》，文章有一段写到：

> 边区县长都不是"书呆子"，少有"教条"作祟，又都来自民间，从参加革命到做县长，积累的经验非常的多，他们很能创造。举个例子：习仲勋同志（专员兼正县长）在小学教员联席会上发现知识分子的宝贵，于是规定乡长应怎样礼遇小学教师……黄静波同志在牲口动员上（动员有牲口的人，组成运输队，轮流值班应付军差）想出分队轮差的办法，军民两便，都是好的创作，推进了工作，适合于民情……我们要有这样的有能力的前进的县长，我们要做到也一定能做成这样的县长。

黄静波想，谢老曾经对他有好感，或许能愿意帮这个忙。这天，就走进谢老的办公室对他说："谢老，我到下边做了一次调查，了解了不少情况，也发现一些问题，调查报告总写不出，求您指点指点。"

谢老和蔼地说："你别急，坐下来慢慢说。"

谢老看了黄静波写的几页提纲式的草稿，又详细地问了他去了哪些

谢觉哉在《一得书》有这样一篇文章《怎样做县长》其中一段文字，表扬了专员兼县长的习仲勋和清涧县县长黄静波（人民出版社 1994 年出版）

地方，接触了哪些人，了解了些什么问题。黄静波把他看到的、想到的一股脑全讲出来。谢老又问你下去的目的是什么？

黄静波说："我对粮食工作没做过，不懂，下去一是学习，二是想了解粮食工作的现状，把这些年来粮食工作总结一下。特别是今年在延安地区粮草供给矛盾大、问题多，也应好好地总结一下。我是想不怕问题多，要到群众中去找办法。比如说，一个很严重的问题是，粮食保管方面浪费很大，这是严重损害群众利益的事。"

谢老说："讲得好，说明你很有政治头脑。我们共产党人就要关心群众利益，哪怕是很小的事情也要注意到。前年，高干会议你也参加了，那次会议上提出了群众路线意义重大。粮食工作，不仅离不开群众，而且和群众利益密切相关。你在粮食工作中，一定要加强这方面的教育。这个调查很有意义，你就按你刚才讲的写出来，不要怕，写好拿来我改。"

谢老的鼓励让黄静波打消了顾虑。他第二次去时，谢老一边给他改文章，一边给他讲写文章的常识和要领。比如什么是"调查研究"，"调查"是收集资料，"研究"是整理材料。必须了解党的历史，懂得党的政策，这样你才能从复杂材料中看清楚联系，找出规律，作为决定政策的依据。谢老还教给他调查报告的提纲应该怎么列，材料应该怎么分类。

谢老是黄静波参加革命以来第一个教他写作的老师。谢老对黄静波所写的这份调查材料很满意，认为针对性强，言之有物。

他对黄静波说："粮食工作是很艰苦、很细致的工作，问题又很多，你要像当县长时那样，要能驾驭事，不要只是应付事，就一定会把粮食工作做好。"

这份调查材料，成了黄静波后来在粮食工作会议上的讲话。

黄静波自从到仓库巡视之后，对于改进粮食工作心里已有了盘算，在他组织下，全边区普遍进行了清仓、清账。对多年来造成的账目问题，按有关规定做出妥善处理。仓库人员大多文化水平低，不会记账，通过清账，业务能力也得到提高。

他又动员各仓库人员对放粮的窑洞和房子进行维修和改造，改善了仓库的储粮条件。这项工作还是在蟠龙时何纯高提出的，那晚，他和何纯高谈心，黄静波说："往年粮食紧张，咱们粮库基本上起个中转作用，收进来，支出去，很少有粮食长时间存放。现在，老百姓的日子好过了，大都有些余粮，我想今年多征收些粮食，存起来以备急需。"

何纯高说："局长呀，咱边区的仓库建立时大多都是利用旧窑、旧房子，有的是用破庙放粮，要长时间保存粮食，就要改善仓库的设施才能提高储存能力。"

在这期间，黄静波听了何纯高的意见，在夏粮入库之前，动员所有人员，在现有条件下，对仓库普遍进行维修，有的加以改造。使仓库不仅能多存粮食，而且也为存好粮创造了条件。

另外，黄静波经调查发现，边区各地计量用的斗都不统一，这给边区粮食收购、保管和市场流通都带来不便。经会议讨论，重新统一了量具的大小，这成为边区粮食工作中重要而又繁杂的一项。

转眼间到了征收夏粮的时间，南汉宸厅长把黄静波叫去，商量今年的夏粮征收工作。黄静波就把自己这段时间以来一直在想的这个问题全盘端出来。黄静波说："以前征收公粮，我们怕老百姓的负担重，尽量少征，结果粮食供给不上，不得已又向老百姓借粮，一次不够两次再借，反而加重了老百姓的负担。现在边区'丰衣足食'，毛主席提出要备粮备荒备战，粮食工作要迈出这一步，今年夏粮征收是个关键，这也是个机会。"

南厅长说："是啊，粮食工作是该尽快摆脱寅支卯粮的困境。可是征收多少好呢？既要达到目的，还能让老百姓接受？"

厅长想了想说："这样吧，你从财政厅、粮食局抽些人带着到下边摸摸情况再研究。"

于是黄静波带队深入各分区、县、区、乡、村逐一调查核实，然后提出一个合理的征收公粮的方案。方案经边区政府批准后，黄静波把从各单位抽调的征粮工作队员集中培训，学习征收公粮的有关政策规定，制订工作纪律；总结以往征粮做法，把好的经验加以推广。

征粮队员深入群众进行动员，收粮点上工作人员用自制的喇叭宣传政策，表扬交公粮的先进个人。墙上贴着"一切为了抗战""节约粮食，支援前线""交公粮光荣"等标语。

在收粮的那几天，交公粮的群众像赶集一样从四方涌来，场面好不热闹。各地都不断传来好消息，蟠龙的何纯高给黄静波打电话说："今年征粮，群众反映特别热烈，他们说就是多交公粮我心里情愿。几天的时间，就圆满地完成了征收夏粮的任务，全边区头一年实现了储蓄余粮的任务。"

1944 年上半年，黄静波对延属边分区十几处仓库普遍进行了检查，感到在过去几年的工作中，仓库管理工作薄弱，领导干部、收支制度、粮草保管都存在很多问题。今年是全边区范围内开始储蓄的一年，加强管理应提到中心的位置。

据《陕西省粮食史志资料》记载："根据 1944 年上半年检查延属三边分区十几处仓库的情况看，粮食被糟蹋、损坏、滥用、私借以及贪污的现象仍比较严重，为了解决好这一问题，1944 年 7 月，边区粮食局长黄静波写出《关于召开仓库主任及二科长联席会议提案》（见边区档案全案 7—289 卷），很快得到批准。"

1944 年 8 月 5 日，财政厅组成边区仓库主任及科长联席会议筹备会，以厅长南汉宸为主任，黄静波为副主任，王思华、吕克白、杨玉亭、常黎夫、王国枢 5 人为委员。

大会于 9 月 20 日开幕，10 月 9 日闭幕，140 人参加会议。这是全边区第一次由仓库主任和二科长（边区各县政府管粮食的科长）组成的联席会议。

在会上黄静波总结了粮食局创建 8 年来的工作，肯定了成绩，提出了存在的问题。会议学习毛主席"发展经济，保障供给"的财政工作的总方针；开展批评与自我批评，进行思想作风整顿；健全和完善了粮食工作的各项规章制度；按平、战结合原则调整仓库布局；重申坚持仓库巡视工作制度，加强对干部的管理、教育。大会选举并奖励了 23 位粮食、仓库、草站工作者，同时惩处了 5 名渎职、贪污的仓库干部。提出了"加强保管、克服浪费，为保证供给、备战备荒而奋斗"的号召。

会议大大鼓舞了粮食工作的积极性和信心。会后出现了学文化、当模范、作贡献的生机勃勃的粮食工作新局面，各项工作在 1943 年的基础上又有了大的发展。

"这次会议后，在不断总结经验的基础上，逐步制定出一套比较完整的适合当时情况的规定和办法。不仅对边区抗日战争时期搞好粮食储备保管起了重要作用，而且对解放战争时保障供给奠定了一定基础。"（《陕西省粮食史志资料》）

1944 年，粮食工作会议在陕甘宁边区粮食工作历史上留下了烁烁闪光的一页，黄静波这个年轻的干部，再次显示出他对工作的驾驭能力和创造精神。

12 月，边区政府任命黄静波为财政厅副厅长兼粮食局局长。

在《陕西省粮食史志资料》上，我们看到了对这一时期粮食工作的总结：

> 陕甘宁边区的粮食储存管理工作，在环境艰苦、设备简陋和战
> 争波折的情况下，是十分艰苦的。他们所进行的一系列卓有成效的
> 工作，为保证边区军政人员供给，支援战争取得胜利起了一定的重
> 要作用。他们所创造的许多可贵的经验，特别是他们那种艰苦奋斗
> 的工作作风，将永远值得我们学习和崇敬。

1945 年 4 月 23 日至 6 月 11 日，在德国法西斯面临彻底覆灭和中
国抗战接近胜利的前夜，中国共产党第七次全国代表大会在延安隆重召
开。出席大会的正式代表 544 人，候补代表 208 人，代表全国 121 万党
员。黄静波经过边区政府党组和中共西北局提名，党支部选举，有关党
组织和中央七大代表资格委员会批准，作为候补代表参加了七大。

毛泽东在会上作《论联合政府》的政治报告。联合政府是 1944 年

1945 年 6 月，中国共产党第七次全国代表大会在延安召开，王季龙、崔田民（左）
崔田夫（中）黄静波（右）当选为七大代表，照片选自《中国共产党第七次全国代表大
会名录》

9月，中共代表林伯渠根据党中央的指示，在国民参政会上正式提出的，主张废除一党专政、建立民主联合政府，得到了各民主党派和各界民主人士的认可。

党的七大总结历史经验，把党在长期奋斗中形成的优良传统作风概括为三大作风，即理论和实践相结合的作风，与人民群众紧密联系的作风、批评和自我批评的作风。确立毛泽东思想在全党的指导地位，是七大的历史性贡献。会议选举产生了新的中央委员会，选出中央委员44名，选举毛泽东、朱德、刘少奇、周恩来、任弼时为中央书记处书记（相当于后来的中央政治局常委）。选举毛泽东为中央委员会主席兼中央政治局、中央书记处主席。并由五大书记及陈云、康生、彭真、董必武、高岗、林伯渠、张闻天、彭德怀等八名政治局委员组成13人的中央政治局领导核心。七大为争取抗战的胜利和新民主主义革命在全国的胜利奠定了政治和思想基础。

在会议召开期间，1945年上半年，世界反法西斯战争进入最后胜利阶段。5月2日，苏联红军攻克柏林；8日，德国法西斯战败投降。消息传来，与会人士一片欢腾，更增强了消灭日本法西斯的信心。

8月6日和9日，美国先后在日本的广岛和长崎各投下一枚原子弹。8月8日，苏联发表对日作战宣言。9日，苏军进入中国东北，向日本关东军大举进攻。15日，日本天皇宣布无条件投降。

9月2日，日本代表在向同盟国的投降书上签字，日本军队128万人向中国投降。至此，中国抗日战争胜利结束，世界反法西斯战争也胜利结束。

中华民族为赢得抗日战争的胜利作出了巨大的牺牲。中国军民伤亡3500万，其中国民革命军（包括八路军、新四军和国民党的部队）伤亡300余万。共产党领导的人民抗日力量对敌作战12.5万次，消灭日、伪军171.4万人。中央红军到达陕北时，仅有军队7300人，由于建立了最广泛的抗日民族统一战线，得到了国内外各阶层、团体、党派的支持，到七大召开时，已拥有92万军队，200多万民兵，121万党员，抗日民主根据地面积达到近 100 万平方公里，人口近 1 亿。所有这些，为夺取整个新民主主义革命的胜利，奠定了坚实的基础。

抗战期间，陕甘宁边区的粮食储存管理工作，是在环境艰苦、设备简陋和战争波折的情况下进行的。黄静波和粮食局的同志们进行的一系列卓有成效的工作，对支援战争胜利起了一定的重要作用。

粮食工作在新中国成立后成为一个独立部门，1952 年国家组建粮食部，黄静波被任命为粮食部副部长。边区政府粮食工作日趋完善的各种制度和他们所创造的许多可贵经验，特别是他们那种艰苦奋斗、调查研究、依靠群众的工作作风，是粮食工作中将永远值得学习和发扬的优良传统。

第四章

未冤将军征战大西北　后勤政委驰骋戈壁滩

28 岁的野战军供给部长

八年全面抗战刚刚结束时，人民渴望和平，美、苏、英三国也不赞成中国内战，蒋介石想在内战中处于有利地位同意进行和平谈判。1945年 10 月 10 日国共双方签署"双十协定"，国民党当局表示承认"和平建国的基本方针"、召开政治协商会议等。但双方在人民军队和解放区政权两个根本问题上未能达成协议。

"双十协定"刚签订，蒋介石便调集军队，分三路向华北解放区进攻。

为了给自卫战争奠定牢固的群众基础，中共中央于 1946 年 5 月 4日发出改变解放区土地政策的指示，将抗战以来的"减租减息"政策改为"耕者有其田"政策，支持广大农民获得土地的正当要求，进一步发动农民群众为巩固解放区而斗争。

1946 年 6 月，国民党军队 22 万人进攻中原解放区，全面内战爆发。这时，国民党军总兵力为 430 万人，拥有美国援助的大量新式武器，在军队数量、装备和战争资源等方面，明显地占有优势。毛泽东提出"一切反动派都是纸老虎"，共产党的小米加步枪能够战胜蒋介石的飞机加坦克，"从战略上藐视敌人、敢于同敌人斗争、敢于夺取胜利"，增强了全党、全军和全国人民的信心。

3月，延安上空战云密布，国民党的飞机天天来骚扰，隆隆的大炮声也渐渐近了。炮声打破了延安的和平、宁静，炮声也激起延安军民同仇敌忾的战斗意志。延安到处都是"誓死保卫党中央""誓死保卫陕甘宁""誓死保卫毛主席""坚决粉碎蒋介石对陕北的重点进攻"的口号和标语。

3月18日，延安召开万人动员大会。彭德怀副总司令在讲话中用大量事实，揭露了蒋介石反共反人民的罪行，阐述了我军必胜、敌人必败的这一不可抗拒的历史规律，预言："胡宗南的35个团，有很大的可能，就被消灭在这里。"

黄静波，西北野战军后勤部政委（右），
孙君一，西北野战军后勤部政治部主任（中），
王士英，西北野战军后勤部政治部秘书长（左）

为粉碎胡宗南的进攻，陕甘宁边区军民全部行动起来了，野战军和地方军投入积极的射击、投弹、刺杀等演练热潮中。延安市的民兵也进行了编组，按照各区划分组织游击队，练习埋地雷、制造手榴弹、学习破袭等战术。延安所有的青年，也积极报名参军，就连干部子弟"保育小学"高年级的学生也都送上前线。妻送郎，父送子，感人的场面到处可见。

与此同时，在边区政府"总动员委员会"的领导下，人员疏散和"坚壁清野"的工作也在有序进行。"坚壁清野"一词来自古代战争，是指加固城墙和堡垒，将野外的粮食、财物收藏起来。加固防御工事，把四野的居民和物资全部转移，叫敌人既打不进来，又抢不到一点东西，因而站不住脚。这是对付优势之敌的一种作战方法。黄静波此时是财政厅副厅长，主管边区的粮秣供应，少留给敌人一袋粮食和自己获得一袋粮食同样重要，"坚壁清野"同样是一项繁重的群众工作。

在延安保卫战进行到第三天时，3月17日，为加强陕北地区的作战指挥，中共中央军委决定撤销陕甘宁野战集团军番号，成立西北野战兵团。彭德怀任司令员兼政委，习仲勋任副政治委员，调陕甘宁边区政府副主席刘景范任后勤司令员。

刘景范在会后找黄静波说："中央决定让我担任西北野战军后勤司令。中央让出延安，后勤工作更要依靠边区政府。你以前是粮食局长，对粮草供应各方面都熟悉，决定要你去后勤当供给部长。"

刘景范是陕北革命领袖刘志丹的弟弟，从小跟着刘志丹闹革命，是陕北的老红军，年长于黄静波，又是他的领导。黄静波对他十分敬重，当即表示服从边区政府的调动，坚决做好供给保障工作。

枪炮声离延安越来越近，最后一批人员已经撤离。下午，周副主席催毛主席起程。毛主席说："好吧，吃罢晚饭再走，敌人要来延安就请他来吧，我们把窑洞打扫干净，桌子放端正，茶杯茶壶放整齐，让胡宗南知道，延安是我们的，我们还要回来。"6点左右，中央机关离开王家坪，踏上了转战陕北的征途。

要撤出延安了，黄静波的心情难以平静。傍晚，他牵着马走到延河边，夕阳的余晖在延河上映照，巍峨的古城渐渐隐在夜色中。黄静波记得1936年冬天，中共中央机关迁到延安之前他参加延安市工作团，为中央进驻延安做前期准备工作，后来进中央党校学习。第二次到延安，是参加大生产运动英雄模范的表彰大会。1944年到边区粮食局工作，是他第三次到延安，转眼已经过去三年了。

延安，自从党中央进驻以后，便成为抗日战争的大后方，党中央的指挥中心，中国革命的圣地，成为培育革命人才的"摇篮"。

黄静波每次到延安，就像进一次熔炉，受到一次锤炼。他对延安有着深厚的感情，延安的一草一木都让他留恋难舍。

当时毛主席发表了退出延安、保卫延安的讲话，黄静波和很多人一样想不通，退出延安，还保卫啥？直到1948年胡宗南部队被迫撤出延安，他才真正理解了毛主席的伟大战略。

虽然黄静波也舍不得离开延安，但是把根据地拱手相让，对于那些不能理解、不愿意走的同志，他还要一一劝说。对敌斗争要讲究战略战术，撤退并不意味着失败。共产党在陕北，拥有着千丝万缕的群众网络，人民是军队生存的土壤，失去民心，就算拥有再强大的队伍和装备都将步履艰难。百姓给予的支持中，粮草供应是重要的一方面，对于这点，黄静波信心十足。

"兵马未动，粮草先行"，古往今来，有多少战役由粮草定胜败？三国时著名的官渡之战，曹军采用了许攸的烧乌巢粮草的计谋，才以少胜多，大败骄横的袁绍。而现在"坚壁清野"则类似于"釜底抽薪"，是孙子兵法三十六计混战计中的第一计，将锅下的木柴全部拿走，任凭锅中开水怎样沸腾它都不会长久。

想到这里，黄静波已经完全没有撤退的颓败感，反而感到自己这个"粮草官"重任在肩、踌躇满志。任琛是和他一起调到供给部的同志，此时他和几个人已在身后等候多时，黄静波随即跨上马带着他们向金盆湾奔去，为即将进行的战斗准备粮草。

延安保卫战由彭德怀副总司令指挥，在延安以南激战六天，掩护中共中央机关安全撤离了延安。

3月26日，中共中央到达清涧县以北的枣林沟，当晚召开政治局扩大会议，一些根据地的领导同志建议中央迁至晋西北等地，毛泽东说："这个时候中央离开陕北、离开陕北人民，全国人民会怎么想？长征以后，我们的党像孩子生了一场大病，是陕北的小米、延河的水使我们恢复了元气，站稳了脚跟。"于是，中央决定留在陕北，为了尽量避免暴露目标，毛泽东、周恩来、任弼时分别代名为李得胜、胡必成、史林。

毛泽东毕竟是毛泽东，伟人自有伟人的胸怀，伟人自有伟人的肝胆。无论从气度上还是从战略上，毛泽东是对的。黄静波又在毛泽东的解放大旗指引下，驰骋在西北战场上。

1947年，是解放战争发生转折的一年，也是解放区最为艰苦的一年。在全国解放区一度丧失大片土地，许多地方遭受战火的严重摧残。在陕甘宁边区，根据粗略统计，被杀害的群众达4000余人。有365万亩土地荒芜，50万亩青苗被毁，田禾普遍未能及时耕种。加之水、旱、雹、冻等天灾，粮食减产91.6万石，40万人民陷于饥饿疾病状态。

1947年7月28日，毛泽东向刘伯承、邓小平、陈毅、粟裕、陈赓、谢富治并及彭德怀发出一封极秘密的电报，最关键的一句话是："现在陕北情况甚为困难。"7月30日，又致电刘、邓、陈："边区受胡蹂躏，人民损失甚大，粮食缺乏，人口减至90万。"

可见当时处境的艰难，后勤保障任务的艰巨。然而在这种情况下，战事仍不断向有利于我军的方向发展。当时陕甘宁边区的部队只有3万多人（含地方武装），武器装备很差，只有步枪、手榴弹和少量机枪、

西北野战军后勤司令刘景范（中）与后勤司令部供给部部长黄静波（左）在前线合影，1947年夏，转战陕北途中

迫击炮，弹药奇缺，每支枪平均一二十发子弹。边区共 150 万人口，野战军的兵员补充和物资供应都极其困难。

为此，西北野战部队利用群众基础好、地形险要、回旋余地大等有利条件，采用"蘑菇"战术与十倍于己之敌周旋。"蘑菇"一词在陕北民间有缠绕不清的意思，"蘑菇"战术即毛泽东提出的"敌进我退，敌驻我扰，敌疲我打，敌退我追"。以小股精干部队，佯装主力诱敌，牵着敌人的鼻子来回转，将主力集结于有利位置，在其筋疲力尽，粮草不足的情况下隔离包围。

45 天内，彭总率部队相继取得青化砭、羊马河、蟠龙镇三战三胜，随后在沙家店战役中歼敌 6000 余人，初步改变西北战场的局势，为转入反攻奠定了基础。由于作战地点多变，筹粮工作也要"速战速决"，黄静波几乎天天都奔忙在路上。

从 1947 年 3 月至 8 月，在西北战场，我军经过五个月的内线积极防御作战，野战军从 2.5 万人发展至 4.5 万人，士气大增。

1947 年 7 月，我西北野战军为了调动敌主力北上，以策应陈谢兵团南渡黄河并夺取榆林，消灭邓宝珊部，开始攻打榆林。敌为援救榆林，企图在米脂、葭县、榆林地区围歼我军或迫我东渡黄河。7 月 12 日，敌援军一路整编第三十六师（师长钟松），突然走长城以外沙漠地区直扑榆林，我军已完成调敌北上的任务，主动撤围榆林，隐蔽地撤至榆林东南、沙家店西北地区。在这里布下了天罗地网，决心消灭狂妄骄横的三十六师。

8 月 19 日晚，国军整编第三十六师发现沙家店附近有我主力，乃急令第一二三旅星夜向沙家店靠拢，一场激战即将打响。三十六师是国民党的一个机械化部队，行动非常迅速。

在沙家店一役，黄静波经历了一次具有黑色幽默色彩的历险。此时，黄静波正在沙家战役的粮站指挥，为部队送粮，绥德专员公署在情况变化后，忘记告诉他就都转移走了，只剩下黄静波、警卫员和配合部队工作的绥德地区民政科科长郭文华同志。我军本已派出一个班做侦察，但当他们看见国民党部队的时候，误以为是自己一纵队的。

由于那天有雾，侦察班的同志直到敌人走近了才分清敌友。敌我双方势力悬殊，走为上策；然而如此危险的境地，走也并非易事。就在这时，在粮站等待运粮的老乡见到这种情况后灵机一动，将大车和毛驴赶开散成一片，使敌人无法快速前进。与此同时，敌人也发现了对面的几名"敌人"，一场追击开始了。

黄静波发现不仅双方力量悬殊，他的身边还有一个带不动的"包袱"郭文华，郭文华同志年纪大、身体较胖，行动很慢，三人一起走，必然一起成为俘虏，分散开还可能侥幸逃脱。

黄静波和郭文华 1938 年就认识了，当时郭文华是黄静波领导下的民政干事。此时，黄静波对郭文华说："我从山上走，你爬不动山，还骑着毛驴，就从山沟中绕吧。"于是，黄静波带着警卫往山上爬去。

在光秃秃的黄土高原上，爬上山无异于自暴目标。敌人很快就发现了山上那个明显的"目标"，一刻不停地跟在后面，连跟了五个山头仍然穷追不舍。两人跑得疲惫不堪，最后不得不选择"跳崖"，幸好那个"山崖"只有 6 米高，再加上黄土地土质松软，黄静波毫不犹豫地跳了下去。6 米相当于两层楼的高度，危险也是存在的，警卫员王承烈犹豫片刻没敢跳，这时有一位赶羊的老乡路过山下，警卫员向他求助，让他把羊皮袄铺在地上。

黄静波这时真急了："你这个草包，再不跳就当俘虏去了！"王承烈一咬牙跳了下来。

幸运的是，一野司令员彭德怀、后勤司令刘景范听说黄静波遇险，派一个班的人寻找他们，就一起回去了。一回到营地，黄静波惊得合不拢嘴——郭文华先他们一步回到了营地。原来，郭文华虽然骑毛驴绕远路，但是在山沟中绕，可以在树林中隐蔽起来，没被敌人发现，所以先于他们回到营地。

黄静波热烈拥抱了一下这位"失而复得"的同志，心底涌起百般滋味……2007 年 10 月，年届 90 岁的黄静波和夫人高宗一回到陕北，黄静波特意重访沙家店战场。一位曾参加了沙家店战役的老战士，为大家讲述当时的战斗过程，说到吃的时，陪同黄静波的原榆林市委副书记黄文选，故意问他："你们都吃什么？"老战士说："吃什么，什么都没有，就吃黑豆，吃得老放屁。"大家听了都笑了，黄文选书记指着黄静波对他说："你吃的黑豆就是这老人家给的。"这是回顾，也证实了当时供给工作的困难程度。在西北野战军的队伍中，每到一处筹粮地，黄静波首先找到乡长和粮食助理，了解粮草疏散的情况，落实军需粮草的数量、运输车辆和运往的路线、地点，然后到连队了解战士的生活，征求部队的意见。

就这样，从陕北到关中，从西安到解放兰州，黄静波亲身经历了其间所有的战役。作为西北野战军后勤指挥之一的黄静波，在野司党委后勤首长刘景范、方仲如的领导下，同全体后勤指战员一起战斗，在各个战役中，紧紧地依靠地方政府和人民群众，在陕甘宁晋绥联防军区（西

1947 年从前线回来同西北野战军后勤部领导合影（前排左二为黄静波，二排左三为高宗一）

北军区）后勤部的积极支持配合下，为保障野战部队供给作了出色的贡献。

在后勤补给困难的情况下，广大官兵表现出了巨大的忍耐力和患难与共的品格。在《解放大西北——彭德怀传》一书中，有这样几段感人至深的记载：

> 蟠龙战役后，彭德怀部队继续西进，歼击"二马"（马步芳、马鸿逵），近两个月的战斗要在沙漠地区进行。不少同志由于极度干渴，鼻孔流血，呼吸困难，有的战士因中暑而牺牲。一次彭德怀看到一个战士走不动了，就让警卫员把自己的水给他，警卫员不愿给，心疼地说："看你的嘴唇都肿那么高了。"他却诙谐地说："你跟我在一起，还不晓得我本来就长着厚嘴唇吗？"
>
> 1947 年 10 月，清涧县笔架山一役，我军全歼国民党整编七十六师师部及二十四旅主力，俘虏敌中将师长廖昂、旅长张新。彭德怀找廖昂谈话后留他吃饭，警卫端来一盆面条和几个粗瓷大碗，廖昂在一旁不动，惊讶地说："总司令太艰苦了，万万想不到你就吃这样的饭！"彭德怀打量着这位中将师长说："这样的饭不好吗？中国老百姓吃不上这样饭的有的是！我彭德怀能吃上这样的饭已经是很享受了，你们这些达官显贵看到这样的饭大惊小怪，觉得难以下咽，正说明国民党腐朽透顶，注定要被人民打倒！"

官兵对后勤工作的理解和支持令黄静波感到压力更大了，然而后勤工作的困难反而随着战争的胜利接踵而来。

1948 年 3 月，宜瓦（宜川县瓦子街地区）战役，西北野战军歼敌 3 万人，击毙敌整编二十九军军长刘戡。

宜瓦战役，是西北野战兵团经过新式整军运动后，转入战略进攻的第一个大胜仗，打开了我军向渭北关中进军的门户。毛泽东评价宜瓦大捷"改变了西北形势，将影响中原的形势"。

这个胜利之后不久，3月23日，毛泽东、周恩来、任弼时率领中共中央机关、人民解放军总部，由吴堡县川口东渡黄河，放心地离开陕北，前往河北省平山县西柏坡村。西北野战军当时已由两万多人发展到十几万人，但装备差，作战的区域又是经济落后贫穷的地方，后勤保障本来就困难，打进敌占区后，部队扩大了，人数增加了，作战的区域扩大了，战争的方式也在频繁地变化，这就更增加了供应工作的艰巨性。部队几次出现断粮、缺经费的现象，战士挨饿，体质下降；有些部队还出现买粮不给钱的现象，影响到解放军的声誉。粮食供给成了外线作战最突出的问题，粮食成了影响战争能否胜利的关键。

粮食牵动着全军将士的心，也牵动着远在西柏坡的毛泽东的心。毛泽东为解决西北野战军的粮食供给问题而彻夜不眠，亲自给贺龙、习仲勋写信，电示华北要求支援。又把山西晋南运城地区划归陕甘宁边区，以解决粮食问题。

供给部的任务不仅是粮食供应，还包括弹药、衣服等物资的供应，沉重的担子令黄静波寝食不安。为了保证部队作战需要，采取征购、预借、缴获以及根据地、兄弟部队支援等方式，力求保证部队用粮。

在新区筹措粮草工作具有很强的政策性。野司和后勤党委一开始就十分重视征粮政策的规定，1947年8月20日，野战后勤部制定了《新区征粮食条例》，明确了预征粮草的对象和标准，体现了党的阶级路线和群众观点，保护了各阶层的利益。对借粮户由纵队统一发给供粮证或借粮票，以便统一偿还或做建政后充交公粮的证券。供给部成立了粮草工作队，各纵队、师、团也都成立了筹粮队伍。部队一攻克城市，征粮队就立即着手接管敌人的粮库、面粉厂、钱粮处；一进村，就广泛深入群众摸粮情，找有粮户做工作。常常是连轴转，白天顶风冒雨跑农户，晚上打着手电收粮草。

粮食一征借到手，立即就地组织分发给部队。三天两夜不睡觉，几乎是家常便饭，后勤一千多筹粮人员时刻活跃在战争的前沿。

每到一地，黄静波都是亲自带领工作队，检查执行政策的情况。最

1948 年西府战役中，马寒冰（左），三五九旅供给部长，黄静波（中），西北野战军后勤部供给部长，周水朵（右），二军后勤部副部长、供给部长

困难最危险的时候，他总是挺身而出，奋不顾身。他曾多次冒着危险，带领干部转移运输物资。

宜川大捷之后，彭德怀为了歼灭胡宗南部有生力量，并解决我军远离后方作战粮食和给养困难等问题，开始对洛川进行"围城打援"。由于久围不下，4 月，转而进攻西府。彭总司令一针见血地指出："此次西府战役是调虎离山，我们威胁胡宗南的战略后方，搞他的补给基地，他就顾不上延安了，可以迫使敌人不战自退，撤出延安"。

西府是指西安以西、泾河和渭河之间地区的旧称、关中要塞，包括现在宝鸡市和咸阳大部分县市。是胡宗南的战略后方、重要的补给基地。有"西北王"之称的胡宗南，多年来在这里建有兵工厂等相当一批军事设施，并储存了大量的军事物资。

1948 年 4 月 21 日，被敌人占领一年一月又三天的革命圣地延安，重新回到人民手中。延安城内外一片欢腾，路口、崖畔、窑顶、街头，到处是欢呼的人群，"延安，我们回来了"。4 月 26 日，我军全歼守敌，占领宝鸡，西府战役打响了。

由于关中地区长期被国民党军队占领，群众对共产党不是很了解。黄静波带领工作队到达距离宝鸡十多公里的虢镇时，一进村就开始贴布告、刷标语，有的在街上宣传，有的进到家户和老乡攀谈。部队演出队在镇中心的一个唱戏台子上演出《穷人恨》《血泪仇》，这是反映贫苦农民受反动派剥削压榨的小话剧，剧中人悲惨的命运引起观众的共鸣，很多观众受到感动而痛哭流涕。

一个节目演完的时候，黄静波就跳上土台子，对观众讲："乡亲们，我们是人民解放军，是共产党、毛主席领导的队伍。我们队伍中的人，今天到你们这的人，都有着和剧中人同样的命运，是和你们一样受国民党、地主恶霸剥削欺侮的人。天下穷人是一家，苦命的根源是一样的。我们打国民党、打地主，就是要穷人得解放，翻身当主人。"

黄静波的讲话虽不长，但都说到理上，说到穷人心上，很有鼓动性。国民党散布的"共产党见粮抢光""共产共妻"的谣言被粉碎，打消了老百姓对解放军的疑虑。特别是黄静波向群众宣传共产党的政策、解放军的强大和在各解放区取得的一个个重大胜利，使群众了解认识了共产党军队。

新解放区的群众最关心的是我们的力量，一些老百姓常问："究竟你们有多少军队？比国民党多还是少？有飞机、大炮没有？消灭得了胡宗南吗？"宣传胜利的消息和革命力量安定了群众，争取了群众向解放军靠拢，并增加他们对共产党的信心。

黄静波带领工作队一到宝鸡城，看到缴获的弹药、物资堆积如山，激动的心情难以言表，再加上在镇里和农村筹到大量的粮食、布匹，黄静波心里充满了大丰收一般的喜悦——部队总算是久旱逢甘露了。

然而就在他们忙着转运还不到一天的时间，胡宗南的军队就突然反扑过来。国民党军队的连连失守令蒋介石坐立不安，在蒋介石的严厉督促之下，胡宗南集中了西北国民党军主力共 10 多个旅的兵力，向宝鸡杀来。

4 月 27 日，野司机关与胡宗南部相距不过几十里，前线的枪炮声不时传来。黄静波临危不惧，沉着地指挥后勤指战员加快装运。

这时后勤部政委方仲如骑着马过来，见了黄静波说："黄部长，情况危急，赶快带队伍走，物资带不走的就地销毁！"黄静波哪舍得，这是部队攻克宝鸡缴获的战利品，是粮草工作队日夜辛苦从群众那征集来的。他和干部们一起干，背着粮袋、布匹来回小步跑，装一车就赶紧赶走一车。

彭德怀命令电台马上联系每个纵队，由他亲自布置撤退路线和集结地点。为了保证万无一失，他特别关照一、二纵队，"集中一个团，撤一个团，集中一个旅，撤一个旅"。黄静波了解到，彭副总司令已经五天未吃粮食，只吃了一把红枣。

天色将晚，枪炮声越来越近。野司警卫部队已经作了最坏的打算，正在挖工事，随时准备痛击来犯之敌。

由于有一支部队还没有联系上，彭德怀坚持要将电报发出去，自己再走。面对着战友们焦急的催促，彭德怀向警卫员要来左轮手枪带在身上，说："只要部队撤出去，我个人没什么，我还可以带警卫营打游击。"

一直到和各纵队联系完毕，彭德怀心里的一块石头这才落了地，率领野司人员顺利地摆脱了敌人向北转移。

黄静波带领的后勤人员离开时，敌人已经进了镇的另一头。子弹在头上嗖嗖飞过，彭总司令特别安排了一部分人保护后勤人员的安全。

他们一边开枪还击，一边飞快地跑出村子。为了转运物资，黄静波把自己的行李全丢了。

粮草工作队都是分散活动，这样的危险时常遇到，除了辛苦、危险，还常常挨饿。他们知道粮食就是希望，粮食就是战斗力。为了战斗的胜利，他们收回了大批粮草，自己却常常以水代粮，喝醋充饥。

有一次，黄静波带领征粮队伍一连赶了两天一夜的路，每人只吃了两把枣。由于长途跋涉，过度疲劳，征粮队员没有一个不瘦得像猴子。有时，警卫员看到黄静波疲劳消瘦的身体，就把缴获的罐头、饼干送给他，想给首长增加点营养。黄静波总是让他送回去，耐心地对他说："我们搞后勤是为了保障前方打胜仗，我们不能有'近水楼台'思想，不能搞特殊。"他还经常拿彭德怀司令员拒绝照顾、不搞特殊的故事用来教育干部。

但是对部下，黄静波有一颗慈父般的心。他的警卫员刘志明讲，有一次去村子征粮，有个战士得了打摆子病，身子冷得不停发抖。由于太累了，不知不觉迷糊过去。第二天早上，发现身上盖了两床棉被，是黄部长把自己唯一的棉被给他盖上。

晚春的季节在西北地区，夜里是很冷的，黄静波点了一堆火，坐在这个战士的身旁。不时给他捂捂被子。正是这种干群关系，征粮队才上下一心，不怕万难，不怕牺牲，活跃在西北战区。

西北野战军是由几个根据地的部队组建起来的，各部队都有自己的一套做法、习惯和不同作风，一下很难统一起来。供给部刚成立时，也只是在粮食计划、筹备和供给上大体统一。

宜瓦战役后，部队进入外线作战，离陕北根据地远了，后勤供应困难也越来越大，同时，后勤队伍也壮大起来，这样在后勤供给统一指挥、筹粮、筹款工作中出现的违反政策的问题也暴露得多了。

为了保证部队在国民党统治区作战的供给，执行好筹粮政策，落实毛主席提出的"一切缴获要归公"的指示，1948年春，部队进到新区，供给部在部队休整期间，在澄县赵庄召开了供给工作会议，研究健全供给制度、会计制度、审计制度，要求真正做到收支统一、满收满支，一切收入和支出都应从账面上公开表现出来：收支合理，实行四级审计（团、旅、纵队、野战军），实行经济民主。

会议还总结了四团六连、二团四连和三十六团五连等基层连队经济民主、伙食调剂、按标准开支、粮钱账目清楚、自己动手磨面等先进经验，促进了部队生活管理水平的提高，有效地克服和纠正了有的单位不认真执行供给制度、没有结算日、缴获不完全归公、自由挪用的现象。

本着一切为了前线胜利的目标，在发扬民主的基础上，在后勤人员中开展"四查"（查阶级、查思想、查工作、查经济）的新式整军教育。

有些解放兵说："这个会（民主大会）比枪毙人还厉害，我一来解放军队伍时，看到不分官兵，稀稀拉拉能打胜仗，都是侥幸，现在我晓得批评与自我批评，在那边谁受到训斥，就无脸见人，这边（解放军）讲了自己的缺点，大家反而对他尊重。"通过整风教育，后勤部队很快适应了部队不断壮大和逐步正规化的要求，保证了部队作战的供应。

黄静波是个做政治工作的高手，尽管他是搞经济工作的强手，政治工作要细，经济工作要实。几十年的工作实践，黄静波做工作的特点一个是细，一个是实。这是他无论做什么工作，一做必有成效的重要原因。

未到而立之年就任第一野战军后勤部政委

1949 年 2 月 1 日，西北野战军改称第一野战军，从此揭开了中国人民解放军建军历史上崭新的一页。西北战场的人民解放军，向正规化方面前进了一大步，以更加威武的军姿和无坚不摧的作战能力将红旗插遍大西北每一个角落。

第一野战军下辖 7 个军，共 15.5 万人，4 月，攻克太原后，中央军委将十八、十九兵团改归第一野战军建制。

6 月至 7 月上旬，第十八、十九兵团和在华北作战的第七军等先后到达陕西地区。第一野战军的兵力猛增到 35 万人，使西北战场人民解放军与国民党兵力对比基本达到平衡，极大地改善了西北战场战略态势，西北战场的决战时刻到了。

这时后勤队伍也有了很大的发展，西北野战兵团后勤部成立时只有 200 人，到 1949 年编有 100 个征粮队，24 所医院，16 个手术队，3 个汽车（辎重）团，数十个兵站，共 3 万人。

3 月，黄静波由野战军后勤司令部供给部部长升至后勤部副部长兼供给部部长，不久担任了后勤部政委。

在扶眉战役、兰州战役之后即随之转入大规模的追击作战中。在波澜壮阔的西北大进军中，第一野战军后勤全体人员同时也演出了无愧于这一伟大战争的壮举。在千里供给线，纵横五省区的战场上，到处都有后勤战士冒着枪林弹雨，输送弹药、抢救伤员，赶着骡马大车，背着、挑着运送粮草。

回首后勤机关干部、工作人员和广大群众在各个战线上付出的心血和汗水，黄静波至今仍然历历在目。

五六月间，第十八、十九兵团在黄河渡口抢渡进陕西，黄河每天都有数百条船往返渡运着人、马、弹药和各种军用物资。兵站部的同志和数千船工、民工一起昼夜不停地奋战在桥头、渡口、运渡船上。兵站部政委刘海宾拄着双拐、拖着一条残腿，坐在河堤上指挥渡船。

风陵渡转运站的侯站长，在紧张阶段，吃在渡口、睡在河堤，把临产的妻子托付给老乡，女儿生下六天就染病夭折，他抹了把眼泪，又跟船工们一起扯帆拉纤，没白没黑地奋战在渡口。

运输部的同志，组织大批民工抢修了被敌人破坏的近百座公路桥梁，维护修复了数千公里运输线，使西兰、宝兰、宝汉、成榆等主要干线畅通无阻。6月，突击修复了陇海线，在一个月之间，修好9座铁路桥，10多台机车，保证了全线通车，使快速运输兵力物资有了现代化的工具。驻宝鸡火车站物资转运站长王治国带领全站人员自己动手，在敌机频繁空袭下，半个月完成了154.8万公斤弹药的转运装卸任务。

医护人员发扬"与伤病员共生死"的大无畏精神，炮弹打到哪里就救护到哪里。

第六军护士长任永亭负伤不下火线，咬紧牙关、忍着剧痛，带领两名同志抢救下107名伤员。

第三军护士马立五身负重伤，仍然以顽强毅力坚持为负伤战士包扎伤口，直到流尽最后一滴血。

二纵队后勤部党委委员呼占山，在沙家店战役中，亲自背送伤员，协助部队安全转移伤病员 500 多人，按时完成粮草、担架和运输任务。

在兰州战役中，第二野战医院全院共有 663 人，但收治伤员达 5180 多名，平均 1 名工作人员要担负 9 名伤员的医治、护理和物资供应工作。6 名外科医生平均每天要做 20 例手术。面对如此繁重的工作任务，医护人员以顽强意志和崇高的责任感，夜以继日地连续工作，使大批伤员的身体很快得到了恢复，1949 年伤愈归队率达 76%。在那血与火的年代里，最应大书一笔的是西北人民的支援。陕北农民金有发的父亲，是陕北的老红军，早已战死在黄河边；他的弟弟，是新参军的战士，在第一次攻打榆林的战斗中壮烈牺牲；他的妻子，在沙家店战役前夕，在我军极其困难的时候，这位年仅 30 岁的妇女，把埋藏的十几斤谷子挖出来，背上两岁的孩子，流着眼泪，一圈又一圈推碾子，为部队碾小米。小米碾好了，孩子饿死了。金有发的母亲也在饥饿中倒毙在村边的小庙旁。现在金有发又跟着部队来到关中，来到西进的路上。这一家人自我牺牲的精神，黄静波听了感动得直流眼泪。

根据西北野战军后勤部司令员刘景范的回忆，在沙家店战役中，群众为部队提供了物质保障：我们动员米脂、镇川等地的几千名民工和上千头毛驴，冒着敌机的轰炸，把附近各地粮站的粮食，迅速集中到沙家店一带。沙家店地区的群众，把自己埋藏在地里的粮食挖出来，把庄稼地里未熟的南瓜摘下来，供给部队。许多群众把尚未完全成熟的谷子，一穗一穗地剪下来，连夜炒干磨碎，给部队送去，保证了部队的供应。

西北人民除了在物质上支援部队，还组成担架队、运输队、搬运队随军参战，692 万人直接投入我军后勤工作。

从宝鸡到兰州、六盘山、华家岭的弯弯山道上，8000 辆大车日夜兼程，为部队运送粮草物资。

解放兰州战役就出现了"15 万人千里支前"的壮观景象，留下了"群众争献羊皮筏，助我大军过黄河"的千古佳话。

在这支大军中来自黄静波领导过的清涧县的民工就有 1000 多人，在解放大西北的战争中，清涧县支前大队被评为西北支前模范，共有

520 名优秀儿女为新中国的诞生献出了宝贵生命。直到兰州解放后，支前大队队员们才返回家乡。

他们不是军人，却又胜似军人；他们是群众，又是群众利益的捍卫者；他们不仅甘愿牺牲在征途，也甘愿躺进没有墓碑的乡土……这就是西北人民打造的坚定、勇敢、无私的后勤队伍。

黄静波在回忆起解放战争时动情地说：

"我军编为四个野战军，我们第一野战军最穷，条件最艰苦，主要是因为地方太穷，没有粮食吃，武器装备也最差。我管后勤得最知道情况，其他部队还有缴获的日本大炮、汽车。开始时我们没有一辆运输汽车，完全靠毛驴驮运和人力背粮食。我们两次攻打榆林，均未成功，就是因为我们没有大炮。我们主要是靠顽强的革命意志去克服困难。毛主席、彭德怀的指挥是没有问题的。陕北人民就是好，只要是打国民党，真支持我们，把自己家里吃的土豆、咸菜都拿出来给了我们，可见蒋介石是多么丧尽人心。毛主席一直教导我们只有关心群众，联系、依靠群众，才能战胜敌人。"

辽沈、淮海、平津三大战役胜利结束后，国民党政权退出长江以北，蒋介石被迫于 1949 年元旦发表"求和"声明，宣告"下野"，国民代党"总统"李宗仁加急部署长江防线，阻止人民解放军南下，实行"划江而治"。也是在这年的新年献词中，毛泽东号召"将革命进行到底"，4 月，第二、第三、第四野战军发起渡江战役，被称为"百万雄师过大江"，摧毁了长江防线。人民解放军开始规模空前的全面大进军。

人民解放军指战员以牺牲 26 万人的代价赢得了人民解放战争的胜利，基本上完成了中国民主革命反帝反封建最主要的历史任务，结束了 100 多年来帝国主义勾结封建统治者剥削压迫中国各族人民和国家四分五裂的局面，中国历史开始了新的纪元。

纵观黄静波从参加革命到新中国成立时，他一直都征战在大西北这块红星照耀的大地上。陕甘宁边区，是中国共产党在第二次国内革命战争时期创建的唯一没有失掉的一块革命根据地，是中国工农红军长征的落脚点和进行抗日战争的出发点，是中国人民进行解放战争的总后方。在中国共产党的历史、中国新民主主义革命史和世界反法西斯战争史上，占有着特殊重要的地位和作用。

新中国成立之初，毛泽东主席给延安和陕甘宁边区人民发来复电，对陕甘宁边区的历史地位、作用和陕甘宁边区人民对革命事业的伟大贡献，给予高度评价和赞扬，延安和陕甘宁边区从 1936 年到 1948 年，曾经是中共中央的所在地，曾经是中国人民解放战争的总后方，延安和陕甘宁边区的人民对于全国人民是有伟大贡献的。复电号召："我并且希望，全国一切革命工作人员永远保持过去十余年间在延安和陕甘宁边区的工作人员中所具有的艰苦奋斗的作风。"

陕甘宁边区的创建和发展过程中，在政治、经济、军事、文化教育、外交等各方面都积累了丰富的经验，为打败日本侵略者和国内反动派以及探索新中国的建设道路，起了巨大作用。

黄静波隐隐听到，一个新时代隆隆驶来，渐行渐近，并迅速融进了万民欢腾声中……

第五章
一战成功靠粮草　百业待兴靠粮官

名副其实的粮草官

新中国虽然成立了，新解放区工矿企业却大多遭到破坏，急需恢复生产。党的七届二中全会确定，进入城市后工作要以恢复和发展生产为中心。以陈云为主任的中央财政经济委员会成功地进行了稳定物价和统一财经系列工作。

在这场财经战斗中，黄静波领导的是甘肃战线。1949 年 8 月 25 日兰州解放。1950 年 1 月 8 日甘肃省人民政府成立。3 月 7 日，中央人民政府政务院任命黄静波为甘肃省人民政府财政厅厅长。转业地方，在此之前他的副手有刘文山、王耀华、薛兰斌等人。1950 年春，黄静波已经在做甘肃省人民政府财政厅厅长、省财经委员会副主任的工作了。

当时的甘肃，市场供应匮乏，物价日日暴涨，群众生活十分困难。甘肃省财政厅首先进行了取缔银元投机的斗争，同时打击囤积居奇、哄抬物价的不法商人。配合中央组织粮食、棉纱、棉布、煤炭的集中调运，收紧银根，使投机商破产。在反贪污、反浪费、反官僚主义的"三反"运动中，由于掌握政策得当，贯彻上级意图坚决，甘肃财委系统的

"三反"运动健康发展，没有"打老虎"的指标任务（"打老虎"是当年"三反"中"反贪污"的戏称），也没有逼供的现象。当时省财委主任由省委书记、省副主席张德生兼任，省主席是民主人士邓宝珊。黄静波就是实际主抓甘肃财经的负责人。本来黄静波是去新疆工作，因张德生主政甘肃，非要把黄静波留下。张德生是一野政治部副主任，黄是后勤部政委。彼此非常了解，那个年代，老干部们只知道努力工作，完成上级交给的任务，让人民满意。从来没想谋权力。

1950 年 6 月，朝鲜战争爆发，黄静波的老领导彭德怀再次披挂上马，率队跨过鸭绿江。他们不负众望，赢得了胜利，全国人民也为战争的胜利付出了重大代价，支援朝鲜前线的捐款可折合战斗机 3710 架，各种作战物资达 560 万吨。甘肃是解放后黄静波走入领导工作的第一站，在此后三年的时间里，在张德生书记、王世泰副主席的直接领导下，他和同事们殚精竭虑、日夜操劳，甘肃的经济发展较为乐观。

以兰州为例，1951 年工业生产总值较 1948 年增长 166%，兰州的私营工业户数增加近一倍；增加灌溉面积 158 万余亩；恢复和改建了战争期间被破坏的桥梁 18 座，涵洞 56 座；人民生活水平提高，购买力增强。

1952 年 11 月 15 日，中国成立粮食部不久，黄静波即被调任为中央粮食部副部长、党组副书记，又干起了他熟悉的工作，成为名副其实的"粮官"，分工负责计划、仓储和统战工作。他在这个岗位上一直工作到 1959 年 4 月。举家迁往首都北京，黄静波并没有"平步青云"的荣耀感，反而更加谦虚、谨慎、本色，珍惜党组织给予的信任。他在 1953 年 1 月 1 日的日记中写到：

> 新年晚上，中央人民政府办公厅组织团拜会，我也被列入一席，只得前往。大家都得穿上青色呢"礼服"和黑色的皮鞋，我是刚刚进京的乡下佬，没什么准备，所以向同事临时借上一套来应付应付。

粮食部领导和群众代表合影（二排左三为黄静波、左四为章乃器、左五为陈国栋）

粮食部组建伊始，领导干部很少，新中国成立初期，粮食工作任务极为繁重，既要保证人民生活和抗美援朝战争的需要，又要与奸商作斗争，稳定市场，购、销任务都很艰巨。

粮食部领导少，只有民主人士章乃器和副部长黄静波、陈希云三人，陈希云同时是党组书记，作为兼任党组副书记的黄静波担子很重。人员少、业务量大，人员新，各项制度法规不健全。黄静波只得夜以继日地工作。

粮食部部长章乃器是一位令黄静波十分钦佩的爱国民主人士和经济学家。在他的领导下，粮食部做了一系列卓有成效的工作。国家政权建立了，粮食问题却不能立竿见影地解决，粮食供应十分紧张。

粮食部领导为此参照古今中外的粮食制度，包括苏联的余粮征购制、日本的配给制、国民党的粮食平价制和历代的田赋制等。

在中央财经小组和陈云同志的领导下，经中央批准，最后制定了粮食统购统销凭票供应的法规。"粮票"的出现，统购统销的粮食政策，为国家平稳度过艰难时期起到了重要作用。

为了使"节衣缩食"更为科学合理，章乃器还带领同志们邀请国外专家研讨粮食中维生素和产生热卡的数据，作为给人、畜粮食定量分配的重要依据。为了备战备荒，他们还组织科技力量专门研究江苏、浙江民间"蒸谷米"的办法，以节省和储存粮食，与饥饿作斗争可谓用心良苦。

在统购统销的粮食制度下，政府部门的工作十分艰巨复杂，这时，中国农村一些发生灾情的地区迫切需要解决吃饭问题。1953年3月，粮食部召开党组扩大会议，将报告由粮食部副部长范式人向新中国第一任财政部部长、财委副主任薄一波呈交：

1.抓紧时间调运粮食，将不机动的调到交通沿线，供支前、灾区、经济作物区使用。

2.将难运和死角粮不惜工本调出到交通沿线，抓住调运解决供应。

3.必须注意国家储备与灾情问题，现在没有储备，将来有灾情即不得了。

没过几天，黄静波由于夜以继日地工作，长期过度疲劳，虽然当时只有32岁，却患了严重的神经衰弱症，不得不离职治疗。他在日记中记载了患病的过程：

病症发生在1953年3月间的一个中午，当时我是较长时间没有进行应有的休息，直到这个中午饭后仍在阅读公文。突然在左大小脑之间有发热的感觉，而且感到心智缭乱、坐卧不宁，性情烦躁。嗣后到5月下旬又患急性阑尾炎，午夜进入北京医院手术。手术后又引起失眠症与消化困难、腹胀症，同时，脑痛也未痊愈，三症交集，导致身体孱弱无力。

此时的黄静波已经病得无法再工作下去，只得来到青岛疗养院养病。在疗养院，黄静波仍然怀着迫切的心情想要养好病，在体力活动上，每日要散步十几里地，经常爬山，每天天不亮就到野外活动，到上午9点才回来，无论四季，不畏风霜雨雪。此外，他还拜师学习武术，练习舞铁棍、舞刀、舞枪；在文娱活动方面，积极学习弹钢琴、拉胡琴、写毛笔字、唱京戏等。

直至1955年，黄静波的病才基本好转，这期间耽误的工作，于公于私都是巨大损失。黄静波从这件事也认识到，"身体健康才是革命的本钱"，自己已经不再是35岁以前的健康状况了。

1955年回到北京后，黄静波分管粮食部财会司、调运司、计划司、加工局，虽然大病初愈，但他仍拿出百倍的精神落实每件事，在筹备第一次全国粮食先进单位、先进个人会议时，事无巨细，亲力亲为。2009年11月，黄静波当年的秘书谢乙民在西安回忆了这件事：

> 会议是在西苑旅社（今天的西苑宾馆）召开的，会议结束前一天，上边通知：中央领导第二天来接见会议代表。黄副部长是大会的秘书长，他召集会务组、总务组开会，就有关问题、出发时间、分组编队、着装、交通等一项项分工落实。他问分管调配的司长："车辆准备好了没有？"司长回答准备齐了。他还是不放心，半夜又赶到西苑宾馆检查，结果发现车辆问题并没有落实。毛主席和中央领导同志接见会议代表，这是大家一致要求和盼望的，这样的大事怎么如此不负责任？黄副部长十分生气，当即就把负责人找来，按人头把车辆定够了，才回去休息。像这样的事就有好几回。①

在给黄静波做秘书的这段时间里，谢乙民感到很受益，到现在他还记得黄静波第一次跟他谈话时告之要注意的两点："第一，待人接物，

---

① 参见黄少南：《黄静波与秘书工作》，《秘书理论与实践》，2010年第8期。

特别是基层同志，他来一次北京不易，要见部长更不易，如不热情，会使人家心凉、难受；第二，工作上大胆干，该怎么做，有什么想法大胆说，大胆改，不要缩手缩脚，你改后不是还要找我过目么。"黄静波是这样告诫别人的，也是这样要求自己的，谢乙民回忆：

> 当时南方有个省的一个粮食部门职工，来北京给孩子看病，住在粮食部的招待所里。住的时间长了，单位钱寄得不及时，招待所就要赶他走。这个职工来到部里反映这件事，正好找到黄副部长，黄当即就找到办公厅副主任。说："基层来的同志，是咱们粮食系统的职工，有困难要帮助解决。"过后他又问这个主任落实了没有，主任称落实了，黄部长还是不放心，亲自到招待所查问，结果得知没落实。黄副部长就让我把上访职工的讲述写成材料报党组，同时将他接见的记录分送党组各成员。大家一看黄副部长抓这类事这么认真，不敢再疏忽了。

1957 年冬季，在广大人民群众迫切要求尽快改变经济落后状况的愿望下，全国范围掀起以兴修水利为中心的冬季农业生产高潮。1958 年 5 月召开的八大二次会议，正式提出"鼓足干劲，力争上游，多快好省地建设社会主义"的总路线，极大地激发了全国人民社会主义建设热情。

1958 年 7 月，黄静波完成了"浙江省温州专区的群众向政府公开他们的节余储备粮食情况"的调查汇报材料。这年的五六月份，温州专区开展了一项农民节余粮展览活动。农民能够有"余粮"，并勇于拿出"展览"，这在当时的确是一个新闻。在办展览之前，温州农民的交粮态度和其他地方没什么区别。

云和县全县 192 个农业社中，1958 年有 48 个社都闹过粮食，有的公开罢工，不生产，有的外逃到福建一带；地委工作组 3 个同志，去谈县高胥农业社工作，住在村支书家里，第一天给工作组吃烂菜，第二天给吃番茄叶，第三天说没吃的了，他们却吃起大米饭来了。

出现上述现象，主要存在这样的思想问题：他们认为不喊缺粮就会被调查，被戴上资本主义的帽子；原来得过特粮的，怕国家不给；怕国家增加统计任务；怕节余粮被国家没收。

针对这一现象，政府采取了五项措施，包括大力开展政治思想工作，召开现场会议，评比、奖励等，而其中最为抢眼的一条是，深入宣传粮食包干制：根据生产发展情况，制定粮食包干任务；粮食包干数字，五年不变，增产不增加交粮任务；正式发给农业社包干证书；正确处理好国家、农业社、社员三者的关系。

这样一来，社员们普遍反映：道理讲透了，政策讲清了，再不解放思想，怎么对得起共产党！

正是包干制这一关键性的措施，得到了农民的认同，使他们敢于公开展示自己的余粮。"包干制"这一词，汉语词典是这样解释的："1.我国在革命战争时期和解放初期实行的一种关于干部生活待遇的制度。每人每月除按一定标准供给伙食外，再发给若干实物或货币。2.泛指对某一范围的工作负责到底，损益均由自己承担的办法。"

在黄静波调查报告中，浙江温州的"包干制"实际效果都不错，但试行期很短。

三年困难时期 "饿梦"中的温饱

1959—1961年，在中国历史上被称作"三年困难时期"。

1959年4月24日—1962年9月，黄静波调陕西任副省长，分管政府财贸工作，与家乡百姓共度时艰。

在1958年，黄静波还担任粮食部副部长时就了解到，有些地方因为缺粮食造成饥荒，出现群众请愿的现象，所以到达陕西后，他对粮食问题特别关注。

和以往一样，黄静波又是从民生调查入手的。

1959 年 8 月，黄静波赴韩城、大荔县对粮棉生产、节约粮食、储备干菜等情况进行调查。了解到两县在抗旱、增产节约中好的做法和生动事例：大荔县粮食分配，全面实行以人定量，分配到户，节约归己的制度。伯士公社五里铺队 37 户，有计划吃粮的占 40%，羌白公社提出每人节约粮食 10 斤，有不少每月吃粮 24—25 斤。韩城县开展种菜运动，提倡每户储干菜 100 斤。此后的两个月里，黄静波又到陇县调查了夏收、市场供应、增产节约情况，宝鸡的秋田管理、秋收工作。当时的秋田管理和增产节约和现在的内容不尽相同，是一种相当繁杂、耗时耗力的工作。在黄静波《关于陇县调查情况的报告》中这样写到：

秋田管理：……经过月余奋战……组织收秋小组 2004 个，参加 12481 人，搭卷棚 6852 个，田间扎草人 15800 个，打死害鸟害

1959 年 4 月，黄静波调陕西省任副省长，分管财贸，10 月，国务院在济南召开北方十省市财贸书记会议，黄静波参会发言的经验受到重视。1960 年 1 月，陕西省召开节约粮食先进集体先进个人会议，国务院通知全国粮食部门领导都来参加，并向陕西财贸颁发锦旗。图为黄静波在节约粮食会议上讲话

虫 9049 双，同时组织了防雹小组 267 个，制造火药 2.2 万余斤，架土炮 2239 门，积极展开了与冰雹的斗争，经过一系列的努力，虽然 7 万多亩秋田遭受冰雹伤害，部分秋田受短期干旱威胁，但是秋田仍获大丰收。据测平均亩产可达 170 斤。

增产节约：全县已种秋菜 21385 亩，平均每人一分多，晒干菜 97.6 万斤，吃粮合菜和吃黑面已成为节约风尚，每人每月可省口粮 2 斤左右。据不完全统计节约粮食 52 万多斤。

在这样的日子里，黄静波感到仿佛又回到了 20 世纪三四十年代，那种干群互助的鱼水之情。孙雪花，陕西大荔县苏村公社宋家大队社员，省妇女先进工作者，节约粮食模范。她在"文革"中，对来调查黄静波的人说：

我看到他那个省长，跟别人不一样，没见过像他那样平易可亲的省长。我到他家里去串过门，从来没嫌我们受苦人脏，把我们当成亲人招待。我有一回去还碰见他自己补鞋子。那几年没粮吃，大家都饿得慌，好多人浮肿，不能干活，有些学校因为饥饿都停了课。要渡难关，一是要增产，二是靠节约，黄静波副省长抓节粮可用了不少心思。那时还是大食堂，黄副省长在我们队宣传节约的意义，推广"增量法"的做饭技术，帮助生产队合理安排生产和社员生活，硬度过了最困难的年头。他自己也是按定量吃饭，跟我们乡下人没两样。

"粮食增量法"让每一个受益的老百姓都记忆犹新。它到底是一种什么技术呢？其实早在陕甘宁边区任粮食局局长的时候，黄静波就对煮"软饭"技术有一定掌握，得知其对节约用米的作用；在国家粮食部工作时，黄静波进一步接触了有关专家参与的改进粮食烹饪的方法，得到一些增加吸收率，节约粮食的经验，他希望能在陕西也得到同样的收效。

"增量法"的科学性有多大，黄静波心里没底。他对机关的同志讲，搞"增量法"是为了解决群众吃饱肚子，绝不能损害人民的健康。

他在第二医学院、西北医学院、防疫站及工厂食堂先搞试点。每个单位挑选身体健康且没有肠胃病的分成两组。一个组按传统的做饭方法，一个组吃新法做的饭，两个灶统一伙食标准，统一粮食品种（大米、玉米、小米、麦），统一计量，由就餐人员中推举出的人进行监督，十天为一期，中间做一次体验。再由医学院教授、防疫站、研究所专家作物化试验，从含糖量、蛋白质、热量、出饭率、吸收率，进行化验、分析、对比，分别作出专题报告。

黄静波到各实验单位进行座谈，向就餐人员了解饭的口感和耐饥程度。他的要求是在保证吃饱吃好的原则下厉行节约，在保证质量的前提下提高出饭率、出粉率、出米率。实验证明新法做饭在不破坏营养的情况下，其他指标都比传统做饭有提高，陕西省政府从水温、气温、粮种、工具、时间等方面总结出一套新法做饭的技术，称其为"粮食增量法"。

该法开始在全社会推广后，政府又制定"节约粮食归己，国家不减少供应，不统购，不调剂"的政策，鼓励节约粮食。一方面，从节约粮食入手，另一方面，在征购粮食上又不能过于苛刻。黄静波坚决贯彻执行中央《关于粮油购销工作和农村人民公社粮食安排问题的报告》和"以丰补歉"的方针，特别强调坚持实事求是的原则，因为在灾年，粮食征购工作关系到人民的疾苦，甚至生命安危。

每年征购粮食，省里征粮指标下达之前，他都亲自约见贫困地区的负责人，对他们讲上报的数字如果偏高，允许实事求是地更改；还要求粮食厅对各地上报的产量进行核实。

在农产品收购旺季时，他常彻夜不眠，两三点钟还在用电话同各县联系。"实事求是"，在某些时候是一个普通人做人的标准，而在某些时候，达到这个标准却要付出巨大代价。尽管如此，在这三年时间里，陕西省农产品收购计划完成较好，名列全国前几名。

按照"以丰补歉"的方针，科学调配粮食也是重要的救灾手段。那两年陕西只有关中地区粮食丰收，群众存粮较多，而陕北的榆林、陕南的安康是重灾区。

安康地委领导搞浮夸，硬是不如实报粮食情况，给救济粮也不要。黄静波向省里领导建议，从关中多征了3亿斤粮食，给榆林调了一些，支援北京一部分，支援甘肃灾区6000万斤，又从北运的粮食中留下4000万斤存放在与安康紧邻的西乡县，以备安康急需。

黄静波的建议得到省长赵伯平的支持、省委张德生书记的批准。1960年春大旱，安康出现饿死人现象，因救援及时，灾情很快得到控制。三年困难时期，陕西是饿死人最少的省份之一。

1959年12月7日，陕西省提前超额完成农产品收购任务。8日，国务院在济南召开十省（市）财贸书记会议。黄静波汇报陕西省农产品收购工作情况，陕西省征购工作的做法、经验，得到国务院表扬。

在会上，黄静波带去的按"增量法"做出的馒头给开会的同志吃，反应热烈，山西省副省长打电话给省里，要到陕西学习。

1960年1月，陕西省召开节约粮食先进单位先进个人代表会议。国务院通知各省（市）粮食厅、局长参加这次会议。这在陕西是有史以来第一次召开全国性的经验交流会议，陕西的财贸工作荣获国务院财贸办锦旗。在会议上，陕西省委号召各级党政组织今后要做好这样几项工作：

一、大力推广节约粮食经验，实行"五办"，即办展览会、办节约食堂、办试验站、办培训班等。

二、大闹技术革命，革新做饭和加工技术，同时还要掌握操作技术，了解粮食品种、使用灶具、气候变化、气温高低等。初步估算，仅革新做饭技术，一年就可以节约粮食20亿斤左右，是不动一锄一犁的大丰收。

三、大力开辟新粮源和新油源。全省经初步匡算，仅苞谷穗、苞叶、苞谷芯、豆荚、橡子、蕨根、蒿根六种植物，若能全部利用提制淀粉，一年就可折合粮食10亿斤左右。

四、大力改革炊事用具，争取全省农村所有的公共食堂，及早地实现炊事用具的半机械化和机械化。

五、积极培训炊事、管理人员，继续采用办短期训练班的办法。

黄静波要求，从贫困地区征购的粮食要就地入库，以防不测。1960年发生了春荒，由于就地开仓救急，赢得了时间，使事态没有扩大。当时，不仅种植粮的农民吃粮困难，能吃到定量供粮的城市职工同样难以饱腹，饥饿致死甚至威胁到生产重点单位。一一五厂是从天津迁到陕西

黄静波在市民家了解吃粮情况

的大型电机、电器辅件厂。困难时期，由于副食品奇缺，主食定量偏低，职工出现了营养不良的浮肿病，波及的人数不断上升，无法控制，生产线连连减员。万般无奈下，厂党委副书记任仲儒向省委、省政府汇报了这个情况。

接待他的是黄静波副省长。黄静波对工厂的生产十分重视，当即约了粮食厅、商业厅的领导来商量解决办法。那时的困难是全局性的，两位厅长一致表示难度大，省里物资有限，支配物资的权限中央有关部门有明文规定。

黄静波说："仲儒他们工厂从天津迁到这里，人地两生，我们不管，工厂可就无路可走了。"最后决定给解决三吨糖、两吨黄豆去救急。就这样，浮肿病人喝上了豆浆、吃上了豆腐和糖馒头，浮肿病得到一定控制。工厂职工得知上级党和政府为工厂分忧，为职工解难，提高了出勤率，上下一心艰苦奋斗，工厂的生产和科研任务如期完成，有力地保证了建设的需要。黄静波又亲自到一一五厂进行了深入调查，之后向省委、省政府作了汇报，省委、省政府就关心职工生活问题发出了指示，取得了良好的效果。

工作的重负和精神的长期紧张使黄静波再一次病倒了。1961年，黄静波患病离职休养治疗。

在河南七里营社教队里

1961年1月，八届九中全会正式决定对国民经济实行"调整、巩固、充实、提高"的八字方针，国民经济开始转入调整的新轨道。到1962年底，国民经济形势开始好转，农业生产开始回升，国家财政实现收支平衡。

然而，中苏之间的分歧扩大，苏共领导人、苏联报刊连篇累牍地发表公开信，攻击中国党和其他一些党，在外交上推行霸权主义。中国也大力批判"赫鲁晓夫修正主义",以及美帝国主义和各国反动派对中国的威胁。八届十中全会后,针对农村干部中存在的多吃多占、账目不清等现象,开展社会主义教育运动。1963 年,借鉴河北保定"清账目、清仓库、清工分、清财物"的"四清"经验,又开始全国推行"四清",让干部和群众"洗手洗澡"。这次运动,虽然对于解决干部作风和经济管理等方面的问题起了一定作用,但没过多久,运动的重点就发展为"整党内那些走资本主义道路的当权派"。

1962 年,黄静波进中央党校学习班。1964 年,黄静波到河南省新乡市七里营公社进行社会主义教育("四清")运动。七里营公社是个模范公社,1958 年毛泽东还曾经来视察过。

黄静波与贫下中农同吃同住同劳动,关心群众疾苦,为被错批的社队干部主持正义,自己患重病仍坚持在农村工作。

他还带领社员搞"小秋收",在已摘过的田里又捡回千余斤棉花,这个经验后来在河南全省推广。

关于黄静波在河南的"四清"工作的情况,我们仍然是从"文革"期间的调查报告中得来的。当时的社员杨发举、宋明考这样回忆:

> 老黄在俺庄搞"四清"(即社会主义教育),做的好事多得很。就说那年捡棉花吧,已经搞得够干净了,老黄自个又到地里去转悠,下手搞实验,发动社员重新摘棉花,又多捡出一千多斤,社员每人多分半斤,大队增收近千元。从此俺大队把旧俗改了,年年都按老黄留下的规矩办。

在今天看来,"捡棉花"似乎跟"社会主义教育"关系不大,然而它又绝不是"资本主义教育",黄静波朴实而又明智的做法既无愧于心,又赢得了群众拥护。"文革"时任河南省委书记的刘建勋回忆:

> 我也是陕西人,跟黄静波是同乡,还是在陕甘宁边区的时候,

就听说过这个名字。他是很有工作能力的一个年轻干部，但是我们接触的机会很少。他来河南搞社教，在几次汇报会上，不少人提到过黄静波的事，一件是他在一个最穷的小队蹲点，亲自摘棉花，发动了群众；又在捡过的棉花地里重新捡回千余斤棉花，这件事在河南推广了，起的作用大着哪，河南是国家主要产棉区，你们想想这能给国家增收多少？

尤为感人的是社员夏有平讲的一段往事，1967年的隆冬季节，听说有人来调查黄静波，七里庄的社员纷纷赶来踊跃发言，生产小队长夏有平激动地说：

俺怀里的这个娃叫小勤，就是黄静波救了他的命。那年，这娃刚生下还不到两个月就得了病。俺家穷，没钱给治病，到大队借钱，大队也没钱，眼看孩子危险，大伙都着急。老黄在俺队蹲点时他化名叫黄勤，俺们只知道他是中央党校来的，带领社员在地里干活。他听社员们说起这件事，就急急给我送来20元钱，说赶快送孩子去医院，治病要紧。这娃得救了，我们为了纪念老黄：就给孩子起名叫小勤。多亏毛主席他老人家教导得好，好干部老黄救活娃的命。

在20世纪60年代初，老百姓消费通常是以"分"计算的，在农村，20元更算得上是一大笔钱。小勤是幸运的，如果再多遇到几个小勤这样得病的孩子，黄静波恐怕也是无能为力了。黄静波当时也没有想到，这样纯乎于心的友善，会令老乡如此感恩，在他身陷困境时仍能仗义执言。

1965年10月，黄静波从党校毕业，被下放到辽宁省抚顺矿务局西露天矿任副矿长。

为什么被"下放"当副矿长？恐怕和他是土生土长的西北干部有着

难以言说的潜在因素有关。

1962年，刘志丹的弟弟刘景范之妻李建彤，撰写了小说《刘志丹》，作者请当年担任过陕甘苏维埃政府主席、时任国务院副总理的习仲勋审阅了小说稿，然后在《工人日报》开始连载。康生知道后却武断地说："我一看小说就完全是为高岗翻案的。"

高岗，陕西横山人。1926年加入中国共产党，曾任二十六军政委，西北军委副主席，红十五军团政治部主任。历任陕甘宁边区保安司令员，边区参政会议长，陕甘宁边区党委第一书记、中共中央西北局书记，陕甘宁晋绥联防军代政委。1945年被选为中共第七届中央委员、中央政治局委员。解放战争时期，曾任北满军区司令员，东北局副书记兼秘书长，东北军区司令员兼政委，东北人民政府主席，中共中央东北局书记。新中国成立后，任中央人民政府副主席，国家计委主席。1954年，中共七届四中全会揭露和批判了他与饶漱石一起反对刘少奇等反党活动。同年8月，高岗自杀身亡。1955年3月，中共全国代表会议通过《关于高岗、饶漱石反党联盟的决议》，将其开除出党。在1962年的八届十中全会上，又出现了批判彭德怀的所谓"翻案风"，刘少奇提出不能平反的理由，毛泽东认为这是搞翻案活动，不能给他平反。康生写了一张纸条递给毛泽东："利用小说进行反党活动，是一大发明。"毛泽东在会上念了这张纸条。

在康生的煽动下，会议在批判彭德怀的过程中对小说《刘志丹》也展开了批判。他们给《刘志丹》一书罗织了四大罪状：一、书中人物罗炎基本上是高岗，是为高岗翻案；二、刘志丹搞武装斗争，做农民工作，建立根据地，是剽窃毛泽东思想；三、书中把陕北写得太好，是与中央苏区分庭抗礼；四、小说中的人物许钟就是习仲勋，是为习仲勋篡党制造舆论。

把习仲勋、贾拓夫、刘景范打成了"反党集团"，而且还升级为"彭（德怀）、高（岗）、习（仲勋）反党集团""西北反党集团"，说小说就是他们的"反党纲领"。

在专案审查的过程中，康生利用手中之权借机大整一批党政军干部。他也曾公开说过："打这本书，就是为打西北山头。"西北五省大批省级干部曾被调到北京"学习"，许多人被诬陷为"习仲勋反党集团"的成员，在党校学习后，许多人被下放到工厂、矿山。

黄静波是西北成长起来的干部，他被下放，也就可以理解了。

第 六 章

能上能下　副省长当了副矿长

抚顺西露天矿的好矿长

1965 年 10 月，黄静波从中共党校分配
至辽宁省抚顺市矿务局西露天矿任副矿长

1965 年 10 月，这时中国的政治局势已经是"山雨欲来风满楼"，从批吴晗的"海瑞罢官"到批邓拓、吴晗、廖沫沙"三家村"，再到揪出彭真、罗瑞卿、陆定一、杨尚昆，预示着一场无法预测的政治风暴即将来临。正是这时，黄静波从党校毕业，被分配到辽宁省抚顺矿务局西露天矿任副矿长。

从副省长到副矿长，在巨大的落差中，黄静波并没有感到"一落千丈"的眩晕和痛苦，因为他的双脚始终都站在土地上，仍像当年那个刚刚投奔革命的农家少年，满是憧憬和热情；沧桑给他留下的印迹，唯有敏锐的辨别力和愈发分明的好恶之心。

黄静波甚至感谢给他一次当矿长的机会。做一个好矿长自然是义不容辞。但他没有想到，在矿长的这盘棋上也是招招凶险。在当时，龙凤矿、老虎台矿、西露天矿都是辽宁省抚顺矿务局下属矿，老百姓有句顺口溜叫"骑龙跨虎不敢上西天"，西露天矿为什么这么让人畏惧？莫非这里有妖魔鬼怪吗？

1966年1月，黄静波在经过两个月的实际调查学习后发现，这里妖魔没有，倒是人心有鬼。西露天矿，虽然已搞过"社会主义教育"，但对于一些领导干部来说，他们的思想并未有受到触动，作风霸道，任人唯亲，当官做老爷，无视群众疾苦，严重的官僚主义作风引起广大职工的不满，群众的劳动热情受到压抑。

不久，西露天矿开会讨论落实上级"学大庆，打翻身仗"的号召。黄静波根据两个月来在基层调查学习了解到的情况，提出了三条建议：

1. 要发扬民主，充分调动群众积极性。

2. 对工作中的问题应强调领导多承担责任，不要总是指责群众。

3. 有的领导说工人调皮捣蛋，无理取闹。个别工人可能无理取闹，但对大多数工人来说，不能这样讲。工人是主人，我们是勤务员，怎么能这样对待工人？如果工人都调皮捣蛋，靠什么打翻身仗？抚顺的工人阶级有着光荣的革命传统，毛主席亲自来这里视察过，这里又是雷锋精神的故乡，全国都在学习雷锋，我们一些领导干部怎么能这样对待群众？

黄静波的发言，在露天矿的群众中产生了强烈的反响，大伙窃窃私语，"新来的副矿长和他们不一样啊"。

群众和他的距离迅速拉近了。有实际困难的，遭受冤屈、迫害的都愿找黄静波倾诉、商量。

黄静波是管生活的副矿长，他将工人反映的问题及时向党委汇报，同时提出解决问题的个人建议，却常常遭到当权者的拒绝和嘲讽，"黄大善人，好人都让你去当了"，还有人说"你这样做，不符合党的政策"。

黄静波反问道："我们党的干部对群众的切身利益难道能不管不顾吗？关心群众利益，为群众服务，这是我们党本质的表现，对人民群众疾苦无动于衷，还算是共产党员吗？"

黄静波无法忘记，那么多的革命者为了"穷人"翻身解放"虽九死犹未悔"，在延安时，谢觉哉同志语重心长的教诲也言犹在耳："领导、党员应该注重群众利益，为群众服务。必须重视有关群众利益的每一件小事，乃至为人所忽视的小事。"

如今，这里有的领导干部居然以"党的政策"反唇相讥，黄静波真的想不出应该怎样"帮助"这样的干部，只能在力所能及的情况下帮群众排忧解难。在这样人际关系的险境中，黄静波感到自己并不孤单。

老工人魏井祥，困难时期被下放回山东农村，在送他回原籍的途中，矿里负责下放的同志将魏井祥的户籍关系、下放证明等全部丢失。户口在当时的中国是极其重要的东西，魏井祥回到农村，由于没有户口分不到地，后来实在生活不下去，于 1963 年 10 月回到矿上，矿里不但不给解决，反而将他送到市盲流收容所。

黄静波到西露天后，魏井祥找到黄静波。黄静波设法将他安置到抚顺县哈达公社落户。一个工人，退休后想成为农民，这愿望不仅没有实现，反而落到"盲流"的境地，而黄静波为他做的事，仅仅是让他回到农民的位置，然而这又不仅仅是确定了身份这么一个简单的结果，它关系到一个老工人的生存问题。

还有一位叫郑尔锦的工人遭遇更为不幸，他的妻子李绍兰哭着向黄静波述说了事情的来由：

郑尔锦是深部坑工人，1958 年"夺煤大战"中腰部被砸伤，丧失了劳动力。1961年困难时期，矿厂才把他作为下放人员强行迁回老家山东。郑尔锦不能参加农业生产，有病，孩子又小，还有老母亲，在农村勉强待了三年，1965年又回到矿上。他还记得下放时矿领导说："如果农村实在不行了，还可回矿，矿里能管"，现在真的回来了，矿里不管了，把我们一家推到深部坑去解决。深部坑无权安置他的工作，又不能不管，只好将我们一家暂时安置在仓库里住下，救济我们一些粮食。转眼冬天来了，为了过冬，我到吉林找老乡求助。

就在我去吉林这当口，深部坑来了一批参观团。深部坑的领导怕老郑穿得破破烂烂的形象造成不好影响，就将他锁在仓库里。参观的人走了，领导们也忘了老郑被锁在仓库里。第二天开门时，他已上吊自尽了。

一个负了工伤的工人，又因丧失劳动力而被强行"下放"，最后由因"形象不好"被限制人身自由，遭遇了这么多不公平的待遇，境遇又如此凄惨，难怪郑尔锦最终决定不再活下去。

黄静波听了李绍兰的述说，气愤地说："深部坑都害死人了，怎么还不给解决。"为死去的人解决问题实在是难上加难了，而活着的人还在等待着援助。最终，在黄静波的努力下，李绍兰被安置在五老屯居住，还在街道上找到了一份临时工作。

1967年1月，周恩来总理接见来京上访的抚顺工人代表，李绍兰哭述了自己的不幸。总理对李绍兰说："你心情不好，不要说了，明天我找个女同志和你谈。"1月5日，总理派车将李绍兰接到中南海，邓颖超同志接待了她。这件事让抚顺来京上访的工人十分感动。

对于一个管理制度千疮百孔的大型厂矿企业，黄静波深深感到力不从心，令他感到棘手的问题不仅是工人受到的不公正待遇，还有管理层僵化的官僚作风。

群众有难事，首先想到的是黄副矿长。

这天，矿里正在开大会，采掘工人贾福祥脸色蜡黄，冒着冷汗对他说："黄矿长，我肚子疼得不行，可是，医院里值班医生都在这开会呢……"

黄静波立即在会场找到矿医院院长，要他通知值班医生回门诊治病。院长问了一下贾福祥的情况，结果说："又不是什么大病，等一会怕什么。"

贾福祥没看成病回家去了，第二天，拉痢疾，发烧，病情加重了，马上赶到了矿医院。黄静波知道时，矿医院已治不了了，于是他立即联系局医院派救护车来，把贾福祥转到矿局医院去；这时，他又担心在路上贾的病情严重，一边又派车让医生同去；同时，他又想到病人的家属还不知道这种情况，就又派了一辆车去接贾福祥的妻子。

虽然黄静波对紧急事件处理得非常果断周到，可是贾福祥还是没有抢救过来。

这个沉痛的教训，让黄静波心里十分不安。然而对这一严重的过失不仅没人过问，有些人反而指责黄静波"为一个工人动用三辆汽车，太浪费了"。

黄静波顾不上去听别人的风凉话，他抓住这件事，开始对医院进行整顿，组织医护人员学习毛主席著作，开民主生活会，总结经验教训。他对医务人员讲："把毛主席的语录'救死扶伤，实行革命的人道主义'贴在墙上，可又不按毛主席的教导做，光搞形式，是要害死人的！"随后，黄静波让医院组织了一个抢救小组，规定不管什么人，来医院就医就都要一视同仁，危重病人要全力抢救。

不久，老工人魏东宝来看病，查出患的是白血病，马上给输血，抢救了三天三夜，终于救活了。

魏东宝全家来感谢黄静波的救命之恩。黄静波说："这不是我的功劳，应该感谢医院，是他们全体人员日夜连续奋战，才把你抢救过来。"

越是扎根于群众，就越是和群众血脉相连。在西露天矿，黄静波在工人的心目中是一个没有官气、秉性正直、待人随和的人。

下雨天，他带着机关后勤人员到职工住宅区，将低洼地里的水排出去；道路泥泞难走，他发动大家填土铺砖。为了机关职工吃好，他亲自到厨房帮厨，开饭了，他又总是排在队伍的后头；菜不够了，他就买咸菜就着馒头吃。

退休孤身老工人邢绍田，由于长年患病，身体虚弱，一次在厕所两脚无力滑了一下摔倒了。后来邢绍田说："幸亏黄矿长进来看到了，二话没说就把我背起来，一直背到宿舍。又跑去找来医生给我检查，一个七级大干部呀，岁数也不小了，对咱这样好。"邢绍田老人逢人就说，一说就激动。最后总是那句话："好人哪，真是共产党、毛主席的好干部。"

黄静波和群众亲密无间的关系，被某些人看着就不舒服，"正直之行，邪恶所憎"，心胸坦荡、对人从不设防的黄静波，对渐渐逼近的厄运却毫无警觉。秩序混乱的年代，也是挟私报复的大好时机，在中伤和陷害就能很轻易地置人于死地时，人性中最恶的一面即被激发出来。

在忘了本的干部眼里，为群众着想就是错的。在干坏事的人眼里做好事就是傻瓜。在凌驾百姓头上做官当老爷这些人眼里，为人民服务就是和党闹对立，因为他们把自己和人民对立起来。因此黄静波就是他们眼中的怪人、傻人、坏人，运动一来，这些老"运动员"整人是必然，整黄静波也是必然的。

伤痕十年不自伤

1965 年 11 月，上海《文汇报》发表的姚文元《评新编历史剧〈海瑞罢官〉》一文，是引发"文化大革命"的导火线。文章点名批判北京市副市长吴晗。"《海瑞罢官》的要害问题是'罢官'"，这使对《海瑞罢官》的批判带上了严重的政治色彩。

为了在全国发动"文化大革命"，中央政治局召开扩大会议，于 5

月 16 日发布"五一六通知",指出:"混进党里、政府里、军队里和各种文化界的资产阶级代表人物,是一批反革命的修正主义分子,一旦时机成熟,他们就会要夺取政权,由无产阶级专政变为资产阶级专政。"会议成立"中央文革小组",康生是顾问,陈伯达是组长,江青是副组长,还有王力、关锋、戚本禹、王任重、林杰等人。

6 月 1 日,《人民日报》发表社论"横扫一切牛鬼蛇神",从这一天起,连续发表社论,把毛泽东起草的指导"文化大革命"的纲领性文件《中国共产党中央委员会通知》(即"五一六通知")的内容推向全国,一场"文化大革命"就这样发动起来了。

1966 年 6 月上旬,西露天矿党委召开秘密会议,提出"我们矿里一个最大的走资本主义道路的当权派,就是黄静波。"会上专门成立了一个办公室,分工开始整理黄静波的材料。保卫科整理黄静波怕死的材料、怕战争的材料;工资科搜集黄静波工作中的材料;干部科整理黄静波诬蔑煤都的言论……搜集的结果是收效甚微,然而欲加之罪,何患无辞。于是,诬陷、造谣,甚至是"莫须有"的罪名都冠冕堂皇地出现了。

6 月 26 日,批判黄静波的大字报在机关开始张贴出来,把黄静波打成反党、反社会主义、反毛泽东思想的"三反分子"。依据是黄静波对林彪提出的"毛泽东思想是马列主义当代的顶峰"和"主席的话,句句是真理,一句顶一万句"这两句话所加的批语。

"文革"的特点之一就是搞个人崇拜,毛泽东思想往往被"斗争"双方所利用,断章取义,小题大做,或者成为加害于人的工具。

黄静波的"罪证"是怎么来的呢?他为什么会反对林彪呢?原来,黄静波在一份文件中看到林彪的两段话,还在旁边作了批注。

一段是"毛泽东思想是当代马列主义的顶峰"。黄静波在旁边写道:"毛泽东思想不仅当代还在发展,而且在今后漫长的历史里,还要不断地发展,'顶峰'就是不再发展了,这是不对的。"

另一段是"毛主席的话,句句是真理,一句顶一万句"。黄静波的批语是:"毛主席的话是广义的,所以不能用数量计算、解释。'一句顶一万句'的理论，是用数量限制了毛主席思想，这是错误的。"

这段很平常的阅读感受，被正在绞尽脑汁要加害他的人看到后欣喜若狂，于是悄悄地从黄静波的办公桌上拿走了文件，成了他"三反"的罪证。

为什么官僚作风严重的人、打击诬陷工人的人不批评，专整来矿工作仅半年多的黄静波？群众向党委提出质疑。职工家属们真名真姓地写出大字报，"说说我们的好矿长""黄静波是好干部""不要把好人当坏人"，针锋相对地进行反驳。

1966年10月，西露天矿工人贴出"好坏矿长对比"等大字报，为黄静波辩护。工人们十分清楚矿党委采取断章取义、歪曲事实、假造罪名等手段，炮制了黑材料、大字报、传单，蒙骗群众。例如：

> 1. 黄静波在矿医院说，把毛主席的语录"救死扶伤，实行革命的人道主义"贴在墙上而不按毛主席的教导去做，当作形式，是错误的。把这段话篡改为黄静波说："毛主席语录是形式主义"。
>
> 2. 矿医院有些人对来看病的工人、家属不积极治疗，有些病人因延误治疗死了；老工人魏东宝病危，黄静波组织医务人员抢救。他们说这是黄静波的"活命哲学"。
>
> 3. 独身老工人邢绍田病倒在公厕，黄静波把他背送到家，并派人去给他治病。这成了黄静波向工人施小恩小惠的罪证。

像如此颠倒黑白、混淆是非，以至无中生有、捕风捉影的事后来更是层出不穷。

这样的丑恶行径引起了众怒。1966年11月，东北已经寒风刺骨，而西露天矿工人的心却在怒海中翻腾。古城俱乐部门前搭了两个"辩论"台子，矿党委和群众各据一边，市里领导也来了。一个人是否有罪要靠企业领导和职工辩论来决定，虽然这是个很荒谬的现象，但它还是发生了。

辩论的焦点是黄静波是不是"三反分子"。到了晚上九点钟，辩论陷入僵局。群众说："既然市委批准黄静波是'三反分子'八条罪状，就公布出来，让我们看。党委却不给我们看，还转移了材料。这时有的群众说：抚顺解决不了，那就上省委、东北局。"

这样，当晚矿里就有七八百名工人到了位于沈阳市的东北局。工人们以为天在最黑的时候就离黎明不远了，这么多的人掌握并证实着真相，怎么竟然能被几个人的凭空污蔑就掩盖了呢？

工人们并没有想到，有时人多力量大，而有时人多并不能保护一个人，反而会令对方深感恐惧、加倍反扑，并给焦点人物戴上"聚众闹事"的帽子。很快，几百人去上访，矿党委把破坏生产的罪名嫁祸给了黄静波。身正不怕影斜，如果实地调查能够作为判定是非的重要依据，对黄静波显然是十分有利的。选矿厂团支部书记徐忠友、老工人孙满堂、干部鲁波，为了揭开这一团团迷雾，受广大群众委托，调查黄静波历史。

几个人不辞劳苦跑了大半年，跑了大半个中国，他们了解了黄静波的历史，历史告诉了他们一个真实的黄静波。黄静波不论官大官小，始终保持共产党人的本色，忠实地为人民，在哪个地方、哪个岗位，都能廉洁勤政、一心为公，在群众中留下了好的口碑。黄静波甘为公仆的思想，来自他的人民情结，更是建立在马克思辩证唯物主义基础的无产阶级革命家无一不是甘为孺子牛的。我们党的领袖毛泽东、朱德、刘少奇、周恩来、陈云，黄静波的老首长、老领导彭德怀、贺龙、习仲勋、王震、林伯渠、谢觉哉、刘景范、袁任远等，这些人不仅对他有影响，更是他的榜样。

调查组的人并非"钢铁战士"，他们心里很清楚这些负面材料说明了一个什么问题，这不是一个老干部的耻辱史，而是他的辛酸史。在调查的路上奔跑，他们的心却时时惦念着远在抚顺的黄静波。

黄静波因此被北京市公安局拘捕。公安来调查枪的问题时，得知枪有市委证明，最后还是以"顶峰"、"万句"、操纵群众上访等罪名把黄静波逮捕了，在北京南苑关押一个月，之后辽宁省公安厅又派人押送到辽宁，移交抚顺市公安局。

一场正邪大战以邪恶占领上风告一段落，黄静波开始对无休止的荒谬感到绝望了，冤狱的黑网已无边无际地拉开，这样灰暗的心境使他的身体迅速衰弱。1967 年 4 月到抚顺市看守所以后，每天的伙食是窝窝头和两次饮用水；到了 6 月，黄静波已近乎虚脱，大夫决定每天给吃两餐大米、一壶水，否则他的性命已难保了。

这样的折磨只刚刚是个开始。这时的公安局实行军管，军管小组为了让黄静波承认谋杀总理，对他进行严刑拷打，另外新增添的罪名是两次叛变革命：1934 年，出卖张成仁使其被杀害，1935 年，杀害了李向正。张成仁的事情在前面已经谈过，国民党抓张成仁兄弟俩同时抓了黄静波，张成仁承认自己是共产党员后被枪杀，黄静波因此被军管小组诬为叛徒；更荒谬的是李向正被杀害的事子虚乌有，实际上"文革"时李向正仍然在兰州工作。

因为怕群众抢人，专案组的人还要把他带到自己家里去拷打，以至于他们自己的家属都看不下去。从四面打腰，用木杠打头，黄静波的腰被打伤，落下了痼疾，耳朵、脑子也被打得偶有麻痹。

走在调查的路上，徐忠有对黄静波的乡亲、老同事、老战友提起抚顺的情况，心情十分沉痛：

> 黄副矿长是一条硬汉，直面凶狠恶毒、丧失人性的狂啸，棍棒拳头的毒打、饥饿和饥渴的折磨，决不低头认罪，什么时候都是那句话："我信仰马克思主义，我没有反毛主席"，真是"倔强对奸佞，危乱见坚贞"。

他们一路走，一路讲，为黄静波不屈的尊严深深折服。历史证忠诚，这个好党员、好干部的形象在他们心中更加高大了，这是任何力量也打不倒的。当年徐忠有一行人访问、调查过的人，今天多已作古了，但真实的历史保留下来了，对黄静波来说这是抚顺的工人，也是他所挚爱的人民给他的一份厚重无比的礼物。

1967 年 6 月 24 日，抚顺南站召开 20 万人大会批斗黄静波，之后是没完没了的揪斗、游斗。1969 年底，各厂矿、机关、学校都批斗遍，共有 400 多场，一天批斗几次，弯六七个小时的腰。在巨大的屈辱面前，黄静波感到自己反而生发了异样的力量，因为他一直不曾孤军奋战，有那么多支持他、爱护他的群众，还在为他奔走忙碌，还期待着他有一天会发出胜利的呼喊。陕北人"宁输十亩地，不输一口气"的性情更让他百般强韧，耳闻目睹众多老干部，有的被折磨死，有的不堪受辱自杀身亡，反而更加激励他要做活的历史见证，要让正义的力量活到胜利的这天。

谁说"文革"只是一小撮坏人整革命干部，也有些所谓的老干部整部下，保自己。他们更怕群众揭露他们变了质的腐朽行径，来转移视线。面对每天施加给他的侮辱和摧残，犹如打来的一个个巨大的棉花拳，貌似强大，实则虚空。生旦净末丑，仍然保持着他们的本性和角色特征，只是在这一场大戏中，是按一个荒谬的规则演出、进行。以观戏的心情观人生百态，没有工作压力，无须精神高度紧张，无须顶着重大责任殚精竭虑，黄静波反而感到在这样的日子里心理上有难得的轻松。

黄静波开始在抚顺遭受迫害的时候，在北京的妻儿家人曾经赶到抚顺，四处为黄静波平反的事奔波。1967 年 7 月，一位自称是"煤都红卫矿红工联一名战士——顾全局"给他们发来了一封信，及时向他们发出了提醒：

> 希望你们全家注意和采取措施，或者向中央领导反映和请示，急速解救黄矿长出狱，否则生命危在旦夕。
>
> 黄矿长是我们的好矿长，在过去几个月中，群众要求为他平反的呼声一直未断，然而 1966 年 11 月他进京以后，我们到现在未见着他。6 月 25 日，在南站前批斗黄静波，我们看到黄矿长已经被他们折磨得不成人样，6 月天还穿着棉衣，头发很长了也没剪。他

们的批斗严重违反了中央方针政策，残酷武斗、连打带踹达三个多小时之久。但是这个大会是不得民心的。……

我的真姓名，不能写在上面，如果你们能来抚顺的话，到红工联红卫矿总部门前贴大字报找我即可。

1967 年 7 月，原煤校校长时峰贴出大字报："告全市人民书——揭露党内一小撮走资本主义道路当权派对革命干部黄静波的迫害事件。"

时峰，抗日战争时参加革命的老党员，秉性耿直、心胸坦荡，是敢于坚持真理的老同志，也是一个文采俊逸、理论根底颇深的领导干部。

群众要保黄静波时，对"顶峰""万句"问题又拿不准，他们就去请教时峰。时峰毫不犹豫地说："黄静波讲的是对的。"并用哲学观点向群众解释"顶峰""万句"为什么不对。

在"文革"期间，他也是被"战斗队"重点攻击的对象。他和黄静波在"文革"中风雨同舟，结下深厚的革命情谊。

1967 年 11 月底，黄静波面临着被强加操纵武斗的罪名或被乘机杀害的危险，幸亏徐忠有及时安排，混乱的时候，冒着生命危险把他转移出抚顺，到沈阳、天津、北京等地，躲避了一场灾难。黄静波被折磨得虚弱的身体得到了休养恢复，这使他在以后遭受的数百场批斗中挺了过来。

一波三折，磨难不断，有些当权派为置黄静波于死地，开设"帽子工厂"，采用颠倒是非、无中生有、张冠李戴、上纲上线的卑劣手法，什么叛徒、特务，"彭、高、习的黑干将"，"刘、邓的黑爪牙"，大帽子一顶一顶地强加给黄静波。最荒唐的是，林彪叛国外逃罪行被揭露后，黄静波竟然又被他们说成是林彪线上的人。

"文革"中"军管会"支持由矿党委当权派操纵建立的组织。他们一心要黄静波于死地。当他们听说历史上王震和黄静波曾有过矛盾，便又想当然地加罪黄静波。抚顺还有一个组织"红工联"是以工人为主体的群众组织，他们就这一问题派徐忠有等同志进京调查。

1968 年 1 月，徐忠有一行来到北京王震将军处，调查黄静波以上的历史问题，王震就"西北局高干会议，黄静波与习仲勋的关系"等问题作了答复，对黄静波在陕北时期的表现予以了充分肯定。

王震知道"造反派"是想置他于死地，就明确地说："1940 年，我们同国民党斗争，消灭了五个县的国民党保安团，黄静波同志是积极的，坚决斗争的。把保安团消灭后，黄静波同志当了清涧县县长、县委书记，黄静波同志当时是年轻干部，工作很积极。"

王震的证明保护了黄静波，使一心要整黄静波的人大失所望。广大群众对黄静波的了解更加深了一层。

虽然如此，黄静波仍然在此后经历了数不胜数的批斗，直到 1976 年。

1977 年 2 月 5 日，王震副总理到沈阳，点名要见黄静波，黄静波在沈阳八一剧场休息厅见到了尊敬的老首长，他的心情十分激动。王震亲切地把他叫到身边，对在场的人们介绍说："这就是黄静波，让'四人帮'害苦了。"他对黄静波说："你回去准备东西、行李，准备回北京养病。你的关系已办好，其他回北京再说。"

王震及时施以援手给予的保护和关怀令黄静波十分感动，想起当年的"洗脚盆"事件，两人互相误会，了解情况后王震真诚道歉，此番自己身陷囹圄，王震将军又慷慨相救，黄静波更加折服于王震博大的胸怀。2003 年，王震去世，黄静波发表文章深切悼念王将军：

> 1968 年 1 月 5 日，他们到王震将军处调查：将军在他自身处境艰难的情况下，不怕受牵连，充分肯定了我当时的政治思想、工作表现。……使本来想捞一个重型炮弹整我的人，大失所望。将军的答复很快在群众中传开，也见诸大字报、传单，在我几经秋凉又遭铁窗囚禁之时，将军的话极大地温暖着我的心，更加坚定了我坚持真理、修正错误的信心。粉碎"四人帮"后，我的问题仍然被拖着，久久不得解决。王震将军亲自到辽宁省过问我的问题，把我营救

出来，让我回到北京与家人团聚，并安置我在北京协和医院治疗。身体康复后，又与当时任中央组织部长的胡耀邦同志共同为我平了反。安排到王恩茂同志任书记的吉林省任副省长。后来我知道，"文革"当中，经王震将军关怀、救助的远不止我一个，王震将军不论是自己处在逆境中还是后来重返领导岗位，他都是不顾个人安危，不计个人得失，凡是受林彪、江青反革命集团迫害的干部，不管是谁，都尽力救援。可以想见，多少同志在他的关怀、保护下得以幸存，多少家庭得以劫后重逢。

王震将军身上不仅体现了中华民族的传统美德，更体现一个无产阶级革命家的高风亮节，他的革命精神、高尚情操，他的鸿才睿智、嘉言懿行，无不体现党的优良作风和延安精神的光辉，这是中华民族永远值得加倍珍惜的宝贵精神财富。1993 年 3 月 12 日，将军在广州病逝。噩耗传来，我内心的悲痛难以言表，我和家人几次到将军的灵堂向他深深地、久久地鞠躬，表达我们的绵绵哀思。王震将军，你永远活在我的心中。

1978 年 2 月 8 日，抚顺火车站，晚 9 时，通往北京的 172 次列车在寒风凛冽中喷烟吐气鸣笛待发。站台上黄静波和前来送行的人拥抱、拉手，仍有说不完的话。

黄静波的"老战友"时峰此刻对他说："已和列车上的人说好，上了车把你安排在卧铺车厢。"他知道黄静波买的是硬座票。

王风卿，这个老工人，在两派武斗激烈，有人想乘机谋害黄静波时，是他大胆地接纳了黄静波，使他有了一个安全存身的港湾。

房公介、刘建昆、宋学仁，在他被关押时看管他的老工人，见到黄副矿长被折磨得不成样子，心痛地掉泪，他们不顾一切，经常暗中给黄静波送饺子、饼干，想方设法保护他。

宝忠武、徐忠有、吴成圣、胡剑英、徐桂兰等这些敢于伸张正义、主持公道的人也来了。还有孙满堂、武振良，还有……黄静波多么想见到他们啊，可是他们不能来送行了，他们有的已含冤长眠在九泉之下。

火车徐徐地启动了，黄静波频频地向送行的人招手，此刻真是情难舍、人难分啊。十多年间，黄静波从车间、学校、医院，直到全市各单位、到沈阳，各种规模的批判、游斗，经历800多次，正是眼前这些朋友博大的爱心，使他能坚持活下来，而他们却为之付出了惨痛的代价，他们之中有的人甚至牺牲了自己的生命。十二年啊，在抚顺，正是他们在黄静波的心上留下刻骨铭心终生难忘的记忆。

回忆起"文革"时期在抚顺，黄静波深情地说："文革"中我受了这么多的苦，不是毛主席，不是东北抚顺的工人们让我遭的罪。恰恰是广大工人群众爱护我保护我。害我的是一小撮忘了本，忘了工人阶级的所谓革命干部。当权派，"文革"就是应该整一整他的灵魂。"文革"中是坏人整了好人，所以我从不怨工人阶级、老百姓。

而让黄静波纠结不下的是那些在抚顺"文革"中不幸死去的上千群众。很多人是因为敢于坚持真理伸张正义、坚守良知遭到迫害、家破人亡。"文革"结束后，又得不到公正对待。他想说，但他又能说什么呢？他同情他们，想为他们做些事，但又力所不逮。这是他至今解不开的心结。

"我不怨恨在'文革'中挨整。整我的是什么人我知道，抚顺的人民，矿工们是什么样的人，我更感受得到，这就是我的实践，我的良心。"

在北京，黄静波住进王震安排好的协和医院，"文革"这十年里，他已经累积了四五种病症，需要慢慢医治。然而身体的病症并不及心灵的创伤更严重。

"四人帮"虽然被粉碎了，但是对毛泽东生前的决策和指示拒绝作任何分析，"左"的指导思想还未从根本上改变。1977年2月7日，《人民日报》、《红旗》杂志、《解放军报》同时发表的社论却提出"两个凡是"，即："凡是毛主席作出的决策，我们都坚决维护，凡是毛主席的指示，我们都始终不渝地遵循。"

揭批"四人帮"，受到"两个凡是"的限制；平反冤假错案，一遇到毛泽东批准的案子，便不准触动；在其他各个领域的拨乱反正也受到了类似的阻挠。

为此，1978 年 1 月，黄静波依据西露天矿党委作出《对黄静波同志平反的结论》，向当时的中央组织部部长胡耀邦写了这样一封信：

> ……辽宁省抚顺市委、矿区党委、西露天矿党委，近日派人送来给我平反、恢复名誉的"结论"，对此，我向华主席、党中央，及有关各级党委表示衷心的感谢。
>
> 但是，对于"结论"我还有重大的不同意见。第一，"结论"回避了路线斗争的问题。12 年以前，有关领导把我定成"三反分子"，是因为我当时对叛徒卖国贼林彪散布的所谓"顶峰""万句"等反革命修正主义谬论提出不同的看法。而"结论"却不提路线是非问题，并把责任推给"职工群众"。第二，"结论"指责我挑动群众去东北局和北京，造成部分停工停产。但是，这与事实真相是有出入的。……第三，"结论"中说，"将黄错定为三反分子"，是因"受林彪和四人帮的干扰破坏"。但"结论"最后却要我应从揭批"四人帮"的伟大斗争中认真吸取教训。……
>
> 我现在的住房因地震造成损裂，阴湿寒冷，……请组织部给以适当的解决，是盼。

1978 年 5 月 4 日，中共抚顺市委作出《关于为黄静波同志错案平反的决定》。8 日，《抚顺日报》头版消息报道了对抚顺市重大冤假错案的平反工作，其中一段这样写到：

> 黄静波同志对林彪散布的"顶峰""万句"等形而上学的谬论，提出反对意见，本来是正确的，却被打成了"三反"分子。林彪垮台以后，"四人帮"及其黑干将和党羽、亲信，还长期揪住不放，使其蒙受了十几年的不白之冤。

1978 年 5 月，王恩茂同志任中共吉林省委第一书记，经王震同志推荐，黄静波任吉林省副省长。

十一届三中全会后，从中央到地方都加快了平反冤假错案的工作。中央组织部对小说《刘志丹》一案进行了复查。1979 年，中央组织部向中央递交《关于为小说〈刘志丹〉平反的报告》。报告指出，《刘志丹》（送审样书）不是反党小说，而是一部比较好的歌颂老一辈无产阶级革命家、描写革命斗争历史的小说；《刘志丹》小说的创作过程是正常的，没有什么阴谋，没有根据说习仲勋等在此书创作过程中结成"秘密反党集团"；习仲勋等同志关心这部小说的创作，对如何修改好这部小说发表过意见，是完全正当的，根本谈不上是什么反党阴谋集团活动；从案件前后经过看，所谓利用写《刘志丹》小说进行反党活动一案，是康生制造的一起大冤案；"文化大革命"中，康生伙同林彪、"四人帮"变本加厉，搞出一起株连甚广的现代"文字狱"，为此，凡因小说《刘志丹》案受到迫害、诬陷和株连的一切人员，都应恢复名誉，给予平反。8 月 4 日，中共中央向全党批转了这一报告。小说《刘志丹》在成书 23 年后的 1979 年 10 月由工人出版社正式出版。

1978 年 4 月，习仲勋同志蒙冤 16 年后复出，任广东省委第二书记，因当时广州军区领导兼任第一书记，不久部队领导退出后习仲勋为第一书记，此时，他提出让黄静波去广东工作，在征得王震、胡耀邦同意后，中央又将黄静波从吉林调任广东省任副省长、省政府秘书长。

第七章

改革先锋　随习仲勋走进广东

随习仲勋走进广东省政府

深圳，在今天是一个繁花似锦的大都市，人均 GDP 位居中国大陆城市之首。是中国与世界交往的主要门户之一；也是中国高新技术产业基地和区域性金融中心、信息中心、商贸中心、运输中心及旅游胜地。

说起深圳，必须从改革开放说起。说起改革，这不是新话题。中国共产党从建党，讲的就是要改革旧的制度，而且也是在不断改革之中向前走的。

改革要改掉不适应我国发展的东西，开放也要引进酿蜜的蜜蜂，苍蝇、蚊子则尽量让它们少来污染我们。

毛泽东也曾提出过改革开放，无论从乒乓外交到与美建交要加入联合国，都是改革开放的成果。

1979 年以后，邓小平更是大力支持改革开放。

早在 1978 年，习仲勋主政广东时，就极力呼吁要开放广东，尤其是深圳、珠海口岸。因为那时，香港、澳门比内地生活好，广东特别是宝安、珠海往香港、澳门跑的人无法堵住。习仲勋和广东省委提出必须给广东特殊政策，否则无法管理，当时主管对外经济的谷牧副总理也一再向中央建议，与此同时，福建的项南也向中央反复要条件。在这种情况下党中央确定了改革开放的总方针。叶剑英和华国锋都对改革开放提出过自己的意见，邓小平同志更是大力支持，并且为改革开放规划了一幅新的具有前瞻性的蓝图，成为我们改革开放的总设计师。经过几代中央领导集体的实施，终于取得了令世界瞩目的成就。

改革开放从深圳开始，正是习仲勋和广东省委、省政府首先提出在深圳、珠海及广东沿海实行对外开放的特殊政策。这些政策和做法得到了邓小平的支持和批准。

于是，习仲勋和广东省委、省政府便挑起这千斤重担，大踏步地向富裕之路、光明之路走去。在这个队伍里，黄静波起到了排头兵的先锋作用。

深圳这样一座初具规模的现代化城市，仅仅用 20 多年的时间发展起来。20 世纪 80 年代初，深圳还是一个小渔村，1979 年和厦门、珠海、汕头 4 个城市被划为中国改革试验田，成为中国第一批改革开放试点。

深圳和珠海分别设有通往香港和澳门的边境口岸，它们也是广东省比较有代表性的两个城市。一个城市上层建筑的繁华往往要从打造居民牢固的经济基础开始，深圳走上富裕路是从建立出口生产基地和开放边境小额贸易开始的。

1978 年 4 月，习仲勋到广东省任第二书记，6 月，中央任命黄静波为广东省委常委、副省长兼省政府秘书长、中国广州交易会副主任，并代表广东主持"广交会"。建立出口生产基地、开放边境小额贸易，从立项到实施，黄静波做了大量工作。

古代爱国诗人屈原历尽磨难时曾发出的感叹，"亦余心之所善兮，虽九死其犹未悔"，有来形容黄静波"坚决执行党的路线"亦无不可，为国家利益、人民利益，不惜付出自己的一切。

1978 年的深圳还是宝安县一个人口不足 3 万的小镇。深圳是个有悠久历史的地方，考古表明，早在 6700 多年前的新石器时代中期，就

黄静波（右七）陪同习仲勋（右十）会见外宾

有土著居民繁衍生息在深圳土地上。深圳的城市史已有1673年。"深圳"地名始见史籍于1410年（明永乐八年），于清朝初年建墟。当地的方言客家话俗称田野间的水沟为"圳"或"涌"。

明朝时，深圳市及香港区域属新安县辖区，清代，政府与英国相继签订《南京条约》《北京条约》和《展拓香港界址专条》，使深圳与香港从此划境分治。

从1913年开始称作宝安县。在1978年，深圳并不是因为繁荣而名声在外，而是由于其大量民众集体偷渡"逃港"的"恶性政治事件"。"逃港"自1951年封锁边界以后，就没有停止过，沙头角的一条中英街，将它和香港相隔，这边是贫穷，那边是富裕，在这种强烈的对比下，新生活对百姓来说是一个怎样巨大的诱惑？

时任宝安县县委书记方苞，曾经在广东省省委书记习仲勋来视察时提出开放边境小额贸易的建议。他回忆宝安的状况时说：

> 宝安农民最高劳动力分配一年145元钱，但香港农民养鸡种菜，一年收入少的一万多元，多的三五万元，有人跑过去几年，养几年鸡，收入十来万，两边生活差距不是几倍，是几十倍。当时群众有句话，叫"香港资本主义制度批起来臭，吃起来香"，这个制

度到了非改不可的时候了！

据统计，从 1954 年至 1978 年，全省共发生偷渡外逃 56.5 万多人（指人次，下同），逃出 14.68 万多人。其中严重的群众性的偷渡外逃有两次，一次发生在 1962 年，当年全省共发生偷渡 11.79 万人，逃出 3.97 万多人；第二次是发生在"文化大革命"结束后不久，内地人民生活水平与香港居民相差悬殊，1978 年和 1979 年上半年出现最为严重的偷渡外逃高潮。

1978 年 4 月，省委书记习仲勋调查了解非法外流现象时，一位农村党校支部书记毫无隐讳地告知：非法外流的原因主要是经济收入悬殊，分配不合理。他说，香港选择职业容易，工资高，商品丰富，价格便宜，而内地农民一辈子"脸朝黄土背朝天"，首先要完成上级任务农副产品卖价低，还要替偷渡外流人员交售公购粮，为他们一家老少提供牌价口粮，一户农民辛苦一年只有几百元收入，而外逃打工一个月的收入就上千元。

习仲勋听了这番话，更下定了发展农村经济、缩小两地差距的决心。习仲勋向宝安县的干部们讲话："一条街两个世界，他们那边很繁荣，我们这边很荒凉，怎么体现社会主义的优越性呢？一定要想办法把沙头角发展起来。"

与此同时，中央开始考虑如何冲破外界对我国封锁的状态，逐步进入国际市场的问题。广东毗邻港澳、华侨众多，为发挥这一优势，中央要广东切实搞好宝安、珠海两个边防县的建设，从港澳引进技术、设备、资金、原料、搞加工装配业务，扩大外贸出口的工作。农业上从"以粮食为主逐步转到以经营出口副食品为主"的轨道上来。

6 月 20 日晚上，习仲勋主持召开省委常委会议，研究关于迅速开展对外加工装配业务和宝安、珠海两县的建设问题。常委学习了中共中央副主席邓小平、李先念等人在中央政治局讨论《今后八年发展对外贸易、增加外汇收入的规划要点》时的指示，和中央政治局同志听取赴日本经济代表团、赴港澳经济贸易考察组汇报时指示。

相对于建设出口贸易基地的繁杂与漫长，深圳、珠海小额贸易政策竟然是"一会定乾坤"，一次会议就把一个困扰百姓生活十几年的问题解决了。据方苞介绍：

宝安县与香港新界毗邻，双方耕地"插花"。宝安农村有 4000 多亩耕地在香港新界辖区，边境群众历来有过境耕作习惯，两地农民和渔民经常在同一片耕地或水域生产劳动。

1957 年、1960 年百姓生活困难时，出现了大量外逃，当时宝安县县委采取了"三个五"政策以解决此事。三个五即：允许过境耕作农民和下海作业的渔民，每月可到香港探亲五次，一次可带五斤副食品，不超过五元港币。所谓"小额贸易"，即允许边境社队对国家外贸部门不经营的稻草、河鲜杂鱼、吊钟花、甘蔗尾、草皮等农副产品，由社队在指定的口岸自营出口售销，所得外汇可购回生产资料、工具自用。

香港有 30 万是宝安人，两地边沿的老百姓都互相往来，香港那边还有宝安 5000 亩地耕作，给老百姓放宽一条出路，较早地解决了经济困难问题。但在"文革"中这两条政策给封死了，停止执行，被当作"三洋"（向洋、慕洋、靠洋）批判，割"洋"尾巴。

粉碎"四人帮"后，老百姓很留恋这段生活，不断提意见，希望能恢复小额贸易，不能全恢复，恢复一部分也好。但是权不在我们那里。当时制定这些政策就是省委陶铸批的。陶铸也是向中央反映，有人点头才敢干。现在我们做不了主，省里也做不了主，所以我们不断地反映，我们不能直接向中央写，但中央有些部长过来我们就向他反映。1977 年春，张劲夫同志来，我们向他反映，他说这种情况云南也有，回去向中央反映。姚依林同志来，他是中央财贸办主任，我陪着姚主任跑了三天，给他反映，他非常重视，但限于当时条件，都没有最后的下文。

黄静波负责广东省"文革"后第一届人民代表大会筹委会工作，投票者为黄静波

1979 年 1 月，广东省委召开省委扩大会议，传达学习党的十一届三中全会、中央工作会议和邓小平同志讲话精神。改革的春风迎面扑来，方苞赶紧又把这个事情提出来。他在会上作了三次发言，又找习仲勋反映。习仲勋很重视，叫黄静波负责这个事。

对于民众外逃的急迫心情，黄静波在几次去深圳时已有了切身体会，经过一年的调查了解，并考虑到国家政策的大势所趋，立即作出决定，支持并迅速解决这件事。

黄静波说："这个问题不仅仅是宝安，珠海也有这个问题，通知珠海的同志也来，咱们一块研究，既然你发言了，最好写个报告出来。"方苞听了非常高兴，立刻行动了。他回忆到：

> 当时我们就叫分管这个事的副县长李广镇到广州来，我就跟他口述，他记录，整理了个《关于恢复边境小额贸易的报告》，珠海

那边，加上个海上流动，还有个卖花的问题，过澳门卖花，他们没有我们这么多内容。就说他们不要写了，就按宝安的报告行了。这个文省里二月就批复了，然后，省里开了个办公会，黄静波主持，另外还发了个纪要。从1968年到1979年，拖了十几年未能解决的问题，这样就解决了。

这个文件在执行过程中还有一个发展，原来以大队为单位，这一次扩大到公社，整个边沿公社都有了，比原来突破了。第二个是出口内容也有突破，第三是外汇分成突破了，40%给国家，60%给地方，其他内地公社也有河鲜杂鱼不能出口，国家大公司不出口，我们提出这个小商品由边境代理出口，这就扩及全市范围。原来外汇只能买生产资料，现在，生活必需品也可以买，包括每户可进一台电视机，由外贸公司代理。过去羡慕人家，外逃的回来就带电视等几大件，现在香港居民有的我们也可以有，慢慢就缓和了外逃的趋势。

小额贸易实质上是改革外贸、外汇体制的一种尝试。

1979年，这一年黄静波已经60岁了，虽然即将步入老年人的行列，但是迈出中国改革第一步的中坚力量，中央选择黄静波加入先锋队，是因为领导层相信，这位"唱戏省长"绝不会缺乏活力和开拓精神。

1979年2月，黄静波主持省革委会办公会研究解决珠海市目前存在的急需解决的一些问题，还对一些重要问题作出了明确议定：来料加工装配和补偿贸易，进出口贸易问题，发展外贸和旅游事业，银行信贷，基本建设，珠海市的城市建设规划，拱北口岸建设项目，与澳门涉外问题的政策规定，等等。这次会议内容经省委、省政府同意作为正式文件下发贯彻执行，适应了两市建设和发展的需要。

拂开岁月的尘埃，翻看这份文件，其中不乏这样一些涉及民生的条款：珠海市的渔民在海上查获外国人私送鸦片，目前对查获者和地方均不发奖励或留成，这不利于调动积极性。请省财政局专题向财政部请求，要求在缉私折价总数中以10%给予留成或奖励。

黄静波（左二）陪同王震（中）、洪学智（右二）在深圳参观

珠海市的流动渔民，要求在市内建工厂和学校，举办福利事业，有的要求建宿舍住宅等，均应支持。流动渔民上岸居住后的出入管理办法，由省边防口岸办公室同珠海市研究制定。

这次会议后不久，珠海市委书记吴建民同志邀请黄静波到珠海，对珠海市的建设规划，给予参谋、指导。黄静波登上一个个山头，察看一个个海湾，对珠海的地形、自然环境、资源都详细作了调查，与市领导和负责规划的同志共同研究，设计出一个具有特色、现代化的珠海市美丽远景。

1979年3月，深圳建市，由宝安县升级为深圳市。深圳，这个极具广东地方文化特色的名称，即将伴着一个城市的腾飞，令普天下皆知。

党的十一届三中全会前后，邓小平曾说："我是到处点火"。总设计师的第一把火，也就点在了广东。以经济建设为中心、改革开放的春风即将吹遍全国。

一场被误解的"大赦"

春风将起，春寒料峭。此时一直向往港澳生活的人们，还无法预料改革开放会为自己带来什么，而首先想到的是边境政策可能是宽松了，是"奔逃"的大好时机。

据深圳、樟木头两个收容站反映，1979年上半年，收容人员跳车跑掉了1万多人，摔死摔伤200多人（其中死亡40人）。押送人员从安全考虑，曾采用手铐和绳索捆绑的办法，造成不好的影响。粤港边界地区有100多个生产队因劳动力流失、干部外逃没有播种。

广东省文教部门的一则汇报材料说，1978年前后，全省级文教系统经批准去香港的教授、副教授、主治医师乃至一般医护技术人员有上千人。其中大量人员逾期不归。当时广东省心血管病研究所一位姓丘的副所长经批准去港逾期不归，对省内的心血管病研究都造成很大影响。

1979年夏，国家民政部副部长刘景范来深圳视察，看见收容站拥挤不堪，卫生条件很差，给宝安提了意见。

刘景范和习仲勋是患难与共的战友，曾因《刘志丹》小说一案一起蒙冤受屈。他回到广州，向习仲勋反映了收容站的恶劣条件，认为这样处理收容人员不当。

习仲勋听了刘景范的情况反映后，立即召集省委有关领导和有关部门负责人开会。他严肃地批评说："我们自己的生活条件差，问题解决不了，怎么能把他们叫偷渡犯呢？这些人是外流不是外逃，是人民内部矛盾，不是敌我矛盾，不能把他们当作敌人，你们要把他们统统放走。不能只是抓人，要把我们内地建设好，让他们跑来我们这边才好。"

习仲勋提出不能把外逃的人当作敌人，要统统放走的做法，当时很多人仍然接受不了。在习仲勋的反复教育和引导下，省委常委最后实现了偷渡问题不是敌我矛盾而是人民内部矛盾这一观念的转变。

习仲勋和群众心连心，他连忙派出省革委会副主任黄静波前往深圳贯彻落实反偷渡外逃的政策。5月5日，黄静波到达深圳后，听了方苞等人的汇报。

方苞，曾任广东省人大副主任、省委秘书长，当时任惠州地委副书记。2005年在深圳荔湖新村，方苞谈了这样一段往事：

> 1979年5月初，刘志丹的弟弟、民政部副部长刘景范同志来，他是个非常好的同志，他到我们收容所看外逃人员，当时香港每天送回外逃人员400多人，不光是宝安的，有全省的，还有外省的，都交我们来处理。光就宝安，我们还可以消化得了，我们还有各公社的那一层可消化。但把全省、全国的都交给我们，我们一天怎么能处理那么多？当时我们只有三部客车送人，那时路不好走，到汕头要三天。车开到汕头回来要三天，甚至三天半，开到汕尾要两天，开到惠阳也要一天，三部车最多送120人，日夜送，怎么送也送不完。天气还非常热。人多，没地方，屋里很拥挤。
>
> 老人家（刘景范）就很同情这些外逃人，他说怎么这样对待他们？这是内部矛盾。
>
> 我说不是我们要这样，是运不走，车不够呀！你向省里反映，给我们增加车，我天天送他们。
>
> 他回到广州就给省委反映，强调这是人民内部矛盾，不能这样对待，又强调我们的实际困难。但那时省里也不容易，不像现在，一下给20台车，不可能解决呀！习仲勋他们这些老同志，群众观念很强，对老百姓非常有感情，他们那些老同志非常好，认为不管怎么样也不能这样关卡对待。所以5月5日就派黄静波同志来。
>
> 5号，黄静波坐火车来了，那时坐汽车从广州到这里，汽车要跑6个小时。我们到车站接他，回来中午12点多了。我说："先吃饭，吃完饭好好休息一下，下午再慢慢谈。"
>
> 他老人家革命精神好、旺盛，说："不休息，咱们谈谈。"
>
> 我说："不行还是休息一会。"

"不休息，不休息，谈谈。"

"下午两点半时还要找人来跟你一起谈。"

"不行，两点。"

我找到书记张勋甫，另还有一个革委会副主任、一个副书记一起来了。黄静波传达省委的意见要放人。

我长期在边防工作，了解这里的情况，1962年"外逃事件"我经历过，我原来是东莞的公安局长，知道这个利害。我就说："静波同志，咱们不敢这么放，这么放，三天之内要出外逃高潮，现在群众不是不想外逃，他们都想外逃，现在是边防管得严，他不敢外逃，如果知道我们这么放人，他们当天就要传开，就要出高潮。"

黄静波的组织纪律性非常强，他说这是省委的意见，不是我个人的意见，我个人可以接受你的意见，省委的意见今天晚上就得放。当时我们两个就争论，另外三人刚调来，也难发言，我跟他讨论了七个小时。这不怪静波同志，因为他不了解边防，也不知道这个厉害。他还不相信。他说："没有那么厉害吧，就是出了事，也不在你们，是省委作出的决定，省委负责。"当时我也不怕得罪人，我说："不行啊，黄副省长，那时怕省委也负不起这个责任。"

他没有批评我，一直试图说服我。晚上七点，我说："咱们吃饭吧，吃完饭再谈。"

"不行，现在已经过七点钟了，你都不答应我，今天晚上放人，你一定得答应我，我们再吃饭。"

他的优点是纪律性很强，省委决定的事他一定要落实，他就抓落实，没有发脾气，最后到七点钟了，另外三个人也说："算啦，省委决定，有省委负责，再说也不一定会出事，答应吧!"

共产党讲民主集中制，少数服从多数，我就说："组织上服从，但个人意见我保留。我不是怕出事，怕负责，我们尽可能防止出事，一切从防止出事而做准备。"

黄静波赞成我的这个观点。他说放人的任务交给你老方执行。

我说没有汽车我怎么放，我摆了很多困难。

静波同志很体谅人，说："如送不走，能不能先转移个地方？"当时，想了几种办法，都不好办，我就打电话，公社有几个地方，先转移公社。让公社来车，没客车，就来大篷车，我们有二十个公社，当时来了20多台车。

二三百人转过去了，但是转不完，拉了不到一个小时，他们就叫"师傅！要小便！"唱"造反有理"的歌。车门一打开，人们就哄地都跑了，送到公社的没有多少。

第二天，谣言四起，说"邓小平放开边境，市委犯错误了，可以随便去香港"。有些插秧的都回家带着老婆、孩子坐单车，连脚都没洗，到边防了。

到下午四点钟，黄静波和他们几个查看部队旧营房回来，他们是为转移外逃的人找地方。我向他们汇报，他还有点不信。我说我带你去看，当时文锦渡已聚集了五六千人，他看了也怕出事，要和我一块去做群众的工作。我当时就担心一条，我知道静波同志60岁了，张书记他也58岁，我怕老乡们一冲，我们控制不了局面，把我们冲出去，我们怎么交代啊！我们一个副省长（省革命委员会已改为省人民政府）被卷到香港去，这不是天大的笑话吗？

当时没有无线电台、电视台，只有有线广播，我讲，广播员录音后，十分钟放一次，各地都有大喇叭。

我说："今天晚上，要检查边防。现在有人造谣，不要相信，没那回事，现在就做准备了，大家快离开！"

我把所有公社书记叫来开紧急会议，每个公社、每条公路都做了准备。然后，我一个站一个站地去做工作。认识我的人问我，我就辟谣，对他们进行说服教育。他们看县委书记讲话了，可能是真的了，就说"好了好了，我相信你了，我们回去了"。

后来统计，那天晚上跑去香港的约800人，其他都被劝回去了，事态总算没有扩大。

静波同志回去，向省委如实反映，主动承担了责任。六七月份在惠阳开会，研究怎么防止外逃，要控制这个局面，我们边缘几个县都参加，因为这个谣言传得很快、很远，外省的人也不断地跑来。

习仲勋同志表扬了我，说"你这样做是对的，不要有什么包袱，我们当时考虑老百姓多一点，但对处理边境这样的问题没有经验"，习老的话，我们都很理解。

……当时的边境受极"左"思想的影响，主要是经济衰退，生活贫瘠，群众大量偷渡外逃，每年都有往香港外逃的，历史上最多的有过多次：一次是1957年，大鸣大放，反右派斗争，跑出去7000人；一次是1962年，又是个高潮，当时是困难时期，跑香港一万两千多，跑出去就不回来。我是1974年到这里的，因为这里外逃的越来越多，就让我到这里。我来后想了很多办法，外逃的人开始逐步下降，下降到一千多、两千，保持了两三年。

这次尴尬的经历和教训使黄静波认识到，边境口岸管理仅仅"体谅群众"是解决不了问题的，同时也不是宣传动员和"坐下来谈"能解决的；怎样改善群众生活，使人们不再"逃离"家乡，才是需要解决的长期的、根本的问题，也就是说开放和改革提高了人民的生活，谁还背井离乡讨生活呢？

5月9日，黄静波在常委会上汇报了这个情况，提出偷渡、外逃大多数应是人民内部矛盾，更重要的是怎样做好思想工作，同时提出编制、车辆、住房上解决问题的意见。

10日，刘景范、熊天荆向部党组作了《关于深圳收容站关押、虐待收容人员情况的报告》。主要反映广东目前把外逃人员一律都叫"偷渡犯"，对他们采用专政的办法，予以堵截、抓捕和关押，有的收容站还发生开枪打死收容人员的严重事件。

同时，省委也将目前存在的"治标"问题提了出来。谈到治标问题，习仲勋说：治标，就是要在边沿大力搞好堵截、收容工作；要坚决打击煽动、组织策划外逃的坏人。同时要立即大力开展宣传攻势，造革命舆论，制止外逃，刹住歪风。

他强调指出，要全力以赴，把偷渡外逃制止下来。要以县为单位，节节设防，分兵把口，布下一个天罗地网，把堵截工作做好。部队、民兵要互相配合，团结战斗。一线、二线由部队负责，但地方要派人协助，当向导；三线由民兵负责，但部队要派出干部加强指导。

6月23日至24日，习仲勋带领黄静波等人马不停蹄地前往深圳检查反偷渡外逃工作。他们还不顾酷暑和连日奔波疲劳，专程赶到珠海市指导工作。

此后，在李先念、胡耀邦批示下，1980年1月，广东省政府颁发了《关于处理偷渡外逃的规定》。

尽管如此，1980年广东的偷渡外逃仍然很严重。据统计，截至10月底，广东发生偷渡外逃20万人次。仅1—9月，深圳市就收容外逃人员156980人，其中港英遣返69921人。实际偷渡外逃人数，可能比官方统计数字还要高，有不少铤而走险者葬身大海。

随着香港劳动力的日趋充足，同时在广东省和港澳工委反复做工作的情况下，港英当局从1980年秋开始，对偷渡人员采取了一些新措施，主要是：凡属偷渡人员到香港一律不发身份证，不准在香港居留，全部遣返内地。香港雇主雇用偷渡客者，罚款5万元（港币），坐牢一年。

港英政府公布这一措施后，给偷渡人员很大的震动，而香港雇主也大多不敢以身试法。11月，广东偷渡外逃人员显著下降，只有近百人偷渡。

"治标"的同时，广东省"治本"的脚步一直没有停歇。1980年，在习仲勋的亲自领导下，广东省委提出设立特区的设想，并经中央批准同意，新时期改革开放是习仲勋和广东省委提出建立特区开始的，这也是在实践中得来的，因为广东那时穷怕了，广东比东北那时要穷得更多，穷则思变，在那样的一种省情下，要改旧的规章制度，必须开放，放开才能搞活，搞活才能发展，发展才能进步，前进才能稳定。哪个领导不想稳定自己所辖区啊。

中央及时批准了广东建立经济特区的建议，是邓小平、谷牧、李先念等领导同志审时度势作出的决定，特别是邓小平同志的大力支持，使得经济特区很快建立和发展起来。

1980年8月26日，中国经济特区正式诞生，广大人民看到了希望。

当年曾参与特区筹建工作的原广东省委书记吴南生后来回忆说："最令人感到高兴和意外的是，在特区条例公布后的几天，最困扰着深圳其实也是最困扰着社会主义中国的偷渡外逃现象，突然消失了！的的确确那成千上万在梧桐山的大石后、树林里准备外逃的人群是完全消失了！没过多久，有些偷渡到港澳去的人见家乡经济发展了，又成批地回来了。"

20世纪90年代中期曾有港报估计，至少有2万名东莞籍港人先后到内地投资经商，其中可能有一多半是50年代至70年代的逃港者或者他们的后人。

时任深圳市市委书记方苞对当时经济腾飞的历程如数家珍。他说：

我们不是等建设特区才突破，从1978年起就开始突破旧的经济体制。

我们搞"一进两出"、"补偿贸易"、"三来一补"、引进加工业，在香港的5000亩地（在莲蓬边境对面）按香港的规范办鸡场，又进一步发展养鱼。我们没有机械设备，就让香港人来挖鱼塘。我们挖了7万亩鱼塘，种了7万亩蔬菜。

荔枝是深圳的特产，当时香港很贵，要60元一磅，我们的收购价很低，一毛钱一斤，农民没积极性，出口没多少。我发动他们种荔枝，提高收购价，质优价优，最好的一斤一元，上边查，有关部门通报我们违反物价政策，要我们写检讨。我说不这样不行，不提价没人种，外贸没法搞出口了。所以价格改革最早是从蔬菜、水果、鱼那里开始。

我是 1984 年离开深圳，调到珠海，以后又到省里。1987 年我回来看，鸡从原来出口几十万只，发展到 1000 万只，还有潜力；荔枝发展到 20 万亩，你坐车来，可以看到到处都是。

1987 年我们总结八年变化，我记得我们开了表彰大会，王震同志还参加了这个大会。我们农民对变化之大、变化之快，原来想也想不到。现在老百姓从人心向外变成人心向内，从外逃变回来定居，不仅不外逃了，外逃的人也回来了，真正显示出中国特色社会主义的优越性。

就是这么八年左右的变化，连我们都想不到，想想 1979 年困难到什么程度，没人种地，丢荒那么多地，大家着急，我们怎么交代啊！能不能用飞机播种，我说不行，地有高有低，飞机播，高的地方旱，低的地方淹；怎么插秧？地都没人种，谁来收割？

……深圳在建设特区中，许多急需解决的问题，是黄静波主持下或是参与解决的。有些不归黄静波管，但只要找到他，他是非常热情、积极支持的。深圳今天取得的成绩，都有黄静波一份功劳。

方苞是历史的见证人，他也是和黄静波较劲的人，他说了真话说了实话，即说明了他的人品与为人，也说明了黄静波是一个正直的人、能干的人、聪明的人、无私的人。

作为改革开放的排头兵，广东圆满地完成了历史交给它的任务，广东成为一个对外贸易强省。由于当时发展条件的限制，广东的贸易基地的进驻者以加工贸易为主。2008 年，由于国际经济形势的风云变化，金融危机席卷欧美，广东着手进行外贸结构和出口企业调整。2008 年上半年，一般贸易占广东省进出口贸易总额 29%，加工贸易占 71%，其中外商投资企业占 64%，加工贸易对外依存度更高，受国际影响更大。

广东由后进变为先进，由穷变富是改革开放的结果，是习仲勋、杨尚昆、刘田夫、吴南生、杨应彬乃至后来的任仲夷、梁灵光、叶选平等领导同志带领全省人民开拓进取、奋发努力取得的辉煌成就。

活力省长和活力广东

广东经济发展的第一步从广交会上可以明显地体现出来。广交会又称中国出口商品交易会，被称作"中国第一展"。有人说，"文革"期间，中国只有两件事没有停顿中断，一是研究原子弹，二是举办广交会。虽然有些夸张，但也是说明作为中国对外交流的窗口——广交会的重要性。

新中国诞生不久，对外交往增加，工业化进程加快，急需外汇进口设备与生产资料。然而，西方国家对中国大陆实行全面经济封锁、贸易禁运。甚至，香港生产的腊鸭出口也受到限制，因为"鸭子是从内地运来的鸭蛋孵化的"。

为打破困境，1957年4月首届中国出口商品交易会在广州举办，从此，中国与世界贸易有了一扇新的窗口。

计划经济时代，出口货源紧缺，全国各地把支持广交会当作一项政治任务，调动一切力量，组织出口货物。

第一届广交会，代表中国当时最先进生产力水平的产品，只是展示了一台大发电机。就是这台发电机，还是国家集中人力、物力、财力制造出来的稀有产品。国人引以为豪，舍不得出售，只摆在交易会展馆里当样品；即使出售，恐怕也没有人买，因为那时候发达国家已经生产出先进得多的同类产品。

1978年秋，黄静波兼任广交会副主任，接手这一任务后，黄静波对广交会现状进行了了解。他感到，广交会上的产品匮乏，以农产品偏重。新中国成立初期，广交会出口的农副产品占中国出口产品的70%，在1978年，工业制成品才刚刚占总成交的20%。另外，作为办国际展

1982 年，黄静波（左一）兼任"广交会"副主任

会的城市，缺乏较好的展会环境，也就是今天所说的"服务型"城市。

这是黄静波第一次主持广交会。在进行交易会筹备工作的时候，黄静波向一位广州市的相关负责同志了解落实的情况，这位同志说："都准备好了，没问题。"

可就在当天下午就发生了这样一件事。有个法国商人到广州后，找不到住处，一气之下就乘飞机返回香港。引起香港和西方国家媒体的关注，宣扬了非常不利于交易会的声誉和中国形象的言论。

华国锋为此深夜给习仲勋打电话，习仲勋当即向黄静波了解了情况。此外，黄静波还亲眼看到，广州某宾馆服务员，包括出租汽车司机，服务态度大多数很生硬、冷漠和不周到。无论在餐厅用饭、点菜还是餐后算账，总是很长时间没人理睬，有时顾客和服务员大吵，不少外宾竟一致鼓掌称快。

黄静波和交易会领导委员会及广州外贸中心的领导决定从改进参加

交易会宾馆住房和服务态度入手，改进交易会工作。

秋交会时学习国际惯例，采取预先订房的办法。展会前，有计划地妥善安排，根据参会人数对宾馆、饭店、招待所做了细致的分工。黄静波亲自抓落实，他一个个宾馆、一个个房间，直到一个个床位亲自检查，常常工作到深夜。

为改进服务工作。对服务人员进行礼节、礼貌教育；对管理人员进行业务训练；开办英语学习班；建立服务态度、服务质量、岗位责任制的检查制度。这个时期展会建设的艰难可见一斑。

可以说，中国近年来服务质量的提高，广东也是起了带头作用的，作为礼仪之邦，我们宾馆饭店服务员的服务实在没有和国际接轨。黄静波被习仲勋的话触动了，以后下大力气解决服务的问题，从广东开始，让礼貌服务、微笑服务走向全国，至今广东的服务员不但和颜悦色，而且善解人意，很能替客人着想，这是不容易做到的。

广交会创办后很长一段时间，出口商品结构单一，粮油、土特、轻工等初级产品独领风骚。

20世纪90年代，精加工、高科技产品异军突起，开始在广交会上"唱主角"，一批知名品牌越洋过海走向世界。

2005年，中国名列"世界贸易第三大国"。国际人士评价，中国从贸易弱国向贸易强国的转变，广交会起到了举足轻重的作用！

在政策更新上，20世纪80年代，广交会打破外贸专业总公司垄断局面，吸纳各类企业参展，实现参展企业多元化；90年代，广交会结束专业总公司组团历史，实行各省市组团参展。

从交易会创办的1957年起，第一届时客商来自19个国家、地区共1223人，贸易成交额是1754万美元，发展到1981年第49届春交会（1982年黄静波主持完第50届即调任青海工作）时，客商来自103个国家、地区共23238人，贸易成交额连同小交会共达数十亿美元。为国家提供的外汇占国家收汇总额的1/4左右，为国家作出了重大的贡献（黄静波在第50届交易会筹备工作会议上的讲话）。

第 101 届春交会由"中国出口商品交易会"更名为"中国进出口商品交易会"，一字之差，折射的却是中国外贸政策取向的转变。

每年的春秋两季，广州琶洲、流花展馆都商贾云集。广交会半个世纪的历程，反映了新中国对外开放的历史，展示了改革开放以来对外贸易的新发展和新成就，表明中国对外开放的道路越走越宽广，中国全方位对外开放的格局已经形成。

在社会主义国家，产品质量把关方面，政府承担着很大一部分责任。

1978 年 9 月，广州某报纸刊登了这样一条新闻《国家经委和省市领导同志到南方大厦站柜台》，原来，为了"掌握第一手材料"，促进"质量月"活动深入开展，黄静波和广州市经委、计委、工交办、财贸办等负责人在南方大厦百货商店站柜台、开座谈会，直接听取消费者、采购员、供销员、售货员对工业产品的意见，其他省市领导也分别在另外 13 家商店进行此项活动。他们得出的其中一项调查结果是："目前我省轻、纺、电子等日用工业品中，有些花色少、款式旧、质量低劣、价钱高，不受群众欢迎，但有关部门还继续安排生产，造成积压严重；尤其不能容忍的是，在全国开展'质量月'期间，有些部门和工厂还把不合格产品推销出厂。"虽然在今天看起来，他们颇有些类似"质量万里行"的暗访记者，但是也足以见得在那个年代"质量"在政府官员心中的地位。

1979 年 5 月，党中央、国务院转发广东、福建两省会议纪要，批准在深圳、珠海、汕头、厦门创办经济特区。利用沿海有利条件，抓住机遇，加快发展第三产业和农业。

1979 年 12 月，广东省第五届人民代表大会决定设立广东省人民代表大会常务委员会，将广东省革命委员会改为广东省人民政府，选举黄静波为副省长。到 1982 年，黄静波还在广东担任了省委常委、省政府党组副书记兼省政府秘书长，以及中国出口商品交易会副主任的职务。主要抓经济工作，曾分管财贸、政权建设、信访、民族、宗教等工作。

黄静波最近一次和众多的广东老同志们相聚是在 2005 年，春节过后，黄静波应邀到广东省参加一项活动，这时他调离广东已有整整 22 个年头。

时任广东省委书记张德江对在广东工作过的老同志非常尊重，特意委托杨应彬给他接风。年近九旬的杨应彬当年是省委常委、秘书长，当两位秘书长的手握在一起时，两位老人百感交集，正是"人间岁月闲难得，天下知交老更亲"，终于，他们不必再为天下而奔波了，但是也难得聚在一起共叙往日。

这时，曾经在青海省委共事过的张平安邀请他们参观"广东省改革开放成就展"，由省档案馆主办，而张平安此时已是省档案局副局长、档案馆副馆长。档案馆是座现代化建筑，气势宏伟，设施先进，令黄静波不由得感叹时代的变迁。

在展览大厅中，黄静波在一张照片前停住脚步，久久地凝视着，眼睛里满含泪水。这是习仲勋同志挽着裤脚、站在田埂调查农业生产状况的照片。

习仲勋已于 2002 年病逝，黄静波又失去了一个可亲可敬的故人，忆起半个多世纪的往事，黄静波对张局长说：

> 仲勋同志是我的老领导，1935 年我见到他时，我们还都是娃娃，他是西北根据地主要创建人之一，从延安到北京，一直在他领导下工作，"文革"后，我到广东又在他的领导下，参与了广东改革开放先走一步的事业中，这是我人生一大幸事。
>
> 毛主席曾夸他年轻有为，后来又赞叹他政治工作到了炉火纯青的地步，更可贵的是他始终是一个思想解放、开朗、富有朝气的改革家。从他复出的那一天，就挺身站到了改革开放的风口浪尖。他对万里同志在安徽搞的农村经济体制改革十分赞赏，我来广东之前，他就指示我和齐心同志先到安徽农村参观、取经学习。他在广东为向中央争取特殊政策、灵活措施做了大量工作，可以说是他首

先提出建立特区要先开口子，邓小平支持了他的意见。我只是执行习仲勋同志、省委、省政府决策指示的其中的一员，广东开放改革，习仲勋同志他所起的作用是无人能代替的。

黄静波的话画龙点睛地描绘出老革命家的精神风貌，使改革开放的贡献者不再是档案馆中的照片，他们故去了，但他们的精神又在共鸣中留了下来。

在这里，黄静波还见到了老同志屈干臣。屈干臣是当年省经济委员会办公室副主任，分管秘书、机要、信访、接待和调查研究工作。工作上与黄静波联系密切、来往较多。

屈干臣在后来谈起黄静波时说，黄副省长可以说是最忙的领导之一，同时也是廉洁自律、平易近人的好干部：

> 黄静波同志生活简朴，不搞特殊，无论走到哪里都一样，粗茶淡饭。1980 年夏天，省委决定，由省委常委、秘书长杨应彬和黄静波同志带队率团到香港、澳门访问、考察。他们对代表团成员要求甚严，本来允许回来时每人购买一两件物品，由于领导以身作则，结果没一个人带东西回来。过关时，海关边检人员见此情况大为感动，说他们带了好头，佳话频传。

提到"港货"的诱惑，又难免又想到一街之隔的深圳。深圳的迅猛发展在广州历史上值得大书特书，也是档案馆中不可或缺的一段展览。

1978 年，深圳人口 2.3 万，占地 3.4 平方公里，建筑面积 60 万平方米，工厂 30 间，产值 1500 万元，它只是一个小渔村。

这组数字或许会令不了解历史的人大跌眼镜，因为大家熟悉的深圳不是这样，据官方公布数据，深圳市 2017 年常住人口 1252.83 万余人，其中户籍人口 434.72 万余人，面积 1077.89 万平方公里，地区生产总值 7502.99 亿元（2015 年）。

"深圳速度"是中国大陆形容建设进展非常快的一个词，这个词出自 1982—1985 年深圳国贸大厦三天盖一层楼的典故，如今的深圳决策者依据科学发展观，已经不再单纯追求速度，而是追求"效益深圳""和谐深圳"。

在深圳市委大院门前的有一座标志性的雕塑——拓荒牛，它是深圳开拓精神的象征，一个城市、一个国家的成长，不仅需要思维的开拓、政策的开拓，还需要带头人的开拓、拥护者的开拓，深圳的拓荒牛，是习仲勋、杨尚昆、刘田夫、黄静波、方苞、袁庚等一批最先的拓荒，继之有任仲夷、梁灵光、叶选平等一大批开荒者拓荒。

拓荒牛永持奋力的姿态，而开拓历史的人却一一老去了，对于他们的精神、他们的汗水，这个城市、这个国家不会忘记。

让冤案浮出水面

1980 年的一天，黄静波正在召集广东省财贸系统的领导同志开会，突然会议室的门被人踢开了，进来一个中年妇女，怒气冲冲地闯进来站在会议室中间，大声嚷道："各位领导都在，今天我又来了，我的冤案拖了 20 多年。我到北京告状，中央已经把我的案件转到省上来了，到底什么时候给我解决？"

接着，她毫无顾忌地从一排官员面前走过，一个个识别，说："听说中央给我省新派来一位副省长？"

指着黄静波说："别的人我都认识，我就是没见过你。你就是新来的副省长吧？别的领导都知道我的案子，你可能还不清楚，你能不能把我的冤案过问过问啊？"

黄静波当时一句话没说，不动声色地看了看她，又低下头去看文件。这个妇女一看再闹下去也没有什么意义，而且她也看到了黄静波，所以转身就走了。

　　1978 年初，黄静波到广东省任省革委会副主任兼政府秘书长，分管财贸与信访、广交会等工作。这时刚刚粉碎"四人帮"，广东处于百业待举局面，当务之急是拨乱反正，平反冤假错案。广东和全国一样，"文革"中造成冤假错案堆积如山，前来信访喊冤的什么样的都有，黄静波都已经见怪不怪了，因此这个踢门上访的妇女，也没让他震惊，只是让他感到案情很严重，需调查了解一下。

　　在这些冤案中，包括东江纵队的许多同志。东江纵队在中国的抗战历史中是一支特殊的部队，是孤悬华南敌后的抗日武装，在长期的抗战中，得不到来自党中央的直接支援，困难时期甚至连一部电台都没有，仅靠收音机来收听延安新华广播电台的消息。然而它终于发展成为 1.1 万多人，毙伤日、伪军 6000 多人，胜利完成"省港大营救"。由于这支队伍有 1500 多名华侨子弟和港澳青年先后回来投身抗战，并一直有港澳、南洋地区的募捐支援，使得他们在"文革"极左时期被诬"里通外国"的嫌疑。

　　冤案中，就连彭湃烈士的家人都不能幸免。彭湃是中国共产党早期农民运动的主要领导人之一，海陆丰农民运动和革命根据地的创始人，被毛泽东称为"中国农民运动大王"，1929 年被国民党枪杀。

　　由于其出身于广东省海丰县一个工商地主家庭，他自述家况是："被统辖的农民男女老幼不下 500 人。我的家庭男女老幼不下 30 口，平均一人就有 50 个农民做奴隶。"他投奔革命后，兄弟立即分了家，但是在"文革"中，彭湃的家庭还是属于被"清算"的范畴。

　　这些英雄人物都不能幸免，更何况广大群众。黄静波经历了"四人帮"十年的残害，非常同情这些为党和民族立下赫赫功勋却被人肆意涂黑的人；冤案不平，民心不顺，改革开放就很难起步。因此黄静波对信访工作抓得很紧。

　　在一次省政府召开直属机关、单位办公室主任会议上，黄静波对信访工作提出要求，他希望办公室主任、秘书人员好好学习党的方针政策，不断提高政治思想素质，认真办事、办文、办会，做好信访工作、接待工作。他要求办公室主任努力做到：对群众的来信必复，对群众来访必见，对打来的电话必听。如果实在没时间，也要吩咐有关同志认真去办，事后听取汇报。

"人家有事才给你写信，有事才来找你，有急事才打电话给你，说明人家对你信任，认为你能帮他解决问题。所以，应该及时给人家复信，应该热情接待人家，应该热情接听电话，了解有什么事情要办，商量着解决问题。一时解决不了的，也要给人一个答复，不要冷落人家，要使人家感到温暖、有希望。"

表面看来，搞接待并不是什么难事，但是要真正处理起来，每一桩冤案背后都有各路人马和各色人等，是多种势力真刀真枪的角力和竞逐，哪一桩都很棘手。

对于那位"破门而入"者，黄静波并没怎样反感，黄桂清是黄静波到广东工作后遇到的第一个直接找他上访的人。他对黄桂清闯会场，没有作出任何反应，但他心里在想：一个女同志如不是被逼到绝望中，是不会作出如此激烈行为的。

那天会议结束后，他就叫有关人员找出中央转来的有关材料，当天晚上一直看到凌晨两点多钟。

没几天，黄静波就叫秘书转告黄桂清："有关材料都看了，我们会认真对待这个案子，抓出个结果来。"

黄桂清，"文革"造成的众多"窦娥"当中的一个，两个人见面时，她痛陈了20年来的冤情：

我是1951年8月在粤北韶关市参加革命工作的，当时很年轻、能吃苦、也很能干，就是脾气不好，看到不平的事敢说。先是在市税务局当税务员，接着到粤北粮食局任会计，还被送到中南粮食学校学习，1954年又被调到省粮食厅财会处工作，说明当时的工作表现还是很不错的。但是由于我爱提意见，得罪了个别领导，在1955年下半年的肃反运动中，给我写假材料，把我打成"反革命"，劳教一年；1956 年彻底平反。

1957 年反右时我还是积极分子，可是当运动快要结束时，却无缘无故地被强行绑架，暗中送进劳改农场。我在那里上诉，说我不服罪，又被加了三年刑期，劳改了五年半才被放出来。

一些好心人劝我不要再告了，但我咽不下这口气。我生活无着落，只好每天晚上踩衣车（缝纫机）挣钱，白天就去告状。三年里我往法院跑了 323 次，最后由省高级人民法院，把前后四次错判全部撤销，1966 年我才回到粮食厅财会处恢复原职原薪。

可是以后每来一次运动，都要把我从头到尾折腾一次，反反复复，没完没了。

十年动乱期间，我又被五花大绑游街、批斗，丈夫、弟弟、妹妹都因我的问题受牵连而遭到迫害。1968 年又把我弄到英德"五七"干校强制劳动三年多。1969 年挨批斗，将我怀孕七个多月的小孩打死在肚子里，最后不得不做切除子宫的大手术。那年我才 39 岁。

1977 年，我又患上了肠癌，预料自己也活不了多久，就想争取利用仅剩下的一点时间，洗去泼在我身上的脏水，能留个清白之身于人间。

黄省长，那天真的对不起，那种急切的心情可想而知，一个快死的人还有什么顾忌的。我拖着已患癌症的病身子，每天到省高级人民法院、省人民政府找领导告状：政府内外的警卫岗哨我闯过，省长的汽车我拦过，一些重要的会议我冲过，政府的重要领导人物我都找过……都知道我是冤枉的，但要彻底平反我的冤案，实在也有一定难度。迫害我的人，都还在台上，还都是有职有权的厅级干部，哪位领导也不愿冒风险唱这个黑脸，更何况我只是个没有后台的一般干部。

省里难以解决，我就到北京上访。在生活十分困难时，我曾自费三次进京，最后由领导同志亲批，又转回广东解决。当然，有了上级领导的指示，来到省上就和过去大不一样了。

在省上告状多年，我是出了名的。想当初，由于警卫的阻拦，我连政府的门都进不去；秘书们挡驾，我连首长的面也见不着，我软磨硬泡就是不走，向他们诉冤，逐渐赢得了他们的同情和信赖，知道我并非无理取闹的坏人。每次连大门警卫也不再阻拦我了，一些秘书人员主动为通报，还向我介绍有关情况。

那次闻会见您的信息，就是一位好心的干部主动向我提供的，说你要找的财贸书记某某，到中央党校学习去了，现在中央新派来一位副省长正在里面开会，你可找他试试看。

1978 年以后，真理标准讨论推动了各条战线的拨乱反正。人们开始摆脱"两个凡是"的束缚，实事求是地处理拨乱反正中遇到的问题。组织部门放手平反冤假错案，提出不管是什么情况下定的、不管是什么人批的，该平反的都要平反。

黄静波自己是在胡耀邦、王震同志关怀下才从冤假错案中解放出来。从抚顺回到北京后，曾为平反问题多次到耀邦同志家。耀邦同志亲切地接待他，听他的申诉。让他感动的是，耀邦同志在百忙之中抽出时间帮助他修改向中央写的申述材料，担任中央组织部长后，又指定专人负责解决他的问题。耀邦同志在平冤假错案上表现无私无畏的精神使他十分钦佩。

到广东后，在一次省委常委会上，他亲眼看到省委第一书记习仲勋同志，在为无辜死难者昭雪洗辱时表现出的正气凛然的气概。

习仲勋同志提出要为彭湃烈士的老母亲及因此案受牵连的同志平反昭雪，有人当即表示反对，否则就上告党中央。习仲勋勃然大怒，对这个"杀人有理"的家伙说："你要是不上告，你就是王八蛋！"这才揭开了海丰问题的盖子。

习仲勋从陕甘宁边区到第一野战军一直是黄静波的领导，平常是温文尔雅、待人和善的老首长，竟能讲出这样激愤的话，黄静波还是第一次看到。

现在他更加感受到领导让他分管信访工作的深意。胡耀邦同志说："我们再不能制造冤假错案了！"这句话他一直牢记在心里——不平反冤假错案就等于是制造冤假错案。他要以耀邦、仲勋同志为榜样，从黄桂清的案子入手，不管遇到多大阻力，也要坚决落实党的政策。

黄静波为此案多次找组织部、财贸部和政法战线的负责同志商量，组成"黄桂清案件复查领导小组"，组长黄静波，副组长白修成（省委组织部代部长），日常具体事务由省政府来信来访办公室负责。他经常找办公室的领导了解案件的进展情况，指示哪些问题该找哪些人，该如何办。

而正在这个时候，黄桂清的肠癌日趋严重，已到非动手术不可的地步。黄桂清心里非常着急，她是多么盼望活到平反昭雪的那天啊！这么多年没来由的侮辱、摧残、践踏，现在她想平反的已经不仅仅是一个政治犯的冤案，更是一个普通公民做人的尊严。

在黄桂清动手术前前后后的日子里，黄静波为了让她心情平静、好好治病，多次让秘书转告她："案子会抓紧处理，要相信党的政策，最后会做出实事求是的结论。你安心把病治好！"听到这些温暖的话语，黄桂清感动得热泪盈眶，产生了从未有过这么强烈地活下去的愿望。

黄桂清没想到，手术后不久，好消息就传来，她沉冤20多年的案子得以圆满解决。黄桂清畅快的心情难以言表，同时又对信访办的同志充满感激，在她到信访办对他们和黄副省长表示感谢的时候了解到，一年来，信访办为许多人昭雪洗冤，使他们重获新生，有人在来信中称黄静波为"黄青天"！

平反后的黄桂清，一扫沉郁悲愤的心情，病情也奇迹般减轻，昔日信访路上的"拼命三郎"，全身心地投入工作，出任广东省粮食厅华佳粮油食品公司经理，在商品经济的大潮中，做出优异成绩，并利用自己在海外华人及经济界的影响，积极引进外贸，繁荣广州经济，同时热心于社会公益事业，受到中央和省市领导的赞扬和鼓励……一个即将走到尽头的饱受屈辱的生命，又忽然伸展出新的枝芽，长成郁郁葱葱的参天大树。

广东省舞蹈家协会主席、原任广东民族歌舞团（即现在的南方歌舞团）团长的陈翘，谈起黄静波时仍十分激动。她说："广东民族歌舞团长期下放在海南岛，因而许多问题无法得到解决，我们多次写信要求集体回到广州。黄静波同志为我们迁回广州做了很多疏通工作，让我们终于回到了自己家。"

黄静波说信访工作是党联系群众、了解民情的主要渠道，我们关心群众，为群众解难，就是为中央分忧。在黄静波分管信访工作期间，广东到中央上访人员大大减少。

"如果不能平反，就是在制造冤案"，这句话如此地耐人寻味，它不是金科玉律，又不是狂妄之言，不是法官守则，更不是官话套话，它的执行者，是那些对自我道德审判极其严格、又对公正严明富有牺牲精神的人。什么是公仆意识，就是一个人的良心，无论是小官还是大官，无论是官还是百姓，只要有了做人的良心，就是一个好人，好人就是好百姓，就是好官。

在广东工作的四年间，黄静波同所有领导同志一样在摸索中前进，在成功中积累，在失败中醒悟，获得了在中国进行改革开放难得的实践经验。对于这样一笔财富，他不敢独自占有，在心满意足中默默老去。他迫切地想要把它们转换成新的生产力，再为另外一片土地、给最寂静、偏远的土地带来生机……

第八章

青藏高原的呼唤　老将最后的追求

从广东到青海　西北的情缘

　　1982 年上半年，黄静波即将离任广东，已经年届 63 岁的老干部本可以选择一项不太繁重的工作，然而他却把最后的战场定在了青海。胡耀邦、薄一波、王震、宋任穷以及中组部的负责人都不止一次地劝阻他，北京、辽宁、陕西、甘肃、宁夏均可，继续留在广州也行，最好不考虑青海；上年纪的人了，到海拔那样高的地方，等于整年整月生活在飞机上。黄静波却风趣地说："只要别人能生活，我也就不会脸朝天！"

　　63 岁，对大多数人来说已经过了勇于挑战的年纪，对黄静波而言，干了一辈子革命工作，也没必要在这个年纪逞强好胜——他很清楚自己是否有能力付出，自己一腔热切的希望能否为大西北浇灌出一片幼芽。

　　青海，全部区域位于青藏高原，也就是"世界屋脊"，平均海拔3000 米以上。由于海拔每升高 1000 米，大气含氧量比海平面降低约10%；在同一纬度，海拔每升高 1000 米，气温降低 6.2℃，因此，青海的气候特点是氧气稀薄、气温低，另外，湿度低、太阳辐射强，大风、沙暴、冰雹、寒潮频繁。和西藏相比，青海由于距印度洋更远，又有昆仑山、唐古拉山、巴颜喀拉山等山地阻挡，使其比西藏更寒冷、干燥。

早在两千年前的汉代，青海是流放犯人的地方，中华人民共和国成立以后，仍有一批又一批的罪犯被送来青海，接受劳动改造。

"下放到青海去"甚至成了对干部的一种惩罚，黄静波却"反其道而行之"，他想在青海有什么作为呢？已经十分熟悉我国沿海省市工作的黄静波为什么要选择到偏远的青海去呢？首先，他不能忘记用血肉铺就的共和国诞生之路是怎样的信仰之路，他要把所有的光和热为国家多做点事、再多做点事；也正是因为积累了改革开放前沿的许多经验，经历了乘风破浪的开拓之旅，他对国家的边疆建设也充满了热情洋溢的理想主义；再者，作为西北人，青海的地理环境令他感到亲切和熟悉，他要为西北再尽些力，再去高原戈壁唱一唱花儿香……

在这样一块地广人稀的疆土上，共和国成立以来已经投入了大量的建设资金和人力，产生了许多可喜的变化。

青海省在新中国成立前没有一寸铁路，20世纪80年代初，修建了1300多公里的青兰、青藏两大铁路干线和三条支线，公路通车达15000多公里；由解放前的8个手工作坊，发展到轻工、纺织、冶金、煤炭、电力等工业企业1300多个，工业固定资产增长了300倍；粮食增长2倍多，油料增长2倍多；由解放前没有一所高等学校，发展到7所；在渺无人烟的荒野上，格尔木、德令哈、大柴旦等一批新兴城镇也建立起来了。

然而，青海并没有因此在人们印象中脱离"穷省"的帽子，黄静波经调查了解到青海省实现富裕大有希望。

过去有人形容青海的贫穷是"山上不长草，农牧民不洗澡，房顶上能赛跑，有钞票花不了（只得以物换物）"；说到青海的闭塞、寡闻时是"日听家啦啦（麻雀），夜听癞蛤蟆"。这些都形象地说明了青海的贫穷和经济不发达的状况。……现在的关键在于我们要有信心、决心和力量，开发、利用这些宝藏资源，变地下的睡宝为现实的财富。过去美国西部的开发史构成了19世纪美国发展史的主旋律，而现在外电对苏联正在开发的西伯利亚及远东地区的评论是"这个庞大的欧亚的心脏地带会成为决定世界平衡的中心"。青海有类似的条件，有农牧业资源和水力及其他能源，自然条件多样，宜工宜农，宜林宜牧，宜渔宜副，为什么就不可以变穷为富呢？只要依靠400万人民的双手、智慧，解放思想，就完全可以把潜在的财富化为现实的财富。另外，青海名胜古迹颇多，山水异趣驰名中外。只要稍加投资，开发这些旅游资源，既赚钱又宣传了青海，这也是一个宣传与致富的关系。许多企业家是很会运用宣传的艺术发财致富的，攻心为上嘛！总之，不能把青海的穷绝对化了，我们的结论是：青海好，遍地宝。现在，党的路线明、方针对、政策好，加上我们动脑筋、想办法、广开路，是一定可以摘掉贫穷的帽子的。

黄静波在昆仑山口

1982年9月17日，经中央批准黄静波任中共青海省委委员、常委、书记，于是黄静波又带着"脸朝黄土"的拓荒牛精神来到了青海。到了西宁，黄静波刚休息了三四天就开始外出考察，据说登珠峰的国家登山队员还要在西宁适应半个月。

黄静波乘着一辆老吉普车翻山越岭、穿梭戈壁、进厂矿、入农场，历时100天。每到一处，他都进行深入了解，使其成为整体规划蓝图中的一个参考资料。

185

中秋时节的青藏高原，黄静波的眼中是绵延不绝的草山、一望无垠的牧场和蓝得异常纯净的天空。

日月山，平均海拔 4000 米以上，古时候称赤岭，得名于土石皆赤，或赤地不毛。相传当年文成公主远嫁吐蕃，曾驻驿于此，向前西望吐蕃，天高云低，草原苍茫；回头东望长安，更加留恋故土。遂拿出皇后赐予的"日月宝镜"，从中照看长安景色和亲人，不禁伤心落泪，思乡的泪水汇集成了倒淌河，由东向西，流入青海湖。

但当她想到身负唐蕃联姻通好的重任时，便果断地摔碎了"日月宝镜"，斩断了对故乡亲人的眷恋情丝。

从此，赤岭改名为"日月山"。那摔碎宝镜的地方变成了青海湖，这个故事给汉藏人民留下了美好的记忆。

将这个动人的故事和眼前的美景联系起来，黄静波愈发热爱这片开阔的高原，而全然没有窒息的缺氧感；同时他也在头脑中很清醒地形成了一个"金点子"——将日月山的旅游资源开发出来，在山上建"日月亭"，供游客登高眺望。

在这里，黄静波有感而发，还曾激动地赋诗一首：

> 岁月匆匆计时辰，年迈苍苍西部行。
> 少时去西老归东，老夫而今反其程。
> 立马昆仑何惧寒，戈壁大漠访新城。
> 阳光道上歌舞起，献身人民慰平生。

103 天过去了，黄静波考察了全省，返回了西宁。1982 年 12 月 29 日，黄静波代理青海省省长职务，不久正式出任省长。

1983 年 1 月，在青海省、州（地区）、县、社四级干部会议上，新省长黄静波稿也未拿，和秘书一同抱着一篮子食物走上了讲台，办起了小型"展览会"。

黄静波首先从篮子里拿出一个苹果说：这个苹果大家都吃过吧，青

黄静波亲切慰问驶入柴达木盆地的第一列列车上的乘务员

海人叫它"三红"，青海的民和、乐都、循化、化隆都有，每年共产3000万斤。如运到香港，每斤价值港币两元。在广州，东方宾馆开始每斤一元六角，在西宁现卖人民币八角。

接着，黄静波抖动起一张比手掌稍长的银灰色毛丝鼠皮，"这种皮，在纽约市场，每张价值100美元，青海的各个牧区都可饲养"，他又举起一头红皮蒜，"按青海当地商品价格计，种一亩大蒜相当于种七亩半地的粮食产值，而这种蒜以及青海盛产的蚕豆、红辣椒，在香港、日本一带都是有名的"，然后，他又列举了青海的畜产品、矿产品，大到石油、锡铁、黄金，小到鹿茸、虫草、旱獭皮⋯⋯

他说："资源丰富，物华天宝，既有宝藏荟萃的'万宝山'——祁连山，又有矿藏遍地的'聚宝盆'——柴达木，还有各种珍稀贵重的动植物资源。"全省已发现各类矿藏81种，储量在全国居前十位的有37种，其中尤以湖盐、氯化钾、氯化镁、锂、硼、铅、锌、石棉储量大、品位高而著称。石油、天然气的开发前景也很好。全省已探明矿产资源的潜在价值达 1.1 亿元之多。青海省是我国的四大牧区之一，可利用草原达 5 亿多亩，有各类牲畜 2000 多万头。全省水能资源理论蕴藏量 2165 万千瓦，仅黄河在青海省境内河段上，可供开发的就有龙羊峡、李家峡、拉西瓦、公伯峡、寺沟峡、积石峡 6 个梯级，装机容量近 789 万千瓦，年发电量可达 300 亿度。

最值得称颂的还是这里的人民。青海是一个多民族地区，其中藏、回、蒙古、土、撒拉等少数民族人口占全省人口的 40%，各族人民热情豪放、勤劳勇敢、善良淳朴。他们热爱中国共产党，热爱社会主义制度，热爱祖国，互相尊重，团结友爱，正在共同为改变青海的面貌，创造更加美好的未来而奋斗。

　　同志们！有人讲青海是个穷地方，依我看，我们是烂皮袄里裹珍珠，表面上穷，内里可富得很哩！我们的青海人并不比北京、天津、上海人笨拙和落后，我们的春小麦，单产居亚洲第一，西宁的八角锤、活动扳手，远销欧美，是名牌货；我们为什么看不到有利条件，总是喊着青海穷穷穷，端着金碗去讨饭呢？我们为什么每年的总产值抵不上江苏的常州市，外贸额赶不上广州的一个县？

　　湟源县的一个塑料厂，原来只有 100 多人，前些年他们的产品统统由商业部门包购包销，后来商业部门不干了，因为他们的产品像塑料盒、塑料碗价高质量差，卖不出去。这时厂里派一个负责人出省参观了一回，结果他回来时说：没啥，到处都是喇叭裤、长头发，外省还不如青海呢。工人听了气炸了，一致要求撤掉他，重组人马，走乡串镇了解顾客需求，发现塑料棚有助于作物提早成熟，价钱又低。于是这个厂复活了，年利润翻了两番。同志们想想，那个出去考察的人是不是有代表性呢？

　　过两天，我就要回广州去了，去转我的党政关系，把我"后勤部长"的"老窝"端过来，我要和同志们一道，献身青海、改变青海，站好革命生涯最后一班岗。

会议结束时，一千多名干部，仿佛一瞬间陷入沉思，他们无法料想，这位新省长是将带领他们开辟一个新面貌，还是将承担一个不可能完成的任务……

1982 年 9 月，中国共产党召开第十二次全国代表大会，明确提出："把马克思主义的普遍真理同我国的具体实际结合起来，走自己的道路，建设有中国特色的社会主义。"从此，建设有中国特色的社会主义成为把全国各族人民凝聚在一起，进行改革开放和现代化建设的旗帜。

1983 年，当时的中共中央总书记胡耀邦同志在青海各地进行了为期十天的考察访问，并向青海省的领导干部发表了题为《立下愚公志，开拓青海省》的长篇重要讲话。这次讲话让青海人和黄静波备受鼓舞，他们预感到青海的春天即将到来。

其实，黄静波和青海省的缘分从 30 年前就开始了。1952 年，黄静波任甘肃省财政厅厅长、经委副主任时制定了甘肃省第一个五年计划，由于当时青海省条件不足，在甘肃省有关方面和黄静波的协助下，制定出青海省第一个五年计划。

30 年后，黄静波来到青海任省长，1983 年 4 月，在青海省第六届人民代表大会第一次会议上，黄静波做了"关于青海省第六个五年计划"的报告。这是他在中央将经济发展战略转向西部前夕、为迎接这个战略转移作准备的计划，也是他在政坛上最后的绝唱。

他和青海的缘分，是系在新中国成立后其政治生涯的出发点和终结点上的。

"六五"计划，是指 1981 年到 1985 年青海省的国民经济和社会发展计划。这次报告对后两年的工作重点提出了新的要求：

　　……近两年，我省经济效益有了提高，但总的看，转轨问题还远没有解决。一些单位在指导思想上，注意速度比较多，注意效益比较少，片面追求产值的现象还没有根本扭转。……今后，要把考核经济效益作为检查计划执行情况的中心内容。要求到1985年，工业产品的质量达到国家标准，逐步提高优质产品的比重；每万元工业产值消耗的能量，比1980年下降1.4吨，平均每年节能率为2.2%；工业企业全员劳动生产率平均每年提高1.7%……

当时青海的经济状况和全国相比还有很大差距，其中一个重要特征是还戴着"三五牌"的帽子。所谓"三五牌"，即青海每年需要中央拨5亿元人民币做补贴，还要调进5亿斤粮食和约5亿元商品。

要发展首先要脱贫，黄静波以发展的眼光看青海、着手青海的工作。当时他并没有想到，这与16年后中央发出的"西部大开发"的号召遥相呼应，为吹响"西部大开发"的号角做好了准备。

1988年，邓小平针对中国发展不平衡的特点，提出了"两个大局"的战略构想。一个大局，就是沿海地区加快对外开放，较快地先发展起来，中西部地区要顾全这个大局。另一个大局，就是当沿海地区发展到一定时期，要拿出更多的力量帮助中西部地区加快发展，东部沿海地区也要服从这个大局。

1999年6月，当时的中共中央总书记江泽民提出，加快中西部地区发展步伐的条件已经具备，时机已经成熟。11月，中央经济工作会议部署，着手实施西部地区大开发战略。

《德国商报》刊载文章说："西部大开发"是中国20年前实施改革开放政策以来最大规模的经济计划。香港《南华早报》称："西部大开发"计划为"一次史无前例的十字军远征"。

中国西部大开发的范围包括重庆、四川、贵州、云南、西藏、陕西、甘肃、青海、宁夏、新疆、内蒙古、广西等12个省、自治区、直辖市，占全国土地的71.4%。西部地区自然资源丰富，市场潜力大，战略位置重要；但由于自然、历史、社会等原因，西部地区经济发展相对落后，人均国内生产总值仅相当于全国平均水平的2/3，不到东部地区平均水平的40%，迫切需要加快改革开放和现代化建设步伐。

中国东西部发展的不平衡现象并不是短期内形成的，也不是短期的政策倾斜能够解决的，正如"西部大开发"本身就是个长期战略，它需要一代又一代的建设者来接力。

然而黄静波是怀着焦急的心情赶来的，等不及下一代来接力，要亲自跑完这艰难的一程。和东南沿海的四个"经济特区"相比，青海省的改革步伐难免慢一些，这也是黄静波执意赶赴西北的重要原因。他要在中国最僻静的地方敲响改革的战鼓，在海拔最高的"高原"上发出振兴的呐喊。

要改革就要有所触动，首先触动的即是人的观念，怎样使一个地区化劣势为优势，既能依据市场需求繁荣地方经济，又不损害资源、避免形成依赖型经济，这个转变不是开几次会就能解决的。黄静波为什么如此热爱青海这方土地，因为他是西北人、陕北人，长期作战在陕甘宁，特别是在甘肃兰州工作使他对青海从了解到热爱。青海是中国的三江之源。是中国最美的一颗翡翠，最洁一方净土，最后一片绿洲，是没有开发的资源宝库。黄静波献身青海，他是有眼光的。

黄静波感到，当时青海省的政府官员仅仅补课，就需要花费一段时间。

愿将此生赋青海　非是老夫自多情

吸引人才、留住人才，有了人才才能建设发展。

一位在青海工作过的老人讲了这样一个见闻：20世纪80年代初，他去青海黎明机械厂一个老工人家中做客，晚饭的时候，这名老工人的家人恰好也都在，团团地坐在桌旁，其乐融融。令人不解的是，餐桌上空了一个人的位置，上面摆着碗筷，甚至盛好了饭，倒好了酒，只是没有人来坐。

黄静波（右三）和格尔木市的领导在研究格尔木市的规划

老职工这样解释说："今天是我们一家团圆一周年纪念，这个位置是给黄省长留的，是在他的提议下、省委省政府领导的支持下进行的人事制度改革，让我们一家团圆了。黄省长公务繁忙，我们也没法当面感谢，只能用这种方式。来，这头一杯是敬给黄省长的。"

老职工说这番话时，泪光闪烁。

一省之长的作为，能够直接影响到普通职工的家庭生活中，并能够得到如此真诚的爱戴，怎能不令人震撼和感动。由此也可见，青海省实施解决两地分居、解决插队青年就业及对技术工人照顾的相应政策为百姓生活带来了怎样的变化。

大西北虽然具有很多的资源和潜力尚待开发，但是这些都要由人来完成的，由于气候、环境等原因，人才的匮乏成为大西北建设的一个瓶颈。青海是我国人口密度较低的省份，其3000—5000米的高海拔也令很多外地人才望而生畏，然而要将这样一个"远看是高山，近看是平川"

黄静波省长在大通县调查研究时与农村专业户亲切握手

的一片土地发展好，毫无疑问离不开人才。

想要居住生活在青藏高原，首先面临的问题即是高原反应。高原反应即急性高原病，是人到达一定海拔高度后，身体为适应因海拔高度而造成的气压差、含氧量少、空气干燥等的变化而产生的自然生理反应。海拔高度一般达到 2500 米左右时，就会有高原反应。高原反应的症状一般表现为：头痛、气短、胸闷、厌食、微烧、头昏、乏力等。有的人甚至会有嘴唇和指尖发紫、嗜睡、精神亢奋、皮肤粗糙、鼻孔出血或积血块等现象。人体缺氧引起高原病还包括高原肺水肿、高原脑水肿等。

黄静波了解到，1979 年至 1982 年的四年间，由于各种离开青海回流内地的专业技术干部就有 2634 人，同期调入青海的专业技术干部只有 292 人。大体上是进来一人，出去十人。

青海医学院原有教授、副教授 20 人，1979—1980 年两年，就有 9 名流向内地，几乎一半的高级人才走了。不仅知识型人才留不住，技术工人中也有许多要求离开青海。1980—1982 年，调离青海的工人共 5474 人，而同期调入的只有 1176 人。

"文革"时，为了加强三线建设，也是为了防止美苏入侵，东北老工业基地的很多大厂都整体大厂或是本厂迁往三线——青海、贵州和四川、甘肃等地。齐齐哈尔第三机床厂就有部分迁到了西宁。但这些技术人员和工人后来陆续回到东北，主要是因为青海工资低，条件恶劣生活质量差。黄静波看到这里时心疼得掉了眼泪，俗话"十年树木，百年树人"，培养一个专业技术人才需要有多少的时间、财力和物力，况且对本地各方面环境状况都了解的人才更为稀缺。那么这些人为什么执意要离开生活了这么多年的土地呢？

20 世纪 50 年代初期，共和国刚刚成立，百废待兴，党员带头吃苦，全社会处处一片生气。政府在工资标准、出差补助、探亲休假、御寒装备等方面规定和实施一些特殊的政策，吸引了外地人才。但是从 1955 年 8 月开始，"空头政治"抬头，片面强调"无私奉献"，工资待遇一压再压。

另外，青海的生存环境也令人顾忌。据统计，果洛藏族自治州工作十年以上的干部，70% 左右患有各种急、慢性高原病。干部早死现象很严重，省会西宁市从 1972 年 1 月到 1982 年 6 月 10 年间，死亡干部197 人（非正常死亡除外），平均年仅 51.08 岁。据 20 世纪 80 年代初全国人口普查，青海人的平均寿命比全国少 8 岁多。"宁可东行千里，不愿西去一步"，是当时人们一种十分普遍的心态。

中国自古以来，都是由知识分子支撑着社会的智识阶层，近现代被动挨打，也和知识分子信息闭塞、科技力量落后于人有一定关系。人才是一个国家发展壮大的基本要素，"栽上梧桐树"才能引来"金凤凰"，黄静波认为这一点是决不能忽略的。

黄静波在做了大量调查后决定，尽可能在安排使用、生活保健、家属户口、住房、子女就业、工资福利待遇、离退休后的安置等各个方面，制定出一整套办法，逐步地解决好干部、知识分子、多种专业技术人才和广大职工在生活、学习、工作中的各种实际问题。

1982 年 9 月 21 日，黄静波在全省州长会议上再次强调：

> 落实知识分子政策，我们要坚持不懈地搞，只有充分发挥知识分子的聪明才智，才能迈开开拓青海的步伐。在这个问题上我们有些人还在扯皮，我就是这个思想，只要干一天，就坚持这样做，不怕挨骂。有些人不敢干，为什么不干？就是怕丢官，丢了官有什么了不起？我们调整，就是为了翻两番，不能只拿工资不干事，还扯皮……

经黄静波建议，在省委、省政府领导其他同志的支持下，中共青海省委、青海省人民政府下达了关于改善专业技术干部生活待遇的试行规定：

> 实行地区技术岗位津贴；适当放宽专业技术干部农村家属户口迁入城镇的条件；逐步改善专业技术干部住房条件；西宁地区的工程师及相当这一职称以上的专业技术干部在原有供应大米定量的基础上，每人每月增供四斤大米；有重大贡献的专业技术人员，工资级别和职称可破格晋升……

本规定自 1983 年 3 月 1 日起执行。虽然对现在的人来说，这样的条件仍然够不上令人激动，但是在当时财政困窘的情况下做到这几点已经很不容易。

1983 年 1 月，黄静波在西宁地区知识分子大会上的讲话中，表明了解决知识分子待遇问题的信心和决心。

青海经济建设要发展、要开创新局面，当前要解决的问题很多，但是，第一个要解决的问题，特别是要落实知识分子政策问题。要使他们人尽其才，"少有所用、老有所归"。他说，在座的专家和同志，有的在

1983 年 1 月，黄静波在全省四干会上讲话，桌上摆的是他在基层收集到的矿物标本和农副产样品

青海工作了三十多年，有的工作了二十多年，他们是开发和建设青海的先驱，他们的辛勤劳动和所作的贡献，党和人民是不会忘记的。

除了对知识精英待遇加以改善，黄静波仍然没有忘记广大职工的切身利益，他们不仅是一切事业发展的基础，还是特殊人才的潜力军。

1983 年，青海省政府向中央递交了关于工资福利方面的意见：

我省地处青藏高原，海拔高，气候寒冷，严重缺氧，职工高原性疾病发病率高，加之副食品供应、福利设施较差等因素，人的体力消耗大，体质普遍下降，体弱多病的人越来越多，大都未老先衰。为此，我省的职工退休年龄与全国应有所区别。我们意见，较全国规定缩短 5 岁，即：男 55 岁，女 50 岁。

我省职工来自全国各省、市、区，职工中有 72% 系外省籍，在青海高原工作几十年，按常规退休应到外省原籍安家落户。但是，每年我省的退休职工有不少原籍不予落户和安置。因此，要求国家作出规定：退休回原籍的应准予落户和安置。

应允许退休职工带一名工作的子女到安置地区工作和照顾其本人生活。

1984 年青海第 105 号文件制定了关于解决职工待遇问题的暂行规定：

1. 实行在青海工作年限补贴。凡国家在职固定职工，从在青海工作之日起每人每月补贴 6 角。此后，每逾一年，增加 6 角，按年累计。

2. 增加离休、退休职工的工资。

1994 年 8 月 31 日以前经组织批准离休、退休，在本人原工资的标准基础上增加一级工资，并列入离休工资或计算退休费基数。

3. 在职的国家固定职工，凡在青海实际工作满二十年以上的，在本人现行工资标准的基础上增加一级工资。现在不满三十年的，满二十年后也增加一级工资。

本规定自 1984 年 9 月 1 日起执行。

为保护干部职工的健康，经中央批准，青海省委省政府决定：

给职工发放高原保健费：每人每月，海拔 2500 米以下地区 15 元，海拔 2500—3000 米地区 21 元，海拔 3000—3500 米以上地区 30 元，3500 米以上地区 45 元。

建立干部轮换制度：对在海拔 3000 米以下地区工作满八年、海拔 3000—3500 米地区工作满六年、海拔 3500 米以上地区工作满五年的干部，除自愿留下者外，分期分批轮换。

实行轮休制度：海拔3500米以上地区，每年一次，每次两个月。休假可到内地，往返路费报销。其他地区实行不同时间的休假。

妥善安排离休、退休干部：在离休干部比较集中的陕西、河北、四川、江苏、河南、山东、山西、辽宁、浙江、湖南、湖北、广东等省建立干休所。

这些制度下达后，干部职工外调的浪潮迅速得到了缓和，甚至还出现了一批要求来青工作的外地干部。

当时干部和工人的工资级差是很小的，在内地，学徒工每月18元，干部参加工作为31.5元。有的干部工作了十几年只挣三四十元，工人一级工二级工也是30多元，八级工顶天才80多元，科级干部到90多元。黄静波在青海为干部、职工争取的高原补助也比黑龙江的高补贴高很多。黄静波真是为青海人民造福的好省长。难怪青海人民对他如此爱戴。但他不是为买人民的好，而是真正为留住人才、发展青海省想的。

1984年10月6日，带着满腔热忱和一张建设蓝图，黄静波进京向中央汇报工作。到京的第二天，国务院副总理姚依林、李鹏、田纪云就接见了黄静波一行，并和国务院有关部门的负责人一起听取了他们的汇报。国家有关委、部、局对这次汇报非常重视，并迅速作出了答复。教育部同意在人才上进行对口支持；劳动人事部同意1984年给青海增援1000名劳动指标，解决民办教师的转正问题。

中央的支持更坚定了黄静波广纳贤良的信心。由于历史原因，黄静波本身虽然不是专业技术人才，可他却是难得的管理领导人才，是慧眼识英才的伯乐。1985年3月，他在《青海日报》刊登了《关于正确认识和处理青海经济建设十个关系的问题》中，生动地描述了青海对人才的渴求：

青海已经到了"天时地利唤人才"的时候了，全省现有知识分子仅占人口的0.3%。即使充分发挥现有人才的作用，也还是不够的。……我们的州、县长中，争经费、争材料的多，争人才的少，还美其名曰"巧妇难为无米之炊"，你那里就没娶上"巧妇"，谈何"难为"无米、有米呢？二是不爱护人才，叶公好龙。没有人才想人才，有了人才嫌人才。……三是把引进人才说成是"撵走儿子招女婿"。其实，我们并没有"撵儿子"，我认为"儿子"不能撵，"女婿"还要招。"儿子"不够，"女婿"就要多一点，俗话说："黄河里不怕船多"，"韩信带兵，多多益善"，何况我们搞的是四化大业呢！四是说引进的人才是"借来的猫不抓老鼠"。这是毫无根据的片面说法，也不利于开拓青海。古今中外，靠引进人才致富、变强的事例不少：秦始皇的宰相就是外来人才，美国就是靠吸引外国人才领先的。日本有个很形象的比喻：经济起飞靠两个轮子，一是技术，二是管理，车轴是人才。……唐朝大诗人杜甫说："我有美才千千万，何愁天下无栋建。"有了人才，就有了实力。现代经济观念的第一条就是"引进一个人才，等于种下一棵摇钱树"。

为了吸引优秀人才，黄静波不仅主张"留得住"，而且还要"招进来"。1985年4月，省委书记、省长黄静波和副省长班玛旦增等人来到北京，在北京大学礼堂接见了在首都各高校读书的青海籍学生。黄静波的一番讲话，令远离家乡的北大学子倍感乡土的温暖，心中建设家乡的热望再次被点燃。

同学们，你们要珍惜难得的学习机会，为实现四化、为开拓青海努力学习；希望你们团结同学，广交朋友，实事求是地宣传、介绍青海，使大家都对青海有一个全面的了解，争取更多的有志之士到青海去开拓，去建设；希望你们经常同家乡取得联系，对青海的建设和各方面工作有什么想法、建议和要求，可以通过书信、捎话等多种形式进行反映。如果在学习、生活中有什么困难不能解决，也可以直接给省委、省政府写信。

与此同时，青海省政府还在北大设立了一个"宣讲团"，主题是"招贤引才、开发大西北"，举办代表青海形象的图片和矿物标本展，吸引了首都各高校学生前去参观。开展五六天中，接待了 5000 余名学生。

北大校报的一名业余记者说："你们这次来得太好了，吹起了宣传青海的号角，在北大已经出现了'青海热'。"

几位哲学系、图书馆系的学生在留言簿上写到：

现在青海省的领导同志，认识到了科学的巨大力量，做出了到外地吸收人才的决定，鼓励大批青年到青海去开拓，这是一件值得欣喜的事情。

看了展览很有感触，青海的前途光辉灿烂，青海省有这么一个重视人才的领导班子，青海的奋飞是指日可待的。

也有的学生在留言簿中当即表达了建设青海的志向：

……愿将此生赋青海，非是少年自多情！

我是青海的学生，也是土生土长的西宁人，今天看了家乡的展览，很受鼓舞，再过两个月我们就毕业了，毕业后我志愿到海西州去，为开发柴达木盆地作出自己的贡献。

看到这些年轻的跃动的心，黄静波感到无比欣慰，山河依旧，乡音依旧，而政府对于树立地方形象、打造适宜人才发展的空间是如此的重要。

1985 年，《人民日报》刊载了一篇新华社的报道，"清华大学一批毕业生愿将青春献边疆"，文中提到，清华大学工程物理系学生、共产党员田力家在河北，他父亲听说儿子要去自己战斗过的青海工作，非常支持。

田力 1984 年暑假曾去西北考察，萌发了献身大西北的心愿。1985年 1 月，他给青海省省长黄静波写信，表达了自己的愿望。由于没有得到回音，他就参加了研究生考试，并以优异的成绩考取了，后来他又收到了青海省欢迎他到那里去工作的回信。他经过反复思考，毅然放弃了攻读硕士学位的机会，愿早点儿去大西北干一番事业。

水利工程系学生、预备党员王辉也已考上了研究生，但他也决心先到青海去磨炼。

这些有志青年的行动，得到了学校的鼓励和支持。学校作出决定：对已考取研究生，而决心到边远地区工作的学生，保留研究生入学资格。

清华大学是"天之骄子"的摇篮，这里的学生会生发出对青海的热爱，一方面表明黄静波的"宣传"工作的确没白做，另一方面也预示着国家开发西北的序幕即将拉开。

栽下梧桐树，才能引来金凤凰。黄静波感到，青海这棵"梧桐树"还不够坚实繁茂，"人才"首先是人，"人才"向往的居住地也必然是"适宜人居"的地方。那么，易患"高原病"的青海能否在医学病理上有所突破呢？

1984 年 10 月，省卫生厅组织省人民医院、省高原医学研究所、省中医院、省儿童医院等 7 个单位的 50 名医务工作者，开展了高原医学研究。他们带着设备，从海拔零点的山东青岛开始，经陇海、兰青线，最后到达海拔 4000 米以上的玉树藏族自治州和果洛藏族自治州玛多县，研究海拔高度和人的机体的关系。这是新中国成立以来全国规模最大的一次高原医学研究活动。

"知识就是力量""知识改变命运""以人为本"，这些后来才被人们熟知的词句，在多年前、偏远的青海就被黄静波以另一种形式说过了。

黄静波永远不会忘记，中国人浴血奋战多年仍未能彻底结束的战争，在两颗原子弹的促使下才最后终止；他也不会忘记，中国原子弹研制成功时举国欢腾的场面，世界军事格局因此而改变，国人不必再为落后的军备提心吊胆，我们还有时间去发展；他更不会忘记，"两弹一星"的元勋郭永怀，放弃海外的优越生活回到祖国，在乘坐的军用飞机失事而牺牲时，还紧紧地抱着装满技术资料的文件包……这些可敬的知识分子，创造着难以预估的生产力，改变着中国的命运，他们不应被轻视和遗忘。善待他们、运用合理的机制激发他们工作热情，才能体现出一个和平、民主、文明、富强的国家政治的昌明。

没有这些知识分子的献身，"两弹一星"能搞出来吗？没有"两弹一星"的升空，我们能自立于世界民族之林吗？因为人才战略是根本。没有新中国成立初期中央人才战略的实施，能有钱学森、李四光、邓稼先、郭永怀、华罗庚等大批高级知识分子的回归吗？刘邦没有张良、萧何、韩信能成霸业吗？刘备没有诸葛亮、关张赵马黄五虎上将，能与曹孙三足鼎立吗？

黄静波知道青海的自然资源必须靠人才来开发发展。他也像刘备一样寻找有用的人才。

寻找农业科技的领头羊 "克隆"粮食状元

虽然青海可耕种的土地面积并不多，然而也正是由于耕地的稀少，农业生产的发展才显得更为重要；黄静波心里很清楚，怎样在单位面积的土地里生产更多的粮食，靠"想象力"产粮的浮夸年代已经过去了，家庭联产承包制也解决了政策上的问题，这时应该脚踏实地地从注重科技人才、表彰致富能手做起。

1982年9月，中共十二大以后，经济体制改革全面展开，农村的家庭联产承包责任制迅速推向全国。11月，刚到青海上任的黄静波听说出了个平均亩产1328斤的粮食状元。要知道，即使在今天，小麦亩产一般也就是400—900斤，而在1982年达到1300多斤确实很了不起。

这个粮食状元叫韩进孝，来自海西蒙古族藏族自治州乌兰县希里沟公社（1984年改为希里沟镇）。希里沟是柴达木盆地"八百里瀚海"中一小片绿洲，蒙语的意思是大草甸，粮食丰产固然和难得的土地有关系，但是取得这样好的成绩背后肯定有其他的因素……黄静波这样想着就兴冲冲地赶往乌兰县，听了县上的汇报，掌握了责任制后"重点户""专业户"的发展状况。之后，他还没忘记要到西庄大队去看看韩进孝。

韩进孝，一个率直朴实的庄稼汉，听说省长要来，慌慌张张地开始扫地。就在尘土飞扬的时候，黄静波笑着走了进来，让他把扫帚扔在一边，一起坐到了炕头上。和老乡韩进孝聊开后，韩进孝讲了自己在全大队田地"招标会"上的精彩一幕：

> 1982年春节刚过，西庄大队第八生产队100来户人家选出代表参加紧急会议，主要的"竞标"项目是26亩小麦地，65亩豌豆地，指标为22275斤，大家你一言我一语都感到担子太重，有的要求亩产700斤，有的说710斤，谁也不敢承包这个任务。
>
> 这片地，秋后交22275斤粮食，我韩进孝包啦！

最后，韩进孝一拍桌子包了下来，让大家目瞪口呆。

黄静波问："为什么你会有这样的信心呢？"

这时候，韩进孝却把目光投向了坐在黄静波旁边的时任乌兰县科委副主任的王春玉，他说："都是'王科学'给我撑的腰！"

原来，王春玉被韩进孝称为"王科学"，王春玉曾给过他一些"高原338"良种，秋后一亩竟打下了1100多斤小麦。因此韩进孝认为完成亩产800斤的任务应该没有问题。

"夺标"之后，韩进孝就找王春玉来商量技术承包合同的事。没想到王春玉当场在《农业技术承包合同》中提出了八条承包农业技术措施，还订立奖赔规定，在"承包指标"一栏中写道："队里联产承包指标为

22275 斤，以此为基数增加 3596，即总产为 3 万斤。"韩进孝惊得半天合不拢嘴。

就这样，"王科学"十拿九稳地为韩进孝赢得了"粮食状元"的桂冠。

聊到这里，黄静波禁不住用钦佩的目光看着"王科学"，因为他终于"锁定"了目标，这正是他放下一切工作跑到希里沟想要找的人！

王春玉本是浙江省温岭县人，1954 年浙江黄岩农校毕业时分配到青海省农科院工作，1956 年，加入到省农科院筹建的柴达木农业实验站中。从江南水乡到"八百里瀚海"，几十年来，王春玉的确以默默无闻的"愚公之志"培育着"瀚海幼苗"，希望江南的蔬菜能长到这里来，但都失败了。1981 年，王春玉培育出了一种独特的"高原 338"麦子品种，田中发现了一株长势拔萃的、有五个分蘖的麦粒，收了 357 株糙麦子。正是这一发现应用到韩进孝的田地里取得了丰收。

"4 万多斤，将近翻一番呀，王春玉，了不起。"

访问"粮食状元"韩进孝

黄静波赞许地说。黄静波从那一次长谈以后，就交上了这个农艺师朋友。

省长到"粮食状元"户家中"取经"，这件事在希里沟传开后，大家都知道，韩进孝是全国闻名的勤劳致富的万元户，而王春玉则是韩进孝的"活财神"。

"活财神"是归韩进孝独有的还是大家共享的？既然韩进孝能请，大家都能请！农民们看到了，科技能高产，科技还能致富，而且掌握农业科技的不仅是王春玉一个"财神"。

1983年春耕以前，"请财神"的农民集中在乌兰县科委、县农业技术推广站、各公社农科站的大门口。王春玉的家更是门庭若市，从早到晚都有人在外面候着。

遇到这样一个农业科技人才，黄静波自然不会轻易"放过"。有一次，王春玉到省上开会，黄静波到宾馆找他，他不在，黄静波竟然等了40分钟。

黄静波见到王春玉时，最关心的是在希里沟种绿色草原豌豆的事。王春玉回答："明年，我们想大面积种。"

黄静波惊讶地说："同志，你比我清楚，这种豌豆是青海的拳头产品。今年能做的事为什么要拖到明年？同志，明年还有明年的事呀！"

他的埋怨的话中满是鼓励，听到老省长比自己还着急，王春玉心底立刻鼓起了干劲。

黄静波又顺便问起韩进孝的情况："韩进孝现在怎么样了？"

"韩进孝日子过得不错，新盖了一座小楼，还养了九头牛，买了一部拖拉机和一辆'青海湖'牌大卡车，家里收音机、录音机、缝纫机、彩色电视机、电子计算机、电话机都全了。"

黄静波笑着点头称好。

王春玉信心百倍地说："你放心，1984年，我要在乌兰县搞出十个'韩进孝'来！"

一个"粮食状元户"可以成为一个地区农民的榜样，一个农业科技人才则可以在政府支持下造福一方百姓，黄静波甘愿暂停繁忙的工作，路途遥远却仍风尘仆仆赶到田头，寻觅这样的典型人物和人才，为青海农村经济发展找寻新的突破点。

青海是个特殊的省份，曾经长期处于封建农奴制社会，社会经济形态封闭，对于"愚昧与科学的关系"黄静波是这样论述的：

> 当前我们有责任、有必要教育群众认识到，科学是没有国界、省界的，我省的体育发展较快，某些项目能走在前头，就是拉出去参加比赛，接受了别人的长处和科学训练方法的结果。农业翻身靠了政策、科学，整个经济要起飞、要振兴，也必须依靠科学。科学就是生产力，就是财富。海西州乌兰县的万元户韩进孝，就是靠科学富起来的。可以预见，一个群众性的热爱、应用、学习科学之热潮会普遍到来。拿破仑说过："中国是一头沉睡的雄狮，醒来了会震惊世界的。"我们可不可以说，青海现在是半睡半醒的狮子，完全醒来了是会了不起的。但要完全唤醒它只有依靠科学。

农村的家庭联产承包责任制迅速推向全国以后，1983年10月，党中央作出决定，废除人民公社，建立乡（镇）政府作为基层政权，同时成立村民委员会作为群众性自治组织。到1985年春，各地农村这项工作全部结束。农村经济朝专业化、商品化、社会化方向的发展，直接影响着乡镇企业、新型中小城镇，以及城市的经济体制改革的全面展开。因此，不论"以粮为纲"政策立与废，黄静波都要让农业经济打好基础，都不曾忘记占中国人口绝大多数的农民的利益。

"农村、农业、农民"——"三农"问题在中国的改革开放初期曾是"重中之重"。中共中央在1982年至1986年连续五年发布以农业、农村和农民为主题的中央一号文件，对农村改革和农业发展作出具体部署。2004年至2009年又连续六年发布以"三农"为主题的中央一号文件，可见"三农"问题在中国的社会主义现代化时期"重中之重"的地位。

黄静波 1982 年底到青海，这是 1984 年报道经济建设取得的成绩

毛泽东说得好："重要的问题在于教育农民。"中国是农业大国，70% 人口是农民，农民问题解决不好，农村农业问题解决不好，国家无论如何也搞不好。农民的增收农村的富裕城乡差别的缩小，除了政策的倾斜，必须提高农业综合生产能力。扶持农村农业，扶持农民富起来，这是地方官工作的根本。黄静波是农民的儿子，他永不会忘本。他所做的一切都是为了农民，为了人民。

苹果为什么这样红

1993 年秋，已经离休在家的黄静波收到了一封来自青海的信。信中写到：

> ……黄省长，我想高兴地告诉您，今年的苹果又丰收了！
> 每到这个时刻，我们总是能想起您，乡亲们让我代表他们，向您问个好……

附在信中的还有一张照片，上面是一个头戴穆斯林白帽的农民站在

一棵硕果累累的苹果树下，手中拿着一只红得耀眼的苹果，脸上洋溢着
丰收的喜悦；他的颈上和左胸，还挂着两枚纪念章，估计是劳动模范一
类的奖章。

这封信是青海省化隆县甘都镇"苹果状元户"马贵财写的。10 年前，
黄静波号召土地适宜的农民开荒种苹果树，马贵财带领千余群众响应号
召，种植一种叫"紫红五星"的苹果，走上了致富之路。马贵财也成为
青海省政协委员、苹果种植劳动模范。他在照片中背后的那棵树，即是
1993 年当地结出苹果最多的"状元树"。

马贵财，青海省化隆县甘都镇人，他响应省长黄静波的号召，带领群众开田植苹果
走上脱贫致富之路。苹果成为化隆县支柱产业之一，马贵财成为省劳动模范、省政协委
员。苹果熟了，他在苹果树下照相，将丰收的喜讯一同寄给黄静波

"紫红五星"苹果是"三红"苹果的一种。所谓"三红"苹果，就
是中国人所熟知的"红香蕉""红元帅""红玉"三个种类的苹果，这三
种苹果色泽红艳、芳香多汁、口感甜脆，是水果中的上品，尤其在日本

"富士"苹果还没有广泛引进中国的时候，"三红"成为普通百姓生活中的"高消费品"。

然而，青海和"三红"苹果是因何结成的缘分，黄静波作为政府官员，又为什么会对苹果种植如此重视呢？我们还要追溯到 20 世纪 80 年代初的青海。

据当时的青海省农科院果品专家王剑涛介绍，青海这个地方自古不产苹果，1956 年，当时青海农林厅厅长郝仲升出差路过宁夏，宁夏的同志请他吃了试种的苹果。同样是大西北，宁夏的苹果让郝仲升想到了青海，于是他回来后找王剑涛搭起了一个十余人的工作班子，进行引进种植苹果的工作。

他们发现，青海黄河、湟水两岸气候温和、雨水集中，适宜种植苹果，于是到外地引苗，用楸子、海棠做砧木嫁接，总结了一套青海种植苹果的新经验，并在县里办起了栽种苹果培训班，向农民推广。

黄静波在青海就任的时候，"三红"苹果已经成为本省百姓常见的一种水果，只是它的整体产量还不成规模。

青海虽然有各种各样可开发的资源，但是怎样能使本地区的资源得到有效利用，又能避免成为单纯的资源输出型省份，哪一个项目的建立和民生的关系最为密切，这个问题在黄静波的脑海中盘旋了很久，也为此做了实地考察。

20 世纪 80 年代初的青海，是个农业资源匮乏的省份，高原和荒漠即是人们赖以生存的土地，民以食为天，农业生活状况直接影响着百姓的生活质量。在经过反复考量后，黄静波将目光锁定在"三红"苹果上。"三红"苹果不仅口感好、含糖量高，受到各地消费者的欢迎，最重要的是，"三红"苹果并不畏惧"缺氧"，它可以在高原地区茁壮成长；如果青海能够利用好有限的田间地头和荒地，大量栽种"三红"苹果，不仅提高了本省农业经济水平，全国甚至更远地方的消费者，都可以方便地品尝到鲜美的"三红"苹果。黄静波兴奋地跟农业专家说："我在广东工作时，曾吃过美国的'蛇果'苹果，一元人民币一个，价钱很贵，但销路仍很广。现在我吃了我们青海的'三红',从色、香、味三个方面评比,有过之而无不及。只是果形、保鲜、包装不如人家,我们要动脑筋改进。"

1982年10月间,黄静波在农贸市场考察,看到一筐筐红艳艳的苹果卖得十分火爆,就买了几个拿回了招待所。那时黄静波尚未搬进省政府宿舍,临时住在招待所。每当服务员给他打扫房间时,黄静波的办公桌上总是放着几个苹果。

在别人看来,黄静波是为了欣赏苹果芬芳的气味和美丽的色泽,一直摆在碟子里不吃;可是时间一长苹果就慢慢萎缩腐烂了,服务员要把它扔掉,黄静波却仍不允许。

这就令人奇怪了,对一粒粮食都倍加珍惜的黄省长为什么变得这么"奢侈"?如果说他有这种"只看不吃"苹果的嗜好,那么为什么都快腐烂的苹果他仍然这么"欣赏",舍不得扔掉呢?

其实,苹果后面藏着黄静波一个重大计划,通过这样的观察,黄静波更加了解了一只"三红"苹果从新鲜到"死亡"的时间和过程。

除了自己做实验,黄静波还结识了很多青海省的果品专家,向他们征询意见、了解情况,结果他们不约而同地支持这项事业的再发展。

1983年1月,黄静波回广东是办理工作调动手续,这个时候他的脑海中还在盘旋着一个个"三红"苹果,它们一个个可爱的身影真是让他魂牵梦萦。他想:为什么不能借着这个好机会,为"三红"苹果建一个"根据地"呢?

黄静波一行七人在广东,历时一个多月的经济贸易交流活动中,和广东省的计委、经委、外经委、商业、外贸、展销中心、旅游服务部门、大宾馆、酒家以及香港商户进行了百余次的沟通。

在他们的行动路线中,两个重点是华侨外商众多的深圳蛇口特区和通往澳门的必经之地珠海。在珠海的石景山旅游中心,黄静波不时地提醒同去的工作人员要"目光四射,脑子灵活"。黄静波的"商业头脑"有时甚至让同志们都感到惊讶,有时甚至不敢相信这就是平素里那个不苟言笑、威严肃穆的省长。

虽然如此，"省长卖苹果"必然要和商人卖苹果有所不同。黄静波的主要特色就是"跑题"，说着苹果的质优价廉，他就会引发到"美丽的青海"，它的神秘高远，它的丰富宝藏，它的内涵韵味，它的淳朴民风，它的壮美前景……总之，它将不再是贫穷和荒僻的代名词，它就像一个八九岁的聪明孩子，需要指引和启迪、抚养和培育，需要干一场惊天动地的事业，经历美丽的人生……

显然，人们不仅被苹果打动、被青海的故事打动，也被黄静波打动了。这次经贸活动的成果，仅广州市友谊食品公司一家的需求量就很惊人：从苹果上市 11 月起到来年 2 月份止，每月需要三到五火车皮，合计 69 万—100 万斤。

黄静波一行人兴奋地回到了青海，然而马上心又凉了下来——青海没有那么多的苹果，也就是说广东的"根据地"虽然建立了，却并没有人占领和驻守，这样"战果"就很容易再次失去。

黄静波深知，这一番"推销"对于发展青海省的"三红"苹果只是"万里长征的第一步"，因为"产品开发"之路显然要比"市场调研"难走。

发展青海省的"三红"苹果，黄静波没想到，碰到的第一个问题竟然是"要不要种苹果"！

有同志认为，青海省的农业用地很稀缺，农业区仅仅是东部黄河、湟水两岸这一小块，如果还要种上苹果，肯定会影响粮食生产，成了所谓的以果代粮！

虽然这些同志的想法不无道理，但是"以粮为纲"的思想还在他们的头脑中占有重要地位；要发展经济，需要谨慎，却不能瞻前顾后，遇上新观点就一棒子打死、停滞不前。1983 年，"以粮为纲"的做法已经被国家否定，如何让自己的主张站得住脚，令人心服口服，让开拓青海农业的道路畅通无阻？

每一次陷入寻找出路的焦急状态时，黄静波的头脑中都无一例外地回响起"到群众中去"的声音。是的，到群众中、到实践中寻找答案，是永远颠扑不破的真理！

黄静波来到黄河岸边，在循化县一个撒拉族农民那里找到了果粮间作的典型。他和村干部、果农们坐在一个炕头上，记下了果粮间种的实际情况："粮果间作后，苏志村 1983 年每亩土地平均产果子 2260 斤，粮食 450 斤（在没有栽果树前，粮食产量每亩也不过 470 多斤），果子每斤以 2 角计，得利 400 多元。可见，粮食产量下降幅度非常小。而整体经济效益却提高了七八倍之多。"

果粮间种，是一种互补短长的立体种植模式，果树既利用了上部空间，又能为庄稼遮风、挡光、避雨，两种作物同时丰收并不奇怪。这种种植模式并不是谁的发明，只是对于长期被"以粮为纲"禁锢了头脑、农业发展又迟缓的青海是一种创新。

下乡寻访农民只是一个个例，黄静波还聘请农业专家郭增武做了大量相关调查，形成具有说服力的报告。

逐渐扭转了领导层的观念，黄静波开始放开手脚，大力发展"三红"苹果种植业，成为几个县委工作的一项重要任务。1984 年就搞了 18 台小型抽水站，浇灌荒地 6000 亩，栽种了果树。

在黄河两岸的循化县红旗乡和化隆县甘都乡，孕育着一个个现代化果园。西起贵德县多隆沟，东到民和县练草沟，在全长 250 公里的狭长弯曲的河谷里，黄静波对 20 万亩尚未开发利用的宜农宜果的荒地作出了规划。一个"漫山红遍，香飘万里"的壮观美景就在前方召唤着，黄静波醉心于这个憧憬，大步前行，却几乎被脚下的一道荆棘绊倒。

"三红"苹果真的可以像红叶一样漫山红遍吗？

由于黄静波的方案并非是"一拍脑袋"定的，他很清楚自己的决策要由专家论证，要大搞调查研究。很快，就有青海省的农业专家提出了质疑。王剑涛，省农科院园艺研究室从事果品研究的专家，省园艺学会的理事长，在"文革"前就著有《青海省的果树资源》等作品，也是青海省引进栽种第一批"三红"苹果的主导者。

黄静波要让"三红"漫山红遍的想法令王剑涛非常担忧，王剑涛感到自己有责任提醒省长，为此他写了一封信，提出了自己的建议：

> "三红"在大发展，大家争先恐后从外省滥引苗子，良种引了
> 进来，不适应高原地区的品种也引进来了。什么吉丁虫呀、食心虫
> 呀、美洲白蛾呀……大量混进青海，侵袭这一片新的果树群。更为
> 重要的是"三红"的生长需要异花授粉，种植"三红"时，必须适
> 当培植授粉树——另外的品种进行间隔生产。一片地里全栽了"三
> 红"那就不会结果子了。

"异花授粉"是指果树等作物不同品种（基因型）间的相互授粉。
黄静波将信连看了两遍，第二天，在信上批示：这个建议很好，我想面
见王剑涛一次。

此时，王剑涛还在外地出差，而等他回来时，黄静波又在外地开会
或调查，两人相互联系多次都没见上面。再加上那个时代没有手机，联
系起来很不方便，终于有一天，急得王剑涛直奔黄静波的宿舍，因为据
了解，黄省长在午饭时间基本在家中。

下午一点，王剑涛敲开黄静波的家门，秘书称黄静波还没吃中午
饭，黄静波这时从屋里高兴地迎了出来——两个人终于见了面，实在太
不容易了。

一个是青海省引进苹果的开拓者，一个是继续开创青海苹果事业的
领导者，两人虽然是初次见面，却像多年的老朋友一样畅谈着，如遇知
己，如沐春风。

在这次谈话中，黄静波为王剑涛布置了一个需要一年时间来完成的
任务，"一万年太久，只争朝夕"，黄静波要争分夺秒地在这条路上奔
走。因为他知道，自己在青海的任期不会太久了，他要尽最大的努力让
青海百姓种下一棵棵"摇钱树"，用汗水和智慧浇灌，世代都能得到它
的荫庇、摘取它的财富。

一年以后，1985 年，也是黄静波即将离开青海的这年，《深圳特区

报》1月份发表了《青海高原苹果后来居上》的评论，对青海当时在深圳办的"三红苹果展销会"给予了高度评价。深圳市民称："可以与美国、加拿大苹果相媲美，甚至味道超过美国的'蛇果'。"农牧渔业部部长何康在参观青海高原苹果之后说，"这样的苹果可以出口了"。

王剑涛再次来见黄静波时，交上了这一年的成绩单：经过试验，新的保鲜方法可以使"三红"苹果从头一年的九、十月份保存到第二年的七月份，色、香味都不变。

另外，在需方和供方都确定以后，王剑涛对于如何运营果品提出了新的建议："我们建议成立一个开发公司，使行政、生产、加工、贸易、供应、流通、教学等形成一条龙，产供销一体化"，说着，王剑涛递上来一份草拟的《青海省哈特开发公司章程（草案）》。他解释道："哈特是英语 Heart、心的意思。"

"心？苹果一样红的心？"黄静波点头笑着说，"想不到你不仅是个果树专家，还是个果品营销专家呢！"

黄静波和王剑涛，虽然他们已经不再年轻，并经历了太多的风风雨雨，而这颗红艳艳的心并未改变。回归到晴朗的天空下，他们的才能、智慧、魄力、忠诚，就如同张开翅膀的雄鹰，直冲天宇，自由翱翔，耗尽所有力气，完成最终也是最初的使命。

如果黄静波不是农贸市场的"常客"，恐怕就不会发现"三红"苹果的发展潜力，从而不会结识王剑涛这样难得的本地果树专家，不会有青海"三红"苹果种植业的成功规划；一个懂得发展地方特色经济的官员或许并不少见，然而如此偏爱"三红"苹果，如此热衷于深入基层了解状况的政府领导则是少之又少了。由于在青海只有短短两年的任期，黄静波只得把亲自抓好"三红"苹果的遗憾留在了青海。

以果粮间作解决青海农业用地稀缺的问题，以市场化经营解决苹果营销系统僵化的问题，刚刚从改革开放的先锋广东省来到相对僻远封闭的青海，黄静波为青海带来了清新的南国之风。

黄省长抓"三红"有一个更深层的目的，这就是他看准了"三红"

的市场竞争力和潜在的市场经济，这把钥匙开启了一些人被封闭禁锢已久的观念。作为一个地方政府领导者应当持有的态度和观念，黄静波在《关于正确认识和处理青海经济建设中的十个关系的问题》一文中这样写到：

关于保守与解放、稳重与冒进的关系像青海这样一个历史上长期处于封闭的、自然经济形态下的环境，好处是人们淳朴、实在、热情。而存在的最大的问题是保守，安于现状、僵化，缺乏商品经济思想。现在，农村"三十亩地一头牛，老婆娃娃热炕头"的观念，还根深蒂固。干部中，遇事喜搬老"黄历"，凡事爱用老"卡码"，言必称五十年代。只知道削足适履，不知道量体裁衣。因循守旧，固执己见，抱残守缺的现象相当普遍。对新办法不能接受，对新方式看不顺眼，对创业者、改革者百般挑剔；把新观念视为"叛道离经"，把搞活、开放看成"歪门邪道"。这一切都是小农经济派生出来的保守思想。群众把我们某些干部概括为"一本老黄历，一件中山装，一卷万能经"。保守与解放是对立统一的关系。只有解放思想，才能破除保守；也只有很好地破除保守观念；才能更好地解放思想。现在我们要上下一致，把扯皮与慎重分开；把拖拖拉拉与三思而行分开；把"没有功劳也有苦劳"与开拓进取分开。要教育我们的干部，从只讲勤，不讲优；只讲"愚公"，不重"智叟"；只讲"汗水值钱"，不讲"墨水值钱"的错误思想束缚中解放出来。

还有个稳重与冒进的关系。我们许多同志担心现在有些做法冒进了，其实不然。什么走稳重呢？

我认为稳重就是实事求是。说具体点，所谓稳重，是"坚定不移，慎重从事，务求必胜"。再具体点，稳重要体现在科学的决策、求实的精神和严谨的作风上。不能把稳重误认为是四平八稳、原地踏步，不冒任何风险，不承担一点责任。

讲稳重还是为了前进，前进就要讲实践，就要讲效益，就要讲速度。稳重与冒进是个互相对立的关系。冒进了不好，"冒"字去掉，"进"还是要讲的。只要从全局到局部，从宏观到微观，从经济价值到实际效益，都进行最周密的考虑，并据此做出科学的决策，就不会冒进。

诚然，面对复杂多变的经济活动，我们既不能坐失良机、优柔寡断，"一看二慢三通过"，又不能心中无数，贸然行事。一定要理清关系，科学分析，审时度势，大步前进。

在开拓青海的过程中，黄静波遇到了很多新的难题和阻力，但是他认为这个艰辛的过程并不是遗憾，而是一笔可供借鉴的宝贵财富，只要被总结、被利用、被珍惜，这条路就没有白走。

黄静波工作方法是千头万绪抓根本，他的根本就是人才。无论是提高职工生活待遇，还是提高知识分子的待遇，都是为了留住人才，找到人才。在领导人民奔小康的事业中，他一直在找人才、挖人才、用人才、护人才。无论是粮食状元，还是果品专家都是他挖掘出来的人才，并且重用、用好。黄静波是掌握辩证法的高手。

从广东"追"到青海的冤案

在广东，黄静波由于曾经主管信访，为平反"文革"遗留的冤假错案可谓煞费苦心，来到青海没多久，一桩冤案竟然从广东"追"到了青海。这是一位广东的作家朋友秦牧告诉黄静波的，说有个广东人"文革"前被关进了青海监狱，怀疑是冤狱。

青海监狱的确关押着不少"外地"的犯人，黄静波没想到他到青海平反冤假错案，接触的第一个人就是来自自己刚刚离开的广东。

秦牧（1919—1992），原名林阿书，又名林觉夫，祖籍广东，著名文学家、散文家，历任广东省文教厅科长、中华书局广州编辑室主任、中国作家协会广州分会副主席、《羊城晚报》副总编辑、《四海》杂志主编。秦牧先生写的这篇《含冤树下的新故事——记一宗冤案和一位省长》，生动地讲述了事件的原委，由于篇幅较长，现将其概要摘取如下。

这位蒙冤者叫邓镇宁，他的家乡在广东省西南部省辖县级市高州市，高州有一棵国内独有的著名的树——缅茄树，植于明万历年间，以其凄美的传说和精美的缅茄种子雕刻闻名于世；"缅茄"谐音"免邪"，据说，缅茄可驱魔避邪，镇宅护身，历来为收藏家所珍爱。有记载月亮籽、菩提籽、太阳籽、缅茄籽，分别寓意佛学四要素：缘分、悟性、智慧与平常心。传说，明代高州府有一个姓李的人，在朝里当了大官，缅甸王进贡了一些缅茄种子，皇帝赏赐了他两颗。他回归故里之后，试种了一棵，未能萌发；仅存的一棵，就让儿子佩挂，矜耀人前。谁知小孩把它遗失了，大官的妻子疑是婢女梁某偷去的。婢女遭到严刑拷打逼供，竟被活活打死。实际上，那颗缅茄被小孩丢失在床底下了，不久，那里竟长出一棵缅茄树来。大官就把房子拆掉，让它生长。几经沧桑，高门大宅早已不见，而树已亭亭如盖，因此这树也被称作"含冤树"。旧时代，一些妇女含冤负屈、申诉无门的时候，常常披发跣足、狂奔到这株树下来哀哭祷告。

1959 年，任《羊城晚报》主编的秦牧正在寻找选题，当时正值三年困难时期。他想找一些有效度荒的事迹。在高州城里参观了许多地方之后，打听到新垌公社有一个复员军人邓镇宁，因为见副食品的供应紧张，就专心从事畜牧事业，特别是研究养鸡，并且把他的复员费拿出来，协助公社兴办了一个畜牧场。

邓镇宁对事业是这样认真，甚至到县里开会的时候，也带着一个鸡窝，里面竟然有正在孵蛋的母鸡，这是为了研究怎样才能提高出雏率和养好小鸡。他曾经结过婚，又离婚了，当时孑然一身，把全副心血都扑在畜牧业上，因为工作专注、着迷，竟赢得了一个"憨老"（"笨伯"之意）的绰号。他的工作很有成绩，畜牧场的产品很多，起到了缓和供应紧张的作用。

邓镇宁当时是个 30 岁刚出头的青年，热情、爽朗，甚至还有一点天真未凿的稚气。他兴头十足地带秦牧一行观看鹅群鸡群和其他禽畜，一路讲述他的经验和计划。在这个小牧场，我们竟然吃到了炒鲜鹅蛋；自然，那用的是曾经被母鹅孵过几天，未能育雏的鹅蛋。

回到广州以后，秦牧写了一篇文章发表在《羊城晚报》上，报道了"憨老"的事迹。此后两人再无联系，直到 1980 年，秦牧突然收到了邓镇宁的一封信，内容令他非常震惊。

原来，就在采访他后的第二年，1960 年，邓镇宁就被人诬告强奸妇女，被判了 12 年徒刑，押送到青海服刑。1972 年刑满释放，留在西宁一间皮毛厂工作，他已经以公民身份劳动了八年了。

邓镇宁在信中力言他是冤枉的，但是申诉无门，希望秦牧主持公道，为他出出主意。

秦牧经过再三思考，想到邓镇宁服满刑还要申诉，那样一个"憨老"怎么可能是强奸犯呢？于是他写了一封信给高州县委，希望他们彻查。事情果然不出所料，过了好些日子，邓镇宁的事查清了，他已经得到平反。复查书以原判认定事实证据不足、材料矛盾很多、构不成强奸罪为由撤销原判决。

然而事情并没有因此而圆满结束，没结束的原因，竟然是"人生如浮萍，刮来阵风，两人又碰到一起"，秦牧注定还要帮助这个苦命的人。

1983 年 7 月，秦牧去青海访问，因病住在省人民医院里，"一个似曾相识的人忽然闯了进来看我"，秦牧为什么用这样的词句我们只能靠想象了，或许是时间久远，或许是这个人的面貌的转变实在是太大了。

秦牧问这个"小老头"是谁，才知道他是邓镇宁。两人聊天时，邓向他详细叙述了案情的经过。

> 这是农场里一个会计对我的陷害，因为我曾查过他的账。有一天晚上我到畜牧场巡夜，看到一个女职工的单身住房虚掩房门，亮着灯光。我高声问道："为什么还不熄灯呢？"里面毫无应声。我只

好又到其他地方巡查，转了一圈回来，看到那房间情形依旧，我就敲门，推门进去问个究竟。那女的坐在床上，没有回答，我就退出来了。

隔了不多久，在一次上头有人参加的集会上，突然宣布我是强奸犯，判12年徒刑。我当场据理抗辩，群众鸦雀无声。但是主持会议的人立刻宣布散会，我被扣押了。

那女的当时已经到别的地方去了，是姓裴的会计代她控告的，他的族里有很多有势力的人。有些风声说，姓裴的会计跟那个女的很有来往。容不得我上诉，很快就押解到青海来了。

我平反后，姓裴的会计早已经病死了。

听了邓的讲述，秦牧扼腕长叹——十年动乱带来这么多人生悲剧，然而再一问邓的现状，悲剧还没结束。

平反之后，皮毛厂的领导按照中央的政策办事，要汽修大队的负责人把我安排为国家正式工人，但是汽修大队的个别领导硬是以执行20世纪50年代的一项政策为名逼我离队。他说，"你既不算劳改释放人员，就无须留这就业。"

平反后反而走投无路，因为我离开家乡已经20年，一时难以接洽到什么工作岗位，没办法，就写信向香港的亲友求援，亲友给了我2000港币，让我向公安部门申请去澳门就业。这时，皮毛厂的各级领导又同意留住我了。他们呈报上级，批准我转为正式工人，我受到感动，就主动地撤销了前往澳门的申请。

我的工作是搬运工，现在我58岁了，两年前转的正式工人，今年患了脑动脉血管硬化，双眼白内障又有发展，越来越不适应高原气候了，夜里周身发痒，睡不好觉。

我想申请退休，一般正式的工人55岁是可以退休的。但是劳改释放就业的得到60岁才准许办退休，上级仍然把我当作劳改释放就业的，不许我退休。

"天下有这样的事情！"秦牧听了再度义愤起来。

回到广州一段时间，秦牧得知邓镇宁的事还没解决，这时他想到了在青海采访时见过的省长黄静波。黄静波给他的印象很好：平易近人，对任何岗位的工作同志态度都很亲切友善；作报告时，还把大蒜头、虫草、结晶盐和旱獭皮之类的东西带上，热情地介绍青海特产。

于是秦牧把无辜的邓镇宁半生遭受冤屈，直到现在已经超龄还不能获准退休的事情写信告诉了黄静波。

秦牧写给黄静波的信及在《羊城晚报》上刊发的文章

文章中写到：

我原本颇担心，那封信寄出后，会不会转来转去，最后如石沉大海呢。不料，约摸三个月后，邓镇宁欢天喜地、兴高采烈地从青海回到广州，出现在我的面前。

他紧握着我的手说："我退休的事得到完满解决了，完全按正式工人待遇，给我发了各种补助费一千多元。幸亏黄省长亲自过问这件事，才能够解决得这么顺当。"

"你是从青海直接回到广州来的么"，我问。

"不"，他说，"我绕道上海去，买了最好的种蛋，准备回乡发展养鸡事业。"

"憨老"的喜好一如当年，能够重获"养鸡"的快乐，他非常感谢黄静波。黄静波在得知关于邓镇宁的事件以后，亲自约见了他，听他仔细讲述过去被人诬告的过程，以及皮毛厂怎样总是将他当作刑满释放就业人员看待的状况。然后，省长通知了司法厅长，要邓镇宁当面再把事情向厅长讲述一遍；在省长亲自过问之下，司法厅长通过调查了解到全部情形，认真督促有关部门落实中央政策，皮毛厂劳资科这才给邓镇宁按政策办理了退休手续。

在这个全过程中，黄静波前后接见了邓镇宁四次，最后一次，他还亲自写了一封信，托邓镇宁带到广州给秦牧。

秦牧和黄静波从未有任何私交，即使在广东时，省人大常委会开会之类的场合，秦牧也是偶尔见到他，从未交谈过一句。为此，黄静波尽心尽力为群众服务、不忽略任何一桩小事的精神令他十分感动。

"青海省长黄静波同志对这样一桩事情亲自一抓到底的精神，非常值得称道。我从他身上看到了真正的'延安精神'"。

"那株缅茄树，听说现在仍然长得生机勃勃。我希望，今后它只是一株风景树，人们披发跣足，到树旁插香跪拜的事情，永远成为历史陈迹，那就好了。"

三十多年过去了，在今天，政府官员了解民情已经不必从屈指可数的几名记者口中得到了，网络成为四通八达直通人心的另一种桥梁，像邓镇宁这样平反了还要和刑满释放者一样待遇的事情，不至于像当年那样投诉无门。

在秦牧的文章中，邓镇宁只是个钻研畜牧业的复员军人，而当我无意间用百度搜索"邓镇宁"，却得到了两条令人吃惊的讯息。

邓镇宁，1925 年 9 月出生，广东高州新垌人，1946 年毕业于广东高州师范学校，历任粤桂边纵五支队第十四团戏剧主任、团文化干事等职。中共地下组织学生反饥饿斗争委员会主席，1949 年 9 月参加中国人民解放军，在解放大西南的战斗中荣立大功两次。1958 年 9 月转业到地方工作，任广东省高州市（当时为县）云潭畜牧场场长，文工团团长。把自己的积蓄和转业费共 3000 多元用于兴办云潭畜牧场，为发展农村畜牧业作出了积极的贡献。任畜牧场长期间，发明了大型煤油孵化炉，被国家命名为"孵化第一炉"，一次孵化小鸡十万五千只。煤油炉孵化炉大型图片被送往"世界科技博览会"，受到苏联专家的赞美。2001 年荣获"湖南省东方名人成就奖"，2006 年获得"中华功勋人物大典当代卷荣誉证书"。曾入编《世界优秀专家人才名典》《世界人物辞典》《当代中华优秀儿女》二十多典册。年过古稀还积极支持老伴抚养女弃婴，这件事在 2006 年 4 月的《西江日报》上刊登。

资料显示，邓镇宁不仅是个创业的"复员军人"，他更是一个战斗英雄、畜牧业专家、爱心老人，一个为国家作出了杰出贡献的人。作家秦牧和省长黄静波援助的并不是一个普通人，虽然他们当时只是出于对一个"群众"的关心。

那么，这位找回了公正的"落难英雄"后来的命运如何呢？《邓镇宁夫妇每天用三轮车将女儿送到学校，风雨不改》，在这样一条新闻中我们得以大致了解。

在青海 20 年，邓镇宁唯一的儿子病死了。生活的磨难和家庭的不幸并没有磨灭邓镇宁生活的信心。他返回高州后，在租住的家门口干起电子配匙的营生。1988 年，63 岁的邓镇宁经人介绍，与 59 岁的吴淑珍结婚。老两口一人配匙、一人贩卖水果，日子虽然不富裕，但是夫唱妇随，倒也其乐融融。

1996 年，老伴吴淑珍进货途中在路边发现一个刚出生的女弃婴，他们来到民政部门办理了收养手续，给孩子取名邓璐璐。他们省吃俭用供养孩子，到孩子长到两岁时，发现孩子双脚不能行走，说话吐字不清。老两口带着璐璐辗转广州、上海等地四处求医，花去了他们积攒的几万元钱，但是邓璐璐仍然不能走路。

2001年，邓镇宁租住的房屋要拆迁，他倾其所有，在鼎湖区桂城盖起一幢水泥楼房，终于有了一个自己的家。璐璐到了入学的年龄，邓镇宁将她背到桂城中心小学报名，校长陆炳才被打动了，决定收她入校读书并免去读书费用。

邓镇宁和老伴每天轮流骑着一辆三轮车走三里路，将女儿送到学校，放学后又准时接回家，风雨不改。此外，他们还要外出捡垃圾，赚一点钱贴补家用。当地的街道办事处因此为他们办理了最低生活保障。

新闻图片显示，两个白发苍苍的古稀老人，用三轮车推着一个已经十多岁的女孩，邓镇宁看起来已经全然是个枯干瘦小、生活困窘的乡间老人。

黄静波看了这篇报道，百感交集，半晌不语，最后，他心情沉重地说，一次平反并不会给一个人带来幸福，而一次冤狱却可以毁了一个人的一生。

黄静波、邓镇宁、秦牧这三个不同职业、不同身份、不同类型的人扯到一起，是秦牧爱管闲事吗？是黄静波管了这个不是闲事的闲事吗？而又促成了邓镇宁去做好人好事。一个省长、一个作家对一个身居最下层的冤屈者如此管闲事，这难道不值得去书写吗？

秦牧散文的知识面广，很有看头，让人得到知识，但他写邓镇宁被黄省长解救的文章，让人们得到的恐怕不仅仅是眼泪。

为法律找回尊严：杨小民案始末

在中国古代，军队将领常用象征武力的猛兽利牙来装饰营门或案台，"牙门"一词由此而来，后演绎为"衙门"，成为官府的代名词。宋元时期，称官家子弟为"衙内"，在杂剧作品中，"衙内"多为鱼肉百姓、欺行霸市的纨绔子弟。为众人熟知的是古典名著《水浒传》中高俅的义子高衙内，因觊觎林冲妻子美貌而陷害了林冲，最终将其逼上梁山。高衙内留得千古骂名，同时也令人反省，很多时候官府的黑暗是源于各种各样的"衙内"作恶。

1979 年，青海省发生了一起震动全国的高干子弟杀人案，即杨小民故意杀人案。然而由于官官相护，徇私枉法，在长达五年的时间里，杨小民并没有得到应得的"死刑、立即执行"的惩罚，一个现代"衙内"上演了一场发人深省的悲剧。

1979 年 2 月 26 日上午，青海省委办公厅副主任杨国英之子、25 岁的杨小民到水房挑水，与住在同一家属宿舍的报社编辑之子、17 岁的王强相遇。王强倒水不慎，水溅到杨小民裤子上，两人发生口角。次日上午 9 时，两人再次在水房相遇，并再次发生口角。王强回家后躺在床上休息时，戴着口罩、眼镜、白色卫生帽，经过化装的杨小民突然闯进来，乘王强不备，用五寸藏刀连刺其胸部、腰部，王强连呼救命，并向杨小民哀求："哥哥饶命！"可是丧心病狂的杨小民却继续猛刺，先后刺了 14 刀。邻居们闻讯赶到，王强已躺在地上，不省人事。杨小民则手握滴血的刀扬长而去。王强经抢救无效，于次日凌晨死亡。

在此案中，杨小民并非因发生口角而冲动杀人，而是在"戴着口罩、眼镜、白色卫生帽，经过化装"的情况下，拿着凶器进行有预谋的残杀，可见其早做好了杀人后逃避法律责任的准备。在对方求饶的时候也并未心生善念就此罢手，事后未对被害人采取抢救措施，也未到公安机关自首，而是扬长而去，足见其凶残的动机、行为和对法律的蔑视。

案发后，西宁市城中区人民法院认定杨小民犯有故意杀人罪，手段残忍，情节恶劣、罪大恶极，提出判处死刑、立即执行的意见。西宁市中级人民法院同意城中区法院的意见，于 1979 年 11 月 3 日上报青海省高级人民法院复核。

然而，青海省高院复核的结果却完全出乎人们意料之外。

青海省高级法院两度召开党组扩大会，讨论杨案。

会上，两种意见相持不下，但院长杨树芳却公开袒护罪犯。由于杨小民的父亲是省委干部，故青海省高级人民法院在审理此案时，违背了"以事实为依据，以法律为准绳"的办案原则，以"年轻""因小事引起杀人""斗殴"为由，否定了区市两级法院的正确判决，执意改判为死缓。此案后被报到省委，省委常委会12月7日开会讨论，原省委在审批此案时，没有认真研究查问理由，就草率地批准了省法院改判的错误决定。暴露出青海省领导层一些干部只讲人情、不讲原则、官官相护、官僚主义、玩忽职守等党风方面腐败的严重问题。

广大群众对杨小民故意杀人案的错误判决极为不满，被害人家属也一直不服，多次向省高级法院申诉，均未引起重视。

1979年12月16日，王欢茹拿着弟弟的血衣来到省高院门口哭诉不公正的判决，围观的群众越来越多，人们听后非常同情这个家庭遭遇的不幸，后来，围观群众达到十几万。在一些人的建议下，有400多名过往群众签名声援，也由此造成了交通堵塞。

此后两天，王欢茹又到这里哭诉，高院领导竟连续三天大门紧闭，法院工作人员上下班都走后门。

在杨小民故意杀人案得不到公正判决五年多内，最高人民法院先后六次责成青海高级人民法院复查此案，提出了改判的理由不能成立的意见。但青海高级人民法院顽固坚持错误，对群众的呼声麻木不仁。

在青海，关于该案的舆论沸腾，青海人民愤怒了。1984年，迫于群众的压力，省委将杨案材料印发到西宁地区各单位讨论，结果84个参加讨论的单位的8789人中，有6725人要求判处杨小民死刑。对于改判杨小民为死缓的决定，群众给予了尖锐的批评，并要求追究有关领导的责任。

1982年冬天，黄静波到青海就任不久，暂住在胜利公园宾馆。听说省里来了新的书记，被害人王强的姐姐王欢茹和母亲王丽琴匆匆赶来。就在黄静波出门的时候，她们不顾工作人员的阻拦，冲到黄静波面前，扑通一声跪了下来。

黄静波心中纳闷儿：都什么年月了，怎么还有这种情况？赶忙把她们扶起来，说："老百姓是主人，我是人民的仆人，哪有主人给仆人下跪的道理？有什么话好好说。"

说着，黄静波将二人请进屋里，听她们慢慢诉说。

听完这母女俩的诉说，黄静波心中久久不能平静，喃喃自语道："老百姓可怜啊，他们的命就这么不值钱？不管怎样，我要为你们讨回公道！"

四年了，这母女俩第一次听到一个青海省的大官对她们发出同情的声音。这些年来，她们多次申诉未果，失去工作，生活状况艰难。

送走了母女俩，黄静波心中的愤恨仍难平，"王子犯法，与庶民同罪"，这是自古以来的道理，一个 25 岁的成年人，只因为一点点小事就蓄意杀害了 17 岁的孩子，却由于是"官家子弟"而逃避了应有的惩罚。不仅没被枪毙，还成了监狱囚犯中的"先进人物"，大有由死缓到徒刑、再到减刑释放的趋势。

尤其令黄静波不解和头痛的是，所有参与包庇杨小民的官方人物中，不少都是从陕北红军中一路枪林弹雨走过来的"老革命"，他们有的被战友情冲昏了头脑，有的则不仅丧失了党性原则，而且还加入到与法治、与人民为敌的队伍中来。

当时青海省的一大批政府官员，都是来自陕西，包括涉及杨案的这些人。作为新来就任的省长来说，同样是老陕北的黄静波如果无视这件事，就会在工作上毫不费力地得到这些人的大力支持。毕竟，这个案子已经过去将近四年了。

然而黄静波不能这么做。他感到，这些人触犯的不仅是法律、道德标准，还损害了人民的利益，伤害了人民的感情。黄静波是个知恩图报的人，他不会忘记是谁胼手胝足打下了共和国的江山，是谁把领导的位子交给最信任的人，而如今，这些得到权力的人又怎能自视高高在上，滥用和糟蹋人民给予的权力？

　　黄静波当即亲自给最高法院、最高检察院的领导写信，表示了自己的态度和要求。不仅如此，为了尽快纠正错案，给受害者一个公正，黄静波多次直接和最高检察院、最高法院的领导在电话中谈及此案，还鼓励受害者家属几次赴北京直接上诉，并一次次带着他写给最高司法机关领导同志的亲笔信。

　　黄静波深知此案背后的关系错综复杂，阻力重重，一个从广东来到青海新上任省长的权力难以撼动多年形成的、盘根错节的地方势力网，在青海当地纠正此案是渺茫的。让一件错判的案子从青海传到中央，黄静波再次想到了媒体记者。

　　在关于杨案的调查过程中，新华社记者曾向他汇报过重要的调查情况，《光明日报》驻青海记者陈宗立对黄静波帮助很大，陈宗立也是该案审判进展的重要推动者。

　　陈宗立是和杨小民、王强在一个大院中的住户，案件发生后，记者的责任感和使命感促使他要发挥舆论监督的作用，将真实情况汇报和呈现出来。为此，他用了几年的时间调查核实此事。

　　陈宗立及时将调查的情况向黄静波做了汇报，其中包括杨国英和他的"关系网"交往的细节，为最终处理该案及相关责任人提供了重要依据。

　　案发当晚，杨国英怕被害人家属报复，躲到省高院院长家。杨国英还向省委保卫处借了一支手枪。为了查清这个情节，陈宗立找了许多人，但知情者都不敢提供证据。后来他得知一直参与杨国英密谋包庇其子的省委保卫处一位干部与其妻子关系紧张，他想方设法找到这位知情者，才证实了这一点。这一情节也是后来作为定性材料之一。

　　另一个重要情节的核实更加困难。西宁市核准杨小民死刑后上报省高院复核，为了使省高院能从轻发落，杨家为省高院院长杨树芳摆了一桌酒席宴请，负责杨小民案的审判员、副审判员也出席了宴会，杨树芳的灰色小汽车就停在办事处的院子里。就是在这次宴会之后，省高院推翻了西宁市的判决，改判杨小民为死缓。陈宗立通过许多关系，花了几个月时间，才搞清大概情况：宴请杨树芳的地点放在远离市中心的海北藏族自治州驻西宁办事处，出面的是杨国英的老朋友、海北藏族自治州公安局的局长，宴会上用的主要菜肴如海参、鲍鱼等是在省委食堂"买"的。宴请的理由是，杨国英儿子被捕，设宴为他压惊，请公安局长的老上级、省高院院长杨树芳作陪。陈宗立通过一位朋友的关系迂回找到办事处主任的妻子，他完全以朋友的身份，与他们聊天。就在聊天中，一个重要的证据终于找到了：办事处主任的妻子提供了一个情节，公安局局长的嫂子是农村妇女，那天也在，她嘴馋，贪吃海参和鲍鱼，而且尽挑大的吃，局长夫人撵她都不走，事后局长夫人多次在人前讥笑其嫂子。闲聊中，办事处主任的妻子也透露，宴请与杨小民杀人案有关，当时参加宴会的还有杨小民杀人案的审判员。

人们常说"善有善报，恶有恶报"，然而在 1982 年看到的"杨小民案"却不是这样的。在当权者的庇护下，凶手杨小民入狱后即被培训了一年，穿上了白大褂，当上了狱中的医护人员。入狱两年后，杨犯被改判无期徒刑。而杨小民父亲及其"关系网"中的人物也官运通达、步步高升。

事态向着更为灰暗的方向发展着。案发后的几年里，最高人民法院曾数次给青海省法院致函或口头指示，要省法院对杨案进行复议。然而在 1984 年的 4 月 27 日，最高人民法院刑事二庭答复青海省法院："杨小民案件，经审查，同意你院对杀人犯杨小民不再改判死刑的意见，望切实做好被害人家属和群众的思想工作，使其不再申诉。"

对最高人民法院这个错误的指示，原青海省省委书记如获至宝，10 月 8 日，他召开了省委第 39 次常委会议，决定"同意最高人民法院的意见，决定杨小民案不再改判死刑。"为了做好"善后"工作，会议还决定从省委信访经费中拿出 4000 元，作为"一次性困难补助"，派人送给受害者家属。同时，省委派人同家属进行了 12 次谈话，软硬兼施，要求家属不要再告，并威胁说："再告，就是告省委，告最高法院!"1984 年 11 月 15 日，青海省委办公厅信访处写了一份《对王水同志上访申诉的处理意见》，要求受害人的父亲王水签字。

经过数年申诉无果，王水又惧怕打击报复，违心地在上面签了字。

黑雾迷漫，阴风阵阵，难道又一件人间不平事就这样结束了吗？

"善有善报，恶有恶报"，中国还有一句古语紧随其后，"不是不报，时候未到"。骨肉亲情、战友情谊本身并没有错，而将这些感情用错了人、用错了事就会变质，尤其是当权力加入其中时，就会扭曲事物应有的面目。"杨小民案"的相关责任人向着错误的方向越走越远。

在签完字两个星期以后，王水夫妇深感后悔，又提笔给黄静波省长写信，提出撤销这个签字。在这个关键时刻，黄静波又一次支持他们，鼓励他们坚持斗争，继续告，不要怕打击报复。

同时，黄省长支持新华社、《光明日报》等新闻单位通过内部向上反映。他特别嘱咐记者："重要情节、证据，要死死扣准，文字上判断要确切，不要让人钻空子、抓把柄。"为此，新华社记者感慨地说："他与青海的陕西老乡不同，在对待'二二七'案件上有鲜明的是非感，强烈的爱憎，率直的语言。"记者们坦言，通过对黄静波省长的采访，不仅使他们对杨案的观点更加明确，而且增强了他们向上反映杨小民案件的信心；同时，黄省长又为他们的调查研究、采访等工作提供了很有价值的参考意见。

1984 年 6 月，记者陈宗立在李蔚的大力支持下，以《光明日报》特刊的形式刊出《青海省委副秘书长杨国英之子杨小民故意杀人重罪轻判群众强烈不满》一稿，揭示了此案重罪轻判的原因。

为了让杨案不公正判决尽快通报给中央，黄静波多次到北京开会的时候都带着杨案的材料，向相关领导提及此事。到北京上访的人并不少见，而"省长上访"的现象还真是少有耳闻。这一次，黄静波见到了万里、姚依林、薄一波，在汇报青海的工作时他向中央领导同志当面反映了杨小民案件并递交了有关材料。

省长面陈中央领导，中央媒体记者提供材料，终于使杨小民案件引起了中央领导的重视，事情终于有了转机。

邓小平、胡耀邦、习仲勋、陈丕显、薄一波、胡启立等 8 位中央领导作了批示。时任总书记的胡耀邦同志的批示是，"徇私枉法，官官相护，封建家族关系"，要求严肃处理。

黄静波对记者总有着别样的尊重，不仅是因为在他的执政生涯中接触到很多对他的工作有帮助的记者，更为他们中的一部分人无权无势，却不畏权势，秉持正义，仗义执言，是真正的"无冕之王"。

陈宗立的行动得到了黄静波的支持，同时也被矛盾的另一方视为眼中钉。青海省委的一位领导非常恼火，多次在会议上指责陈宗立是"特务""自由化分子"，称"《光明日报》不光明"。有人甚至给陈宗立打匿名电话："喂，你是《光明日报》记者吗？小心你的狗头……"

陈宗立经常被跟踪，一天半夜，他家的玻璃窗还被石头打破，值得安慰的是，来自社会各界的支持者联合起来暗中保护他，省委省政府机关的一大批干部也偷偷为他提供各种信息和证据。

1984 年 11 月 5 日，陈宗立和李蔚的第二篇稿件又在情况反映特刊上刊出：《杨小民杀人案值得深究——建议中纪委直接派工作组查处此案》。此稿大胆揭露了青海省委、省高院主要领导庇护罪犯的种种行径。陈宗立、李蔚在第二篇情况反映中关于请中央派调查组的建议很快被采纳。1984 年 12 月，中共中央整党工作指导委员会会同最高人民法院、最高人民检察院组成调查组赴青海调查。此次调查历时 4 个月，查清楚了杨小民杀人案以及包庇其重罪轻判的事实。

调查组认为：省法院在审理此案中很多做法和说法都是错误的，是歪曲事实的，实质上是官官相护，包庇罪犯；省法院对此案的错判负有直接责任；省委和省委主要负责人负有重要责任。这一错案由于长期得不到纠正，给党的形象和国家法律的尊严造成了严重的损害，应彻底纠正。

1985 年 6 月，中央书记处召开第 212 次会议，在新中国的历史上，中央第一次专门就一个杀人案件召开书记处会议。书记处会议认为：

"此案搞了五年之久，青海省的群众意见很大，要尽快解决。有些地方搞封建主义、家族关系、官官相护，应引起严重注意。在这个案子的错判和长期未予纠正的问题上，青海省委的一些领导同志是有责任的。对那些在此案中徇私枉法的人，不管是谁，都要实事求是地予以严肃处理。"这次会议后，中共中央办公厅还专门发出第 228 号文件。

同年 7 月初，中央派出由中纪委、中组部、最高人民法院、最高人民检察院等单位联合组成的工作组，协助青海省委和有关政法部门，纠正这一大错案。省委立即组织力量，对在杨案错判中的责任者进行了调查，同时建议司法机关依法重新审理此案。

7 月 13 日，青海省高级人民法院发出刑事裁定书，撤销了原判，由西宁市中级人民法院重审。7 月 8 日，西宁市人民检察院将此案起诉，7 月 23 日，西宁市中级人民法院进行公审。判处杨小民死刑，剥夺政治权利终身。于 7 月 30 日公判大会后执行了死刑。

黄静波深知他的做法得罪了不少人，并给自己的工作带来不利的影响，但他没有退缩过，他知道自己是在为人民办事，正义的事，能够经得住历史的考验，必定会得到绝大多数的认同。正义的事得罪人也是必然的，但人民是不能得罪的。

至此，一起拖延五年多的错案最终得到纠正，受害人王强的家人总算找回公道。此事不仅轰动了青海，在全国也产生了很大的反响，引起人们的思考。

杨小民被正法，这正义的枪声，岂止鸣响在西宁的上空，它震动了全国每一颗富有正义感的人心。

某省审计局干部给黄静波的信中写到：

当我们知道扬小民杀人案已经得到法律公正的判决后，大家都感动得流泪了，颤抖的手握着笔而久久写不出字来。你是真正的人民的公仆！我们要为你这样的护法者自豪，我们同时大声疾呼：法大于权！

1985 年 12 月 1 日，中央赴青海查处杨案工作组向中央写了一份《关于杨小民错判案有关责任者的错误事实、性质及处理意见的报告》中指出，经三个月的工作，先后调查了 243 人次，取得了 351 份材料，基本查清了有关责任者。鉴于他们歪曲事实，故意偏袒，枉法裁决，严重渎职等行为，中央工作组向中央建议，有的撤销党内外一切职务，有的开除党籍，追究刑事责任，有的给予其他处分。

不久，中央整党指导委员会在北京召开了有中央赴青海查处杨案工作组全体成员、青海省委主要负责人以及中办、中纪委、中组部、中宣部、最高人民法院、最高人民检察院等部门负责人参加的汇报会。

中央工作组重要成员、副部级干部张耀在发言时由于义愤填膺，拍案而起，致使心脏病突发，抢救无效，当场去世。

在此之前，中央工作组的另一位成员、司局级干部在赴青海查处案件中，由于操劳过度，已先于他去世。

对于这样上了年纪的高级干部，远赴高原这样的案子本身就是对健康的透支，再加上案件的复杂性，与恶势力斗争的艰巨性，使他们终于不堪重负，倒下了。

像这样坚守党性原则、是非分明的老干部，他们在心理上几乎无法理解，是什么让那些曾经为广大人民夺取政权不惜生命的革命者，最终成为对百姓生命、群众呼声冷漠无情的人，为什么我们的干部在利益、是非面前，能走向人民的反面呢？当年革命为了啥？为什么现在忘了这些呢？干部教育工作难道不是我们党一项十分重要又必须做的工作吗？

黄静波在为杨案奔波的过程中也常常这样想，虽然很多人犯错误往往是出于一念之差，而有些错误思想却并不是短期内形成的。关于"小家"和"大家"的概念，关于"公仆"和"官老爷"的概念，关于是与非、黑与白的概念，被冠冕堂皇的官话套话掩盖、总能蒙混过关的时候，一切就已经变得模糊不清了。法大于情、法大于权，一个曾经为人民利益甘洒热血的人怎么会没有这个信念？虽然并不能因为一个错误否定一个人的全部功绩，但是黄静波并不愿意看到，和平时期的错误使血战的光荣变得黯淡。

对于杨小民案，黄静波虽然坚持了自己的立场，但是他也深感到自己力量的弱小，由此他也更加感到，如果连省长都不能和地方恶势力相抗衡，普通百姓又将怎样？杨小民如此嚣张，触怒了国人的正义感，而那些更为阴险的"杨小民"呢？那些藏在暗处放冷箭的"杨小民"呢？他们是否要经过更多的"五年"才能被清算？他们是否会有足够的钱和权把罪恶买断？

伸张正义有多难，黄静波是深有体会的，这是一个亲历者的体会，尤其是一个高官的体会。百姓们想要伸张正义就不是难的问题，而是不可能的问题了。

黄静波、高宗一夫妇同纠正青海杨小民案件敢于伸张正义、维护法律尊严的《光明日报》同志合影。（左一：《光明日报》青海记者站站长李蔚；右二：马沛文，《光明日报》副总编；陈宗立，《光明日报》驻青海记者。）

培育民族戏剧的雪莲花

黄静波对戏剧的钻研由来已久了，又是改剧本，又是拜名师，又是饰演十一郎、诸葛亮登台彩唱。20 世纪五六十年代养病期间的这段经历，让他增长了不少戏剧知识，得了个"唱戏省长"的绰号，虽然为此付出了很大代价，受到很多不公正的待遇，但是对他而言，戏剧的魅力依旧。

支持青海戏剧事业的发展当然不是出于个人爱好，而是借助了个人爱好。黄静波说得也很直白："你要开拓、要振兴，你要向国人和世界宣传自己，就得拿得出货真价实的真东西。对于多民族的青海而言，民族的传统文化艺术就是对外宣传的大法宝，要抓住不放。"

在青海，一个重要的戏剧种类是藏戏。藏戏是一个非常庞大的剧种系统，西藏藏戏是藏戏艺术的母体，它通过来西藏宗寺深造的僧侣和朝圣的群众远播到青海、甘肃、四川、云南四省的藏语地区，形成青海的黄南藏戏、甘肃的甘南藏戏、四川的色达藏戏等分支。印度、不丹等国的藏族聚居地也有藏戏流传。

藏戏的藏语名叫"阿吉拉姆"，意思是"仙女姐妹"。据传藏戏最早由七姊妹演出，剧目内容又多是佛经中的神话故事，故而得名。藏戏起源于公元 8 世纪藏族的宗教艺术。17 世纪时，从寺院宗教仪式中分离出来，逐渐形成以唱为主，唱、诵、舞、表、白和技等基本程式相结合的生活化的表演。藏戏唱腔高亢雄浑，基本上是因人定曲，每句唱腔都有人声帮和。藏戏原系广场剧，只有一鼓一钹伴奏，别无其他乐器。

演出一般分为三个部分，第一部分为"顿"，主要是开场表演祭神歌舞；第二部分为"雄"，主要表演正戏传奇；第三部分称为"扎西"，意祝福迎祥。藏戏的传统剧目相传有"十三大本"，经常上演的是《文成公主》《诸桑法王》《朗萨雯蚌》《卓娃桑姆》《苏吉尼玛》《白玛文巴》《顿月顿珠》《智美更登》等"八大藏戏"。各剧多含有佛教内容。藏戏的服装从头到尾只有一套，演员不化妆，主要是戴面具表演。藏戏有白面具戏、蓝面具戏之分。

从藏戏传统剧目的"十三大本"里，黄静波首先选中了《智美更登》。他让《智美更登》从银川到北京，从上海到广东，得到西北东南一片赞美声。"这是一束纯真美丽的民族艺术之花，是继《丝路花雨》之后我国剧坛上出现的又一台精美绝伦的舞剧。"

《智美更登》讲述的是这样一个故事：

> 相传很久以前有一个白岱国，国王无嗣，王后虔诚地祈祷，感动了上天后，大梵天王委派鹤仙率众仙女送子。王子智美更登降生了。图谋篡位的奸臣达然者（卡达妖所化），从智美更登手中骗抢镇国之宝后，挑唆国王，将智美更登放逐到边远的哈乡。
>
> 智美更登夫妇二人带着儿子拉慧，登上艰难的跋涉之程。卡达妖臣率领亲信跟踪迫害王子，国王获悉真情后，悔恨莫及。
>
> 鹤仙暗中护卫智美更登，妖臣继而施展妖术，用毒火喷瞎哈乡长者的双目，以此挑拨哈乡民众，妄图嫁祸智美更登。智美更登为了哈乡民众的幸福和安乐，献出了自己的双眼，使哈乡老人重见光明，从而赢得了哈乡民众的爱戴。
>
> 智美更登被鹤仙接往仙境，治愈双眼，在鹤仙的帮助下，夺回了镇国之宝，铲除了卡达妖臣。

智美更登，藏语的意思是无私无垢、一切为大众，这个故事宣传了真善美，宣传了一切为普度众生的佛家思想。黄静波选择这个动人的佛家故事，正是看中了它通俗易懂、贴近少数民族的思想情感。

黄静波回忆当时的情形："当时的工作很繁忙，只能抽出少得可怜的休息时间来了解和观看这部舞剧，结识舞剧的主创人员，和这些人进行朋友式、知音式交谈、交流与探讨。我提出修改意见，请创作者、表演者讨论，人家对待我也很真诚，有一次座谈会竟在不知不觉中开了三个小时。"

在黄静波的积极参与下，舞剧主创人员充分发挥了聪明才智，并坚定了把艺术青春留在青海的决心。他们为艺术痴迷的创作精神为这部舞剧留下了许多佳话。藏剧的巨大魅力，让艺术工作者为之贡献所有，并将汗水化作光芒四射的艺术结晶。

《智美更登》在舞台上演出时，音乐悠扬浑厚、庄严肃穆，有独特浓郁的藏族韵味，为舞剧大大增色。舞剧的全部设计有浓重的地方民族色彩，又有很大的创造性，不单是生活的写照，而且有了突破，来源于生活又高于生活，其服装布景和色彩对比强烈，也可以说是一幅生动、变化、细致、寓意深刻的绘画作品。王子的扮演者的风度和舞蹈功底令观众叹服，每当演出进入"舍己为众"的第四幕，王子不顾一切同洪水搏斗时，演员施展了一种难度极大的舞蹈动作"虎跳"及连转 12 圈的"拉拉提"，现场就会爆发出雷鸣般的掌声。

在黄南藏州同仁县演出时，天很冷，天上飘着雪花，广场上却挤得水泄不通，但安静至极。当主角智美更登受难流放时，台下的藏族观众纷纷往台上投钱、投东西，以示接济；当智美更登为村民献出自己的双眼时，竟有人匍匐在地，磕头不止……

1984 年 6 月 7 日，青海藏族舞剧《智美更登》在京演出。乔石、阿沛·阿旺晋美、班禅额尔德尼·确吉坚赞、赛福鼎·艾则孜等同志观看了演出。11 月 1 日，《智美更登》剧组赴沪粤等地巡回演出，都获得了良好反响。独具特色的民族风貌、动人心魄的民间故事、一气呵成的演出效果，在全国人民面前展现了青海，这片辽远、广袤土地上盛开的高原雪莲般瑰丽夺目的文化奇葩。

如果说《智美更登》是黄静波为振兴藏剧进行的一次彩排，那么在彩排达到了令人满意的效果后，青海省戏剧界酝酿已久的另一部大型藏剧《意乐仙女》即走向更广阔的舞台，进行一场盛大的演出。

《意乐仙女》也是根据藏戏八大传统剧中的《诺桑法王》改编的。

　　故事发生在古印度，梵天上，千手佛意乐仙女有一天看到，在人间的俄登草原强征民女，她为了拯救被强征入宫的五百宫女，背着父亲马头天王，私自下凡。

　　在俄登，意乐与王子诺桑彼此爱慕，结为夫妇。诺桑的另一妃子妒火中烧，她乘王子出征之机，请法师作法，蛊惑国王，窃取了生杀令箭，谋害意乐。意乐不得已返回了天庭。

　　诺桑凯旋归来，就走遍海角天涯去寻找爱妻。一路上战山魅、闯蛇阵、推火山，上穷碧落下黄泉，终于找到天国。通过了马头天王的武考文试，又在一千多位同样装束、香纱遮面的仙女中，巧妙地找出了意乐，在一片赞美声中，双双返回俄登。

　　由于老王禅让，王子登基，惩治了坏人，解救了宫女，爱情战胜了阴谋，人民迎来了幸福、太平与五谷丰登。

　　《意乐仙女》是一部藏戏，是以意乐为解救 500 宫女而降生为主线，描写了真善美与假恶丑的斗争，揭示了正义必将战胜邪恶的真理。

　　在黄静波刚来青海上任不久，巧逢青海省进行自编节目的大汇演，包括《意乐仙女》和根据藏族民间史诗《格萨尔王传》改编的藏族歌舞剧《霍岭之战》。黄静波看出了这部戏的价值，鼓励他们继续修改、排练，力争到外地巡回演出，甚至去香港。剧团的人听了很兴奋，到香港演出，还是没敢想的事；他们又担心省长不过是随口讲讲，难道他真会为一台戏操心吗？

　　汇演大会结束以后，青海省委、省政府决定由黄南藏族自治州文工团与海南藏族自治州文工团《霍岭之战》剧组组成青海省藏族艺术团，赴兄弟省份访问演出，进行艺术交流，增进民族往来，扩大藏戏影响。该团在八省、市的访问演出，在我国戏剧界引起强烈的反响。

　　不同门类的戏剧艺术之间是相通的，"老戏迷"黄静波这时感到，自己多年来的爱好派上了用场。黄静波为抓艺术团的组建，连续四次观看演出，连一些细节都亲自指导，曾经为一位演员不厌其烦地做漂亮的舞把式示范，还以老前辈的身份告诉演员，眼神该如何运用……

作为一个六十多岁的老人、一个民族经济复苏时期的大省省长，事无巨细地为打造青海省的艺术名片，耗尽了他本已不多的休息时间。对他的工作和休息状况了解最详细的应该是杨秘书，他在和黄省长共同工作的这段时间，对黄老的健康特别担忧。他回忆到：

黄省长很少在晚上 12 点之前睡觉，常常洗澡时迷迷糊糊地睡在浴盆里，醒来时还怪我为什么不喊他。我也担心他睡在浴盆会出意外，可又不忍心叫他醒来。他多么需要休息啊。一个年过花甲的人，又生活在高原缺氧地区，每天睡眠时间不到六小时。

可是说来也怪，意志会创造奇迹，在青海工作两年半时间里，黄省长只住了几天医院。而就在住院的几天里，他也没停止日常工作，还要观摩审查《意乐仙女》的演出。

1985 年，黄省长决定以黄南藏族自治州文工团为基础，以藏族演员为主，包括汉、回、土、撒拉等七个民族演员，组成青海省藏族艺术团，由副省长班玛旦增（藏族）任团长，打算 1 月份去香港访问。

在去香港的前一天晚上，我说："省长，你这些天感冒，带病开了一天的会，医生叮咛你休息，就不要看彩排了吧……"黄省长笑嘻嘻地对我说："我不是去工作，是去看戏，看戏不是休息吗？"

然后他到来到了《意乐仙女》剧组的排演厅。直到凌晨一点。黄省长还在比画着和剧组的同志们说戏，这时我发现他已经满头是汗了，我这才明白，原来工作也是治疗感冒的好药方。

有同志告诉在旁的一位新闻记者，说："你不是要采访'仙女下凡'的新闻吗？我已经替你把通讯的标题想好了，叫作《省长当导演》。"

几天后，《意乐仙女》在香港一炮打响。

艺术团从 1 月 18 日至 21 日，连演 4 场，偌大的香港新光戏院大厅里摆满了港人敬贺的鲜花和花篮，1033 个座位座无虚席。

当大幕徐徐开启，仙女飘飘，祥云缭绕，莲花宝座上出现意乐仙女们幻化千手佛的优美造型。随着仙女们翩翩起舞，一个个青海"热贡（又称五屯）艺术"壁画般的传神姿态，把观众们带进了古老、神奇而又美丽的神话境界之中。

新华社香港分社副社长和光大实业公司董事长王光英，以及香港《文汇报》《大公报》《新晚报》负责人等各界知名人士纷纷前来观看，场面空前热闹。演出期间，香港中华文化促进中心、澳门大学专家、教授还主动邀请艺术团团长、业务人员座谈，进行艺术交流和学术讨论。

香港新闻媒体就更热闹了。从 1 月 11 日至 24 日十几家报纸纷纷发表消息，标题醒目如：《被称"高原雪莲花"的藏戏来港会观众》《藏族戏剧有逾千年历史，"意乐仙女"令人开眼界》《藏艺明珠，意乐仙女，青海雪莲》等。

另外，香港《大公报》还刊登了这样的内容：由青海经济贸易厅副厅长关庆国率领的中国青海省经济贸易小组一行四人到港访问，昨天还参加了青海省藏族艺术团在敦煌酒楼举行的宴会。

宣传青海的文化底蕴并不是黄静波唯一的目的，经贸往来是他要打的另一张牌。"文艺搭台，经贸唱戏"，不是黄静波的发明，但在 1985 年的青海，毕竟是从未有过的新鲜事，即使放在全国也算得上是领先行动。黄静波的"一箭双雕"也着实让人开了眼界。

一次盛大的经贸文化活动，不仅需要一个"老戏迷"的艺术修养，更需要一个政治活动家全方位的思考和强劲的组织能力。而在黄静波看来，任何一件事情的成功都离不开天时地利人和，因此，他对促成这件事的每一个人都充满了感恩。他讲到：

> 这次活动的成功举办应该归功于各方面的工作和一些大小媒体的介绍、宣传，离不开他们的支持。另外，我尤其不能忘怀的是已

故的香港胜天公司董事长、总经理、爱国商人苏骊女士。正是由于苏骊女士和她的女儿家家、微微、燕燕、林林等的慷慨资助和热心奔波，这次演出才得以成功。为了改变世人对青海的印象，她们母女不仅为这次演出慷慨解囊，资助了十多万港币，而且多次到青海了解情况，为青海引进了技术设备、引进良种、引进资金，她为青海人民所作的贡献永远留在人民心里。

艺术团圆满完成演出任务回到青海后，一位藏族演员在总结会上十分感慨地说：藏戏能冲出高原，走向外界，这是一个里程碑，这个碑上应该刻上黄静波的名字！

藏汉两族友好的历史渊源可追溯很远，如果说团结是建立在友爱的基础上，那么彼此则需要了解"友爱"的共通点。藏族人民宗教文化极其深厚，恶劣的自然环境使他们对真善美的强烈渴求体现在文艺作品当中，形成了独具审美特色的藏文化艺术。在刚到青海就任省长的时候，黄静波就在新闻中得知，"藏独"分子达赖带领的流亡政府在海外宣称，中国大陆不再有正宗传统的藏戏。黄静波这时就暗下决心，一定要将藏戏的辉煌展现在世人面前。复兴藏戏的努力不仅需要旷日持久的辛劳和汗水，还需要为之痴、为之迷、为之真诚奉献、为之魂牵梦系，经过这样几百个日日夜夜之后，"意乐仙女"才翩然降临凡间，如一朵盛开的民族团结之花，令人叹为观止、为之惊艳。

《格萨尔王传》是藏族人民集体创作的一部伟大的英雄史诗，内容丰富，流传广泛。融合了藏民族关于历史、社会、自然、科学、宗教、道德、风俗、文化、艺术的很多知识，被誉为"东方的荷马史诗"。而且，它是世界上唯一的活史诗，至今仍有上百位民间艺人，传唱史诗。《格萨尔王传》大约产生在公元前二、三百年至公元6世纪之间，它不是通过文字记载，而是通过民间艺人口耳相传神奇地保留下来。新中国成立后，青海文化工作发掘、整理出《格萨尔王传》36部，文字长达1500万字。

《格萨尔王传》又是世界篇幅最长的史诗，讲述了这样一个故事：

> 天灾人祸遍及藏区，妖魔鬼怪横行，天神之子推巴噶瓦发愿到藏区，做黑头发藏人的君王即格萨尔王。他是神、龙、念（藏族原始宗教里的一种厉神）三者合一的半人半神的英雄。格萨尔从诞生人间起，就开始为民除害，格萨尔在部落的赛马大会上取得胜利并获得王位。从此，格萨尔开始征战四方，先后降伏了几十个"宗"（藏族古代的部落和小帮国家），使藏民部落统一。在降伏了人间妖魔之后，格萨尔功德圆满，与母亲郭姆、王妃森姜珠牡等一同返回天界。

除著名的四大降魔史《北方降魔》《霍岭大战》《保卫盐海》《门岭大战》外，还有18大宗、18中宗和18小宗，每个重要故事和每场战争均构成一部相对独立的史诗。

推广藏文化的行动，黄静波是有计划有步骤进行的，对《格萨尔王》这部藏文化的扛鼎之作，黄静波认为尤其要谨慎安排。对于宣传的手段，黄静波考虑到，在20世纪80年代中期，戏剧艺术的观众要分为"大众"和"窄众"，舞台剧只能被少数"窄众"欣赏，"大众"的份额则被电视和电影占据。于是他把目光投向了需要更大投入、更为劳神费力的电影制作上。他想让最为瑰丽的藏文化之花绽放在电影屏幕上。

他计划要用电影的形式把《格萨尔王》连同最早的昆仑神话、文成公主进藏许许多多动人的故事，都拍摄下来，这是青海丰富的文化历史资源，也是中华民族的最为辉煌的历史文化资料。

1984年，黄静波决定成立"青海电影摄制公司"。他知道香港著名导演李翰祥先生对青海的历史、文化很有兴趣时，便向李先生发出邀请。

他们两个人的交谈是那样单刀直入，没有任何客套。

黄静波说："请你这个大导演来不容易！藏族有部史诗《格萨尔王

传》，这可是中国民间文化的一宝哇，把它拍成电影怎么样？"

李翰祥说："我对《格萨尔王传》早有所闻。世界好多国家都对它有兴趣，这是一个好题材。"

"唐朝诗人王昌龄写了一首诗'青海长云暗雪山，孤城遥望玉门关'，这首诗使青海名传千古，但也给人们一种大漠风沙、孤城雪海的荒凉印象；王洛宾先生在青海写了一首歌曲《在那遥远的地方》，歌很美，但人们记住的是草原和牧羊姑娘；我的家乡绥德有一首民歌《三十里铺》，它使绥德名扬大江南北。你是名导，《格萨尔王传》是名著，要拍就拍成一流的电影。要让人们记住青海。"

两个人都很激动，他们想到一块了。

一次，黄静波和李翰祥在研讨《格萨尔王》电影剧本时。黄静波故作神秘地对李翰祥说："你知道我为什么一定要把《格萨尔王传》拍成电影吗？"

"这还要问吗？是你这位省长对藏族文学艺术的珍惜和扶植。"

"我看中的不仅是《格萨尔王传》的文学艺术上的价值和它在世界的影响。我更看中的是在这部史诗中字里行间流露出藏汉民族之间亲密友好的感情。《格萨尔王传》中描写了藏族与汉族之间的茶马互市场面，说明自古以来两个民族的人民早就互通有无，友好往来，是藏、汉民族团结的历史见证。青海是个多民族的省份，民族团结至关重要。拍成电影不仅是让世人了解青海，也要让青海人了解民族的历史，珍惜民族之间自古以来就有的友好关系。《格萨尔王传》是进行民族团结教育的好教材！"

黄静波的一席肺腑之言，深深打动了李翰祥，他紧紧握着黄静波的手，连连地说："想不到您对《格萨尔王传》理解得这样深，想不到省长还有这番用心，我一定尽力把它拍好。"

这样，黄静波决定青海投资150万元，李翰祥把他在香港的一处房子抵押申请贷款，作为投资，共同拍摄电影《格萨尔王》。

遗憾的是，后来李翰祥因不适应高原气候，心脏病发作，电影《格萨尔王》没有拍下去。李翰祥回香港后不久，在拍摄电视连续剧《火烧阿房宫》时再次心脏病发作，竟突然病逝。

黄静波为这样一个有才华的人英年早逝而惋惜，也为《格萨尔王》电影没有拍成感到遗憾，但他没有放弃，《格萨尔王》仍装在他心里。

1985 年 12 月 18 日，黄静波离任回到北京，这时不当省长已经四个月了，但有一桩至关重要的事情他一直牵挂着。他要给中央民委写封信：

杨静仁部长：

为了开发建设青海，就需要从各方面宣传、介绍青海，才能改变一些人对青海的错误看法，吸引人们向往青海、热爱青海、参与青海的建设。正是个缘故，在我于 1983 年至 1985 年秋任省长主政期间，拟定拍摄《格萨尔王》电视连续剧，把在国内国外有影响的藏族英雄格萨尔王搬上屏幕。原来计划于 1985 年完成拍摄，因为准备工作进展缓慢，所以，在我任职主政期难以完成，只好请现在的省政府来继续完成。这件事是青海四百万各族人民的大事，我因为年龄到限，于今年八月离开青海省政府的工作，但是愿意为青海省各族人民的这件大事服务。故而，我给您写这封信，并随信送上青海省电视台的报告，恳请您给予指导和经济上的支助，使其成功，切切至盼。

杨静仁于 20 日即在黄的信上批示：

江平、任英同志：此事重要，请尽可能予以支持。并请文化部、广播电视部鼎力支援。1986 年，《格萨尔王》电视连续剧向全国发行。青海各族人民把这当作盛大节日来庆贺，而他们议论的中心，已远远不是藏族英雄格萨尔王本身，而是更多更深……

青海电影摄制公司后来又拍摄了《瞿坛寺壁画》，片中呈现国内现存最完整的明代壁画和有着四千多年历史的柳湾彩陶，引起国内外业界人士的重视。

虽然经历了很多波折，《格萨尔王》电视连续剧也如愿以偿呈现在广大观众面前，然而拍摄电影《格萨尔王》的愿望终究还是没有实现，不能不说是个遗憾。是否还会有第二个李翰祥，会出于对藏文化的热爱宁愿牺牲健康，登临雪域高原，创作一部大手笔的作品？黄静波的这个梦想从来没有幻灭过，对自己为之付出的努力也从未后悔过。

黄静波在改革开放初期扩展青海经济工作之外，还为挖掘、提高、再现民族传统文化瑰宝，抢救民族文化遗产，加强人民群众的精神文明建设作出了诸多贡献。他所做的一切，在"以经济建设为中心"的年代似乎又有些"超前"，却暗合了新的历史时期"民族文化伟大复兴"的号召。不仅不辱使命，还创造性地完成了一个党政机关干部的职责和任务。

这次他走对了，一省之长是抓政权建设、抓经济建设、抓文化建设、抓全面的省长。

黄河之水天上来　打响"呼风唤雨"战

"黄河之水天上来，奔流到海不复回"，曾几何时，李白眼中奔流而下的滔滔黄河，时常出现断流的状况。黄河流域的干旱少雨和长江流域的多雨构成南涝北旱的气候现象，为解决这个问题，多年来，国家实施了著名的"南水北调"工程。

"南水北调"是一项为中国人熟知的水利工程，是 20 世纪 50 年代提出的设想，经过几十年研究，南水北调划分为西线工程、中线工程和东线工程，建成后与长江、淮河、黄河、海河相互连接，形成互补，目前这个举世瞩目的浩大工程仍在建设之中。

　　然而相对而言，"空中南水北调"却鲜为人知，"空中南水北调"说得更形象些即所谓"黄河之水天上来"，即用人工调控水蒸气的方式使黄河上游的降水增强。

　　青海虽然是长江黄河的发源地，然而由于种种原因，青海却是个严重缺水的省份。青海省属于高原大陆性气候，具有气温低、昼夜温差大、降雨少而集中、日照长、太阳辐射强等特点。东部湟水谷地，热量水分条件皆能满足一熟作物的要求；而柴达木盆地日照长达 3000 小时以上。

　　这项"空中南水北调"又称作"黄河源增水计划"，即采用人工干预的办法，将长江上游的空中水汽调往黄河源头，这对青海省的降水十分有利。该项目在 20 世纪 80 年代中期被列到议事日程上后，虽然由于种种原因，没有得到真正的实施，但是它对中国解决南北水资源不平衡的现状及新世纪气象、水利事业的发展都有所启迪。

　　从前人们为求得风调雨顺只能祈求上苍，现代气象科技却将自行"呼风唤雨"成为可能。

　　1981 年 4 月 1 日，英国《卫报》在愚人节这天公布了一个令人称奇的聪明人的发现。这是一项由英国国防部和气象局的专家们组成的联合小组经过 13 年秘密研究取得的成果：他们找到了在大气对流层中制造一个密度可变的静电屏蔽层的秘诀，这使得他们在人工控制天气方面取得了领先世界的进展。

　　这项发现可以实现对气象变化人工控制的成功率达到 93% 以上，英国不久就能自行调整其气候的基本结构。该试验室主任认为，这个系统可以对 4800 公里范围内的天气施加"相当程度的控制"，但是它也会导致极地冰冠缩小，使海平面上升。

　　气象科技的发现带来了"气象利益"的重新分配和纷争，意大利请求英国在确定本国天气方面给以最惠国待遇，希望今后能得到"不太严酷"的天气；法国农业部长声称，由于英国控制天气的机器会使法国葡萄收成降低；第三世界国家则指控，英国为实现其"气象帝国主义统治"

计划，故意制造了突尼斯、阿尔及利亚等地的旱灾。利比亚提出要把英国驱逐出联合国。

在增加水资源的科技领域，其他国家虽然落后了一步，但却始终没有放弃在这方面的探索。20世纪80年代，世界各国竞相致力增水试验。美国在科罗拉多河流域的100万英亩土地，每年添加水深一英尺的额外水量，比正常水量增加10%—15%；美国20世纪70年代中期制定的攻关项目中，预计90年代高原干旱区增加水量可达30%；墨西哥涅卡萨流域的增水率达50%以上。

青海的气候条件虽然并不利于人们的生产生活，但是其所处的地理位置、地势状况和庞大的冰川储备却使其对中国的气候、水资源状况有着至关重要的影响。20世纪70年代，中国气象界建立了"青藏高原气象学"的理论研究体系，众多的气象学家和工作者把青藏高原考察当作不可或缺的环节。

1982—1985年，黄静波在青海省担任领导期间，深刻认识到国际气象格局的变化和青海省气象工作的重要地位。更重要的是，他认为西北开发面临的首要问题就是缺水。不仅种植业、畜牧业需要水，开矿和发展工业也需要增加用水，因此，水、草、粮、运输等，就成为开发大西北的先行课题。年降雨量400毫米等值线，把全国90%多的人口、耕地和林地挤到东南半边，使我国东部、西部经济区不能协调均衡地发展。50年代以前，我国只是干旱地区缺水，当前水荒已经蔓延到人口稠密地区，如北京、天津、青岛、大连等地也缺水了。

就在这个时候，黄静波结识了两位在"空中调水"方面的有识之士，他们是当时中国经济学团体联合会秘书长罗元铮教授和中国银行名誉董事长乔培新。

把长江上游地区的西南暖湿气流诱导北上以增加黄河源头地区降雨量，这个设想早在1978年就在全国科学大会上被经济学家乔培新提了出来。

长江、黄河都发源于青海省的巴颜喀拉山，此山也是它们的分水岭，新中国成立后，曾提出过一些引长入黄的建议，但是工程浩大、投资太巨；而从气象的角度以人工干预的办法，使水气云越过巴颜喀拉山进入干旱的青海高原，增加降水，不失为一个好办法。

经过多名学者论证后，黄静波认为，对这方案进行考察的时机已经成熟。1984 年 4 月，黄静波和罗元铮、乔培新等人组成领导小组，由中国气象专家、南京大学教授么枕生、国家气象局原局长饶兴、经济学团体联合会气象专家朱明道、青海省水利厅高级工程师汪福祥、副总工程师邹文明等人组成考察组，在巴颜喀拉山口、满掌山口、久治山口，以及西宁周围的农业区进行了为期 20 天、行程 3500 多公里的考察。

经考察，专家们的想法得到了进一步印证。巴颜喀拉山的云水资源丰富，然而西南暖湿气流越过山脉北去，已经大量消耗，山脉的一些豁口还不够畅通，也阻碍了气流穿行。如果从空中进行"南水北调"，很可能促成流通。方法包括以强大的电磁力或声波来促进云气的运动，使用化学催化剂布雨，以及疏通水气通道等。

中国经济学团体联合会项目主任朱明道说：

> 黄河和长江都发源于青海省，但黄河年水量只有长江的 1/20。两水系相隔一道分水岭就是巴颜喀拉山，源头均在海拔 4000 米以上，在这个意义上说，青海省可称为"中华天然水塔"。如果在"水塔"上做点文章，把长江水量的 2% 调往黄河，黄河的水量就可以增加 40%。我们在这次考察中进一步了解到，在青海进行空中"南水北调"的探索，有许多有利条件。搞人工干预气流需要大量的电力，青海境内沿黄河可修几座大型水电站提供廉价的电力。制造化学催化剂需要的镁、碘，青海储藏丰富，储量居全国第一位。另外，青海搞人工降雨试验已有 20 多年历史，也积累了很多经验。

在《黄河源增水调研方案》初步成形后，1984 年 4 月，黄静波联合罗元铮、乔培新向当时的总书记胡耀邦递交了报告，报告中提出：

1952 年到 1975 年 24 年间，我国财政、银行用于支援农田、水利建设和发放水旱灾害救济费近 600 亿元，平均每年花掉 25 亿元，这是一笔不能再收回的巨额投资。如能用相当于这笔投资的千分之一，也就是 250 万元用于局部控制灾害的科研工作，比单纯救灾，每年平均花掉 25 亿元巨款，其经济效益要好得多，就可以从遭灾—救灾—再遭灾的恶性循环中解脱出来，逐步做到：抗灾—治灾—减灾良性循环。我们的打算是，现在先从小范围容易的地方开始，选定黄河、长江两大水系发源地的青海省开始着手，初步见效后再逐步扩大……

黄河源头的水源，不外乎雨水、冰雪融水和地下水几种，归根结底，都是从天上落下来的。李白名句"君不见，黄河之水天上来！"虽然是文学上的夸张，今天将变成科学现实。长江源头起名叫"通天河"，含意也是这个意思。这一切说明，开发空中水资源，进行空中南水北调，可行性是明显的。

加拿大在水资源合理开发利用方面，积累了较多经验，它对《增水计划》极为重视。经与我国经贸部国际联络局初商，邀请加拿大增水工程专家访华，进行合作研究并取得加拿大无偿的财力援助和技术援助，是可行的。最近，《黄河源增水调研方案》领导小组正组织有关专家，前往黄河源头和缺水极为紧迫的柴达木盆地进行增水考察，以便修改补弃完善这一方案。这是百年大计的好事，希望得到您和中央领导同志的关心和支持。

据介绍，采用人工干预的办法，把长江上游的空中水汽调往黄河源头，使其降雨，增大黄河水量。这个设想如果能够逐步实现，加上黄河可利用的水量，配合以相应的水利工程，到本世纪末，首先可以在青海新增农田灌溉面积 250 万亩，林业、草料地和天然草场灌溉面积 235 万亩，治理沙漠 1000 万亩，增加水力发电近 400 万千瓦，并将在一定程度上改变青海高原气候结构，促进农牧业生产的发展。对整个黄河上游地区种草种树、绿化荒山工作也将产生

广泛而深远的影响。

无论是在青海还是陕北，黄静波见惯了农民们为求降雨望眼欲穿的表情，望着干旱龟裂的田地痛不欲生的心情，以及无可奈何、凭天由命的人生。他深刻了解水对一个农业大国、人口大国的重要性，水甚至可以改变世界经济发展的格局。因此，当他看到"人工控制天气"这条信息时，仿佛看到了一个扭转大西北和全国各大城市缺水局面的阀门，敏锐的眼光让他迅速抓住了这个机会，在论证和拓展的道路上树立了一个良好的开端。

"黄河源增水"是改变青海降水条件的一个大的方案，"空中南水北调"将巴颜喀拉山西南的部分云汽"推"到黄河源头后，还要采用人工降雨的方法把它变成雨水。人工降雨是比"空中南水北调"更为常见的气象科技，到青海不久，黄静波对这一领域的关注就开始了。

1983 年 5 月，黄静波率青海考察访问团赴澳大利亚，在悉尼认识了比格博士，并参观了他的实验室。爱德华·凯思·比格是澳大利亚气象学家，在冰晶催化人工降水领域是国际上知名的先驱者和权威专家之一。

比格长期从事人工影响局部天气的工作，黄静波又渴求改变青海高原少雨的气候状况，而目前，"求雨"不是向天求，而是向"人"求。黄静波怀着敬佩的心情向著名的人工降雨专家提出邀请："中国的青海省是高寒低氧的地区，对在那里生活的人们的健康、寿命有很大的影响。我想请博士到那里作一番考察，看看能否通过科学的人工方法改变那里的气候，从而改善人们的生存环境。"

黄静波并没有十足的把握，因为比格应该很清楚，海拔 3000 米以上是什么感觉。然而比格为中国的这位省长心系人民疾苦的心所打动，爽快地接受了邀请。他说："气象工作是全人类的事，我愿意竭尽全力去工作。"

这时比格又想起了妻子罗宾的一个愿望，罗宾是一个鸟类专家，鸟类研究也是全人类的事，她知道中国青海湖鸟岛上的鸟，每当秋后就飞往世界各地，她很希望对鸟岛的鸟类作些观察。

于是，比格也提出了一个小小请求：希望带着妻子一同前往青海。这位品格高贵的博士还强调了一句"她是自费的"。

1985年4月，青海省气象局局长代加洗向比格和他夫人罗宾发出邀请。6月，比格夫妇到达西宁。

欢迎宴会间，黄静波热情地握住比格的手说："博士先生，我们又见面了，欢迎您到青海来讲学，帮助我们的工作。"

比格说："谈不上对你们有什么帮助。我的人工降雨的某些观点和实践还在探索阶段，不一定能成功。当然，我有信心使之成功。用人工部分改变天气，在我们澳大利亚就有持反对态度的。"

黄静波说："我们中国有句老话叫'人定胜天'，这次邀请博士来青

黄静波（右）会见爱德华·凯思·比格博士（右二）和鸟类学家毕格夫人罗宾女士（右三），翻译郝绥生（左）

海，不仅是你和我个人的事，是人民的需要呀，也可以说是人类子孙万代的事。天文学家哥白尼，他伟大的学说生前不被人们接受，经历了艰苦的斗争，死后才慢慢地得到大家公认。"

比格颇受感动地说："省长阁下这一席话太精彩了，我要牢牢记住，把贵国人民这一深富哲理智慧的语言带回我的祖国去，告诉澳大利亚的人民。"

比格在青海讲学，吸引了我国很多气象专家的关注，他们从全国各地赶来西宁，参加听讲后受益匪浅。

青海湖是我国最大的内陆湖泊，也是我国最大的咸水湖，面积583多平方公里，海拔3260多米，湖水冰冷且盐分很高，这里是气候凉爽的避暑胜地。

鸟岛地处青海湖的西北部，面积0.8平方公里，上面栖息着近10万只候鸟，堪称"鸟的王国"。每年4月，来自我国南方和东南亚等地的斑头雁、棕头鸥、赤麻鸭、鸬鹚等十多种候鸟在这里敷衍生息；秋天，它们又携儿带女飞回南方。

讲学间隙，比格和罗宾以及陪同他们的中国气象专家、工作人员四人，乘着一辆越野车驶向青海湖。

罗宾终于盼来了这一天。她知道在鸟岛的时间有限，能早到一分钟她就能多待一分钟，所以一大早就赶来了。罗宾当年供职鸟类研究单位时，曾对全澳大利亚的鸟类分布，以数百平方公里为单位，逐块进行品种、数量的普查，跑遍了澳洲大地。就在他们逼近青海湖时，罗宾为一只飞来的珍贵鸟儿黑颈鹤激动雀跃："my bird! my bird!（我的鸟！我的鸟）"

黑颈鹤和罗宾的友谊还没有开始，悲剧就发生了。丰田车后胎突然爆裂，汽车向侧面翻滚了三圈。被摔出车外的罗宾仰面躺在距事故9米多远的地方，身上浸满鲜血。其余几个人均为轻伤，比格抱着罗宾焦急地大喊着。

他们并没有其他车辆，只能等到一辆吉普车路过这里，才把罗宾抬上车，送到刚察县医院。到医院后，罗宾的血管已经打不进点滴了。

此时，正在青海矿区视察的黄静波和尕布龙副省长吃着午餐，秘书许钧祥报告了他这个悲剧。黄静波放下饭碗定了一下心神，立即打电话给省人民医院，让省人民医院速派专家医疗组去刚察，尕布龙随即带着矿区医务人员驱车先行，黄静波也紧接着驱车赶到刚察医院。

然而罗宾没有等到两支医疗队伍的到来就离去了。

比格一个人在病床上大哭，工程师尹道声轻轻自责地说："今天罗宾的座位事先安排本来是我的，她代我死了，我真难过……"比格安慰他说："你没有一点责任，我们大家都是死里逃生。"

下午四点半左右，黄静波赶到了，拉住比格的手内疚地说："这是我的错，我的错。我对不起你，对不起你的家庭，对不起澳大利亚，对不起霍克总理。"

比格同样也安慰了黄静波，并提出要赶回西宁，继续讲课。

比格讲的最后一课题目是《对青海地区人工降水工作的建议》，他对青海地区人工降水的独特见解深深地吸引着听众。青海省政府其他几位负责人几次问博士有什么事要他们去做，比格总是摇头表示没有，当人们再提出这个问题时，他伤心地掉了泪。比格仅仅希望，把罗宾的骨灰全部撒在鸟岛上，在那儿立一块小小的碑，以纪念自己的妻子。

送别比格的宴会结束后，黄静波代表省政府将罗宾女士的抚恤金两万元美金的支票拿了出来，比格坚决不收，最后他签字留言："由于我妻子罗宾·比格悲惨地死亡，黄省长送来两万美元的赔偿费，我认为这笔钱应用于对青海人民有利益的方面。所以我把这笔钱留给省长。我希望最好把它用于改善那所医院的医疗设备方面，就是罗宾去世的那家医院。"

在即将离开中国时，比格在候机室里又给黄省长写了一封信：

　　我很担心会不会由于我妻子是外国人因车祸死去了，就要把司机送进监狱。如果这样，我妻子并不能再活转过来，而对司机的家庭将是极大的不幸……根据我的体验，你是一位极富同情心、心肠极好的人。请对司机的惩处，最重不要超过取消其开车的资格……我的来访引起大家许多苦恼，真是个悲剧。请让我们都不要增加悲剧。

1986 年，在青海湖鸟岛的岸边，竖起了一块小小的墨色石碑，碑上刻着：

> 谨立此碑以深切怀念澳大利亚鸟类学家，中国人民的忠诚朋友罗宾·比格夫人
>
> 青海省省长黄静波
> 1985 年 7 月

1986 年，罗宾女士周年祭日这天，比格带着女儿潘妮和秋迪来到青海湖畔，参加罗宾纪念碑揭幕式。他们把从家乡带来的水和土在碑的周围撒了一圈。之后，比格专程去北京看望了老朋友黄静波。

2001 年 12 月，比格给黄静波寄来了一张他在北极的照片。比格开玩笑说"我不主张在北极穿短裤"，以示"全球气候变暖"。比格在信中说，这些年，他三次到南极，三次到北极进行科学考察。善良乐观的比格又在向新的科研目标迈进了，气象研究是全球化的，正如比格宽广的心胸。

2004 年的 6 月，尹道声对黄静波讲，罗宾的墓碑已经 19 年了，碑已有些风蚀残缺，他向省气象局提出后，气象局决定重新立个碑，碑文还要请老省长来写。

在黄静波的心中，还有一封尚未寄出的信，信中写到：

> 比格，你是慷慨无私的，你把该得的补偿都留给了那块还待发展的土地，甚至把爱妻的墓碑也留给了那座繁华的岛屿。你无私但

并不无情，你不仅为青海人民着想，为我老黄着想，还为医院着想，为翻译着想，甚至为司机着想。由此更能想象，你对妻子会有多么深的感情。正像你说的，身体消失并不重要，重要的是精神长存。你的国际主义精神不论化成云、凝成雨、聚成雪还是融入海，都在我们心里长存……

黄静波和比格博士的友谊，不是因私人关系结成的，然而却促成了两个人深厚的个人情谊，他们在关注全球气候、服务民众生活、实行国际主义精神方面达成了一致，同时，他们又被对方的品格所折服。

今天，气候变化使全球极端天气日渐增多，很多干旱和洪涝灾害仍在人类的力量之外肆虐着，许多国家签订了《京都议定书》以控制温室气体排放，联合国也建立了 IPCC 等气候变化研究组织。"天有不测风云"，科技与合作使天气不再神秘莫测，同时，也指导着人类控制生产、消费行为，顺从"天意"而行。青海作为中国两大河流的发源地，对中国水资源和气候变化无疑具有重要影响，在 1985 年黄静波就能如此高度重视这方面研究，是有着先见之明的。

黄静波在青海省长的任上，不但与比格、罗宾这样的国际知名科学家交朋友，为合作开发研究气候变化给人们带来的影响等问题，他还与各国政要如澳大利亚总理、美国的州长及很多国家的政要官员交往畅谈开发青海，使青海的开放度大大提升。青海再不是封闭的青海，中国的西部再也不是封闭的西部。

留给青海的记忆　当雄鹰张开翅膀

青海之所以"闭塞"，终究根本原因，一个是交通闭塞，一个是思想闭塞。当黄静波看到"浑身是宝"的青海难以"走出去"，也难以"请进来"的时候，就感到了交通问题的重要性。在《关于发展交通运输、空间通信事业》一文中他提到：

> 我们现在准备修建大型飞机场，合资建青海宾馆，还要考虑修南线的铁路或公路，这是为开发青海、合资合营，为运进运出提供方便。交通运输、通信设备解决不好，人家不来，"死宝"就变不成活宝。这合算不合算呢？如果只想着修飞机场卖客票那是不合算的，但是交通方便了，有人愿意来青海投资、开矿、建厂，那我们就大大地合算了。否则人家不来，青海依然故我，或我们的东西运不出去，只好作罢。这是大账与小账的关系，长远与眼前的关系。最起码人才、信息、技术来了，渠道通了，这也是一笔了不起的"利"。

1984年底，黄静波省长主持召集了省各有关部门的同志，听取并讨论通过了关于修建机场的可行性研究报告，计划修建的大型机场位于西宁东面的曹家堡，占地约5平方公里，跑道长3000米左右。

西宁曹家堡机场是青海省唯一的二级机场，于1991年建成通航，如今已开通了直通北京、上海、西安、太原、兰州等数十个大中城市的航班。这条航线的开通，使青海和中国其他各大牧区牛、羊肉运往中东各国，促进了青海省资源的开发和建设，缩短了"世界屋脊"和其他地区的距离。

为了将三星级的青海宾馆和西宁机场建设起来，招商引资活动积极展开，1984年12月，青海省国际经济技术合作洽谈会在西安开幕，十多个国家客商应邀参加，青海有63个项目与外商见面，其中就包括兴建机场、宾馆，开发盐湖、建设有色金属矿山和畜产品加工厂等。

交通要发达，步履还要轻盈，要有"西天取经"的勤奋执着。曾经在广东工作的经历，使黄静波有更多的优势促成这个两相距遥远的省份的交流，成为沟通两地资源和信息的大使。

经青海艺术团精心编导的几部藏戏在本省演出取得成功后，黄静波又派出两位藏族副省长（班玛旦增、杨茂嘉）率领他们到西南、华东各省慰问演出，为宣传青海形象起到了良好的作用。

除了年年参加广交会，黄静波还南行广东，开设窗口，积极为青海无代价地要到不少的立足之地，其中深圳火车站附近两块，广州市东风路、黄花岗、火车站各一块，珠海市 5 万平方米（建立青海干部疗养院）。

由于两省的频繁交流，青海和广东的合作的项目也越来越多。1985年 1 月，青海的玉树藏族自治州和广州市土产进出口公司决定联办"玉穗民族贸易商行"。玉树除了盛产驰名中外的冬虫夏草、知贝母、麝香、鹿茸之外，也是蕨麻（人参果）、蘑菇、藏茵陈、大黄、干酪素等牧副特产品和中草药的主要产地之一。开设商行的宗旨是疏通玉树同广州等内地及沿海城市的商品流通渠道，引进先进的技术、设备，购进家用电器、民族用品等，以充实市场，活跃牧区经济。

合作与交流，仅仅和依靠沿海发达城市是不够的，黄静波还把目光投向了海外。1985 年 6 月，青海省与西澳大利亚签署了合作开发青海矿业的意向书。

在半个月的时间里，澳大利亚的专家在对柴达木锡铁山铅锌矿、察尔汗盐湖、格尔木以南的西大滩昆南大断裂、海南的铜矿、海东的铁镍矿进行了现场考察，并向青海的地质工作人员作了考察印象的报告。

同月，黄静波接见了意大利农业专家评估团。此前，意大利政府向青海省畜牧兽医学院赠款建设了测试中心，购置了电教设备，设置了人才培养项目。专家团来访，主要是对这些进行评估，并加强相互了解，发展中意友谊。

招商引资，洽谈合作，现在是很多政府门户网站上的首条广告，然而在 20 世纪 80 年代初，还是一件新鲜的事。1983 年的青海，偶尔有一两位闯入的洋人和香港人，立刻就会被围上里三层外三层，西宁人或高声评判，或低声议论，或瞠目审视，或尾随观察，令游客如同被关进了动物园。

为了改变这种封闭禁锢的状态，黄静波带领同志们筛选了一批条件比较成熟的项目，通过洽谈，引进了英国先进的电动羊毛剪技术、德国肉食联合加工生产线；购买荷兰、丹麦、美国高产良种奶牛，完成了很多重大项目的合作。

在北京，新加坡侨商郑庭群和黄静波会见后，同意筹集优惠利率的外资2亿美元与青海合作，给青海修建机场和购置飞机，建设旅游点、宾馆。华侨、日本知株会社副经理答应帮助青海出口硼砂，打开日本市场，一年可销售3000吨。

到1984年底，一年间青海就签订利用外资和引进技术、设备合同31项，总金额达6800多万元，吸引外资2600多万美元。来青海旅游、洽谈贸易的外国人及港澳同胞从1982年的4人，增加到1984年的30多个国家和地区的7000多人。与此同时，又和山东、辽宁、湖北等十多个省、自治区、直辖市建立了协作与对口支援关系，协作物资总额达1300多万元。

黄静波还没有忘记，在他第一次主持广交会上，不便捷的交通和服务给一位外国客商留下的不良印象。现代化的城市是连接信息和贸易的重要桥梁，而青海的很多地方还像一张白纸，不仅没人知道要去写什么，而且没人去写，格尔木就是新中国成立后在荒无人烟的高原上建设起来的城市。

格尔木是蒙古语译音，意为"河流密集的地方""河流众多"，地处海拔3200米的青藏高原腹部，幅员辽阔，相当于一个福建省。矿产和农牧业发达，辖区内的察尔汗盐湖、东西台吉乃尔矿区，盐类资源总储量为世界罕见，其面积相当于美国西尔斯盐湖的50倍，是我国最大的镁锂盐矿床；其中集约了600亿吨的氯化物为主的近代盐沉矿物质。钾、镁、锂、硼、溴、碘、铷等的储量和品位，均居全国之首。现在，在察尔汗盐湖区年设计生产钾肥100万吨的青海钾肥厂，是我国生产钾肥的最大基地，市区东郊的年加工 100 万吨原油的炼油厂，是国家重点建设项目。

格尔木城市的出现，源于一个陕北人、"青藏公路之父"慕生忠。1954 年春天以前，格尔木（当时为噶尔穆）只不过是地图上一个名称。慕生忠带领人马来到这片大漠戈壁，随行同志问："格尔木到底在哪里？"

慕生忠说："格尔木就在脚下。帐篷扎在哪儿，哪儿就是格尔木。"

1953 年初，西北局组织西藏总运输队给进藏部队运送粮食和补给，途中有数千峰骆驼死于高寒和缺氧。运输总队政委慕生忠将军赶到北京向彭德怀将军提出修建青藏公路。1954 年春，从格尔木出发，在经费、设备不足的情况下，慕生忠将军英勇的筑路大军只用不到一年的时间就修筑了全长 1935 公里的青藏公路。在高寒缺氧、衣食不足的恶劣条件下，工人们衣衫褴褛，骨瘦如柴，很多人倒下去就再也没有站立起来。

慕生忠为格尔木搭起了最初的帐篷，让它长出了伸向外界的臂膀，30 年后，另一位陕北人黄静波则要把格尔木建成一个空中花园城市、西北五大牧区牛、羊集散地和通往中东、伊斯兰国家的空中口岸，以牛、羊换取中东的石油资源。

格尔木在 1980 年撤县建市，当时任市委副书记的田源后来又依次担任了市长、书记、青海省委宣传部长、省委常委、陕西省政协副主席。2009 年，黄静波长子黄少南到西安见到田源，回顾了 20 世纪 80 年代初黄静波在格尔木的历史：

> 1982 年，黄省长刚到青海，首先跑基层了解情况，他上昆仑山就是从格尔木出发的，这是他第一次到格尔木。听了我们的汇报，他表现出对格尔木极大的兴趣，他说，格尔木守着柴达木这个聚宝盆，在青海的经济建设中有着重要地位。
>
> 黄省长刚从广东省调来，参与了深圳、珠海特区建设，所以有

的同志向他提出，请他担任格尔木市建设委员会主任，黄省长笑着说："主任就不必了，还是你们自己当，我可以给你们当参谋，当顾问。"

他说格尔木要按 100 万居住人口规划，建成现代工业城市，这里要建炼油厂、石油化工厂，还要考虑城市的生态环境，要从现代化工业城市完备的功能考虑整体规划。

当时格尔木只有 5 万人，加上驻军 5 万，搞建设来的 5 万人，总共只有十多万人口，有人提出"规模是不是太大了"，但是黄静波认为目光要放长远。

黄静波提出，要修建四条公路主干道，宽 120 米，建街心花园，其余几条公路宽 60 米，以适应将来工业发展需求，承载大吨位的运输车辆；在格尔木的三条河上架桥，两岸盖别墅，住宅每户 300 平米，由住户自己栽种花园植物，从而带动整座城市的绿化；修建直达北京的铁路，使格尔木成为一座适宜旅游和商贸洽谈的城市。为此，黄静波邀请澳大利亚南滇州海外专家局的两位专家，为格尔木设计了示范小区。田源回忆：

　　黄省长对格尔木市前景建设的理念是超前的，对我们规划、建设有很大指导作用，后来因资金问题，我们将主干道都改为 80 米。青藏铁路通车后，我回格尔木看了看，格尔木市的领导对我说，你们那时很有眼光，给我们留下了好的基础，现在的建设基本上按原规划实行。你们这个规划，再过 50 年也不需要大的变化。

　　今天的格尔木已经是几十万人口的城市，工商业迅速发展，各种车辆川流不息，但这里没有交通拥挤的现象，更不存在拆迁民房拓宽马路的问题，作为格尔木建市时的领导，我感到很自豪。我想格尔木人民也不会忘记黄省长在这块土地上付出的心血。

黄静波在年过花甲的时候在格尔木付出的心血和汗水，令很多人看到后深受感动。1984 年，青藏铁路西宁至格尔木段开通，黄静波去参加通车典礼。一位叫禾习三木的画家曾经随行到格尔木写生，记下了黄静波在格尔木超负荷的工作时间表：

可能有人会不相信。这方面，我可有切身体会。还是拿我随黄省长及新疆、甘肃、西藏、铁道部的代表们到格尔木那次为例。

当天中午到格尔木下车后，他便找来有关领导同志，了解第二天通车典礼的有关事宜，事无巨细，均一一亲自问到、看到，发现漏洞和不足，随时提出弥补或修改意见，并指示有关同志连夜改好。

吃过晚饭又找来格尔木市政府和城建部门的同志，研究格尔木花园城市规划和建设问题。夜间 12 点以后，他将司机和随行的秘书叫醒，一块去看望一位老战友。回来已两点左右了，却又坐下来，修改大会筹备组为他准备在通车典礼上的讲话稿。等他上床大概是 4 点了。

早上 5 点起床，亲自到会场检查会场的布置、准备工作情况，7 点赶回招待所看望来自铁道部和兄弟省区的代表团，并陪他们共进早餐。稍作休息，便到会场，又召集报社、电台、电视台、各地记者及负责宣传工作的同志开会，布置宣传任务并提出要求。接着又出来迎接各地代表们进会场。

典礼开始，他讲了话，剪了彩。大会结束，回到招待所已是下午两点多了。

简单用罢午餐，两点半又去农建师师部，看望大家并讲话。

从农建师出来，又到了哈区，了解哈萨克牧民的生产、生活情况。……接着又到格尔木机场，先是听取部队同志意见，后又就如何发挥机场作用和今后如何扩建问题进行了探讨。回到格尔木已经是吃饭时间了。

晚饭后，又召集格尔木政府及有关负责城建的同志开会，研究今后格尔木市的城市建设和城市规划问题。……这个会从晚上8点一直开到凌晨2点。

第二天一大早他送各省代表去各处参观。午饭后，他又给格尔木市各单位的知识分子作报告。同时，安排我去昆仑山写生。晚上他继续同格尔木市的同志研究城建问题。会议12点才结束，凌晨2点出发去钾肥厂视察。次日6点用罢早餐，听厂长书记的汇报，到车间视察。然后中午赶到锡铁山视察，下午5点返回格尔木招待所……

是什么力量让这位年过花甲的老省长这样忘我地永不疲倦地工作着？他这样工作，究竟是为了什么？是为了青海和青海人民。不管别人将来如何去评价，这些都是我亲自看到、听到、体验到的，他不愧是当年的老红军。红军的这种革命作风确是我们进行社会主义建设，搞好改革开放，加速经济建设，端正党风的宝贵财富。

从格尔木三天的工作时间表中我们可以看到，在海拔3000米的"空中城市"，老省长每天睡眠不足5小时，有时甚至到了全天完全不休息的地步，用"钢铁战士"来形容一个64岁的老年人显然不太合适，然而实在难以用语言来形容老省长的一腔热血。

2006年7月1日，青藏铁路全线开通，人们第一次体验到了北京直达格尔木的畅快感受，轻易看到了这座面积达12.5万平方公里的"世界上面积最大的城市"——格尔木。该市"十一五"规划指出，将大力推进工业和旅游业的发展，加快"资源加工转换中心""高原特色旅游中心"和"现代物流中心"建设步伐，加快建立以格尔木为轴心的青藏经济合作机制。《国家中长期铁路网规划》中提出要修敦煌至格尔木的铁路。在不远的将来，格尔木将成为西北的一个交通大枢纽。

格尔木正在一步步验证着20多年前的一个预言。

黄静波和慕生忠，同为在陕北战斗过的老革命，慕生忠是吴堡县人，黄静波是绥德县人，两县紧挨。20 世纪 30 年代他俩就相识，解放战争时又都在第一野战军，他们是老乡，又是战友。

一次，青海记者到兰州，黄静波特意让他给慕生忠带封信，请他到青海故地重游。2002 年，黄静波到兰州，还专程到干休所看望了慕生忠的夫人和孩子。

可以说，慕生忠奠基了格尔木城市的第一锹土，而黄静波搭建的格尔木粗具规模的现代化城市。就这样，两个陕北人披肝沥胆、如此钟爱的城市——格尔木，如今已经成为世界认知的资源型、旅游型工业城市。

建设青海的旅游项目，黄静波仍记得刚到青海考察时曾经的灵光一闪：那记载着汉藏民族团结的日月山为什么不开发出来？于是，海拔 3540 米的高空旷野上，中国古建筑式的南山"日亭"、北山"月亭"建成了。日亭和月亭，均为八角砖木结构，彩绘飞檐，饰有太阳、月亮图案，是游人进入青藏高原的必经之地，故有"西海屏风""草原门户"之称。站在山顶，向东眺望，是藏地的田园风情；向西看，碧波荡漾的青海湖，留下了"登上日月山，又是一重天"的佳话。距日月山几十公里处，有闻名遐迩的倒淌河和龙羊峡，正是屹立在雪域高原上的地标性建筑，将这么多的景观和看点连接起来。

日月美景不胜收，每天工作 18 小时的黄静波却一直无暇欣赏。在黄静波主持青海省政府工作期间，在各条战线工作者齐心协力的奋斗下，青海发生了可喜的变化。

1983 年，青海省工农业总产值比 1982 年增长 7.8%，1984 年又比上一年增长了 12.43%，创历史最高水平。

青海省财政收入 1985 年上半年为 7474 万元，比上一年同期增长 25%。一个前景光明、快步改革发展的新阶段已经来临。

黄静波在来青海之前，妻子儿女都不放心他的身体，他曾经把全家召集在一起开家庭会议，表明了他选择青海的理由和决心。

他安慰老伴高宗一说："青海解放 30 年发生了很大的变化，这说明什么？积极建设是有成绩的！青海百姓和长期在青海奋斗的老同志、知识分子，他们作出了重大贡献，我感到他们特别了不起，我要向他们学习。"

刚一到青海，他就立刻奔向高原戈壁，下矿井，访劳模，做考察，出决策，只争朝夕。他用深圳速度和精神工作，每天固定有 18 个小时的工作时间。有人这样评价道，黄静波在青海的两年中，实际干了 5 年的工作。

两年后，黄静波最为开心的是，他可以再开一个家庭会议，全家人团聚在一起，告诉他们不仅身体无恙，而且在最后的战场还取得了胜利。"廉颇老矣，尚能饭否？"岂止能饭，尚能再战沙场！

黄静波说："共产党的事业就是开拓性的事业，共产党员的党性就是开创。"他就是这样一个开创型的干部，20 世纪 30 年代，国共"摩擦"的绥德警备区，哪里局势严重，特委就要派他过去打开局面。可贵的是他花甲之年，创新的劲头锐气不减。青海是他最后一站，也是他为党和人民工作的最后一个平台，他在这个平台上展现得更加精彩。

就在黄静波离开青海多年后，青海干部李顺国编了一本书，收录了全国各地记者作家采访青海的文章。书名叫《公仆的辉煌——黄静波省长开拓青海纪实》。很多记者用具体生动的例子，展现出黄静波省长为青海人民所做的一切。著名作家苏叔阳为之写序。其文感人之

公仆的辉煌

——黄静波省长开拓青海纪实

李顺国 编

此书系人民出版社 1995 年 2 月出版

深，可和当年的剧本《丹心谱》媲美。

奇文共欣赏。现录于下：

但愿青春常在

——《公仆的辉煌》序

苏叔阳

我早就知道黄静波这个名字，但我从未想到过有认识他的福分。我们属于完全不同的阶层：他是官，我是民。而且，他是长辈，他的名字出现在报纸上，同许多高大的名字一样，对我是个遥远、陌生的符号。

然而，我竟偶然地认识了他，并且渐渐熟识，也渐渐地对他产生了一种敬爱之情。这并不因为他是官；我认识他时他已经卸任赋闲，曾经有过权力已经不再拥有。我只是从自己的职业角度观察他，庆幸自己认识了一位真正的"绥德汉子"。

1991 年底，我被文化部春节晚会剧组借调，在中组部招待所写剧本。一天下午，我正在门厅里吸着烟想心事，一对穿着中式棉衣裤的老夫妇从门厅经过，那位老大婶站住脚看看我，用柔和但不乏命令味道的口吻对我说："年轻人，别抽烟，对身体没好处。"说完就挽着老先生的手走了。我淡然一笑。那时候我已经年过半百，却被她称为"年轻人"，我判定她是位老干部，已经习惯了用那种语调说话，虽然很柔和。我掐灭刚点燃的烟，笑问女服务员："这两位是谁？"

服务员斜我一眼，答道："你不认识？青海的老省长黄静波和他的老伴儿。"

我愕然。我没想到一位卸任的省长和夫人，竟平凡到如此地步，就那身打扮，走在街上绝对会被看做近郊的老农。我也认识一些当官的人，无论在职还是挂冠，都挺神气，身高也似乎猛蹿了三尺，总是下视苍生，所以我总是远远地避开。我生性怕官，治不好的毛病。

怪不怪，我却不怕当过大官的黄静波，而且产生了想了解他的欲望。我第一次同他直面对视时，他那一双炯炯有神的眼睛，那干净利索的穿着和那文质彬彬的气质都给我留下深刻印象，觉着他根本不像个官，而像个，像个什么人呢？像个整天在田野里忙活的农业科学家，一位农学教授。

他请我到他家去聊聊。我去了。那也是个下午。他的客厅简朴得无法再简朴。一把机关里常见的那种既不豪华、高雅，也不舒适的长木沙发，一个木茶几，两个木书橱，仅此而已。他的谈话条理清晰，观点独到，而且颇具前瞻性。我从他的谈话里感受到他内心有股压抑着的激情。他在室内踱步，或站在窗口向西瞭望。霞光映着他坚毅的脸。在那薄暮时分，我忽然心里一动，觉得他的心正在飞向黄河，飞向青海高原，飞向那茫茫苍苍的雪野。他分明是个牵马伫望战场的士兵，而不是告老还乡心如枯井的养老者。

我后来知道了他的一些情况，更让我肃然起敬。他曾做广东省副省长，卸任时，中央让他考虑是到北京还是去青海任职。他竟然挑选了去青海高原建功立业的道路，准备在花甲之年再做一次开拓者，而且举家西迁，义无反顾。他的这种行动，很难说没有悲壮的气概。在改革开放的事业中，我们不是正需要这种悲壮之气吗？

在青海，他走高原，进牧区，下矿井，入厂房，访农民，识专家，踏遍雪域；他平冤案，伸正义，为知识分子、高原工作者提高待遇；又进京赴粤，为青海走出荒原连结四方，向世界靠拢而奔走。他高瞻远瞩，勇于实践，为国为民，鞠躬尽瘁，赢得了青海各族人民的爱戴。他卸职离开青海时，西宁一城百姓夹道相送，泪水与哽咽相伴，鞭炮和祝福交响。百姓心里有杆秤，忠奸贤佞他们分得很清很清。

他的忘我工作也招来各种非议。责备辛勤的开拓者是我们的恶习，由来已久。踏实苦干者的"毛病"就在于"忘我"。忘记了自身的一切利益，自然也就忘却了四方可能射来的箭镞。所以，悲壮与献身，似乎总伴随着一切改革者，这也好像是我们这个时代的氛围。那种把改革者描写成潇洒的英雄，整天生活在事业加爱情的温柔梦里的作品是多么不切实际。没有委屈、被诬、坚韧不拔，也就没有改革者今天的成就。改革需要付出汗水、泪水乃至血水。

我敬佩黄静波，不仅在于他站得高看得远，雷厉风行，一往无前，而且在于他卸任后的心态与精神境界。他一生坎坷多多：青年峥嵘，得过毛泽东亲笔题词的嘉奖；出生入死，经历过枪林弹雨；当过部长、省长，也坐过"四人帮"的监狱。历尽大波折而又超越一己的悲苦，将个人的荣辱完全置身度外，一心挂念的是那片并非他故乡的高原，日日夜夜西望青海，盼她早日腾飞，这需要怎样的胸襟，何等的刚毅。他是条真正的西部汉子，一个响当当的男人、伟丈夫。

黄静波在青海的业绩和高原人对他的评价，已经反映在这本小册子里。但我相信，本书绝非他全部工作的记载，而只是雪泥鸿爪，一行浅浅的印迹，那埋在群众心里不会消失的纪念，必定还很多很多。

谁说党的老干部都沉湎在过去的荣耀里而自怨自怅？！谁说革命者都僵化在历史的尘埃中不思进取？！黄静波的品质与言行就是一个回答，一个对时代对历史响亮的回答。他们依旧有崇高的理想，不灭的斗志和远望前方的明亮的目光。

我自然没有资格为本书写序。但作为一个以写作为职业的人，我从黄静波身上看到了中华民族优秀的道德是怎样令人神往，看到了中国共产党曾经造就出何等杰出的志士，历史选择了共产党绝非偶然。而且，从黄静波身上我们还可以进行反思，该怎样迎接今天的挑战。我无力记述他的一生，也无权对他的功与过做出评价。但我有权利写出我眼见的真实，更愿意向这位不老的老人奉上我的敬意。

鸡年正在走近，春天已经在寒风里向我们召唤。假如鸡年确乎象征着吉利，我愿这吉利赐给黄静波这位老战士再一次青春。

青海湖水深千尺　不及人民送我情

就在青海省快马加鞭的时候，黄静波却不得不离开这里了，一切只因岁月不饶人，这一年他65岁了。

1985年夏，青海省第六届人民代表大会第三次会议召开，这次会议重要任务之一，就是要把年龄刚刚到限的黄静波从省长岗位上换下来。

在会上，十几个代表团，几乎一致要求黄静波撤回辞呈，继续留任。海南藏族自治州、海西藏族自治州、乐都县代表团的代表表示：成绩不能归于一个人，但与一个思想解放、有开拓精神、有魄力的领导人是分不开的。黄省长是一个真正干工作的人，如果重选省长、我们还选他，以他的身体、精力完全可以干到届满。

记者陈宗立说："我在参加人代会小组讨论时，看到几位不识汉字的藏族代表，在手心和手背上一遍又一遍练习写黄静波三个字，准备在投票选省长时，如果省长候选人不是黄静波，他们就划掉候选人名字，写上黄静波。"

青海一家无线电厂50余名工人、西宁实业有限公司300名干部和工人、青海武警部队玉树支队的一批官兵，给胡耀邦总书记发电报，恳请留住黄静波。西宁邮电局工作人员告诉记者，会议进行期间，每天平均有十几份要求黄省长留任的电报。

从会议简报上，记者马沛文还看到这样的两条材料：一是互助土族自治县代表提出，为了纪念黄静波在青海的政绩，他们回去要建"静波祠";二是化隆回族自治县的代表表示,黄省长百年之后,他们回民要按照汉民的习惯为他戴孝。

百姓自愿"生前建祠、死后戴孝",原来"父母官"的原始含义竟由此而来。

现在有人说:"干部和群众是一个对立的组合。"而黄静波和群众就是一个统一的和谐的组合。老百姓心中那杆秤是最准的,他们爱的肯定有道理,恨的肯定有据。为什么挽留黄静波,他们心中明白,黄静波不但无私而且能干。他们最需要无私的领导,更需要能干的领导。

记者马沛文这样说:

> 黄静波全力工作,自奉俭薄。他在青一直乘坐省政府前任留下的一辆用了二十多年的伏尔加牌卧车。这期间,省里增加了上千辆的进口车,其中也有少量高档的豪华车,下边的同志几次劝他换一辆新车,因为旧车已经漏雨,他一次又一次婉言谢绝。尤其为人称道的是,黄静波是"单人匹马"来青海上任的,他在青海工作两年半,没用一个私人,也没谋取任何私利。

黄静波到青海工作,确实是想干出一番事业来,这从他在青海实际行动中得到了充分的证明。有些后来到青海工作的人,十分惊讶地说:两年中他做了那么多事。但是天不从人愿,他的宏图大志,他的许多设想,有的刚刚开始,有的还来不及实施便退下来。他是怀着壮志未酬的悲壮心情离开青海的。

历史是无法选择的,很难说一项事业或一个人的成功是靠个人奋斗,是天分,因为其中有太多的因素不是个人预知和左右的,天时、地利、人和、运气……更何况一个面积辽阔的地区面貌的改变。"岂能事事如意,但求无愧我心",黄静波付出的努力,人们已经看到了。

1985年9月24日,这虽然是个平常的日子,但是青海人民却牢牢地记住了这一天。因为这是他们爱戴的省长黄静波要在这一天离开西宁，返回北京。所以，这又是个不平常的日子……

一辆旧伏尔加汽车开出省政府大院。大门口自发送行的上百名机关干部排列在两旁，门外大街上，"噼噼啪啪"的鞭炮声，此起彼伏。省环保局的一个干部，把一个月的工资全部买了鞭炮，他一边点燃鞭炮边向黄静波乘坐的汽车招手致意。汽车路过西宁最繁华的市区大街，街道上站了上千市民，他们不约而同地鼓掌、挥手致意。西宁大街上出现了送别黄静波的标语，"党的好干部，人民的好省长""青海四百万各族人民爱戴您"。

1985 年 9 月 24 日，得知黄省长要走的消息，从省政府院到火车站拥满送行的人，这是在站台，送别黄静波的场景

西宁市政府办公室主任送七绝藏头诗一首：

送君无须折柳歌，
黄河一曲万人和。
静台中夜思新政，
波涌心河允吟哦。
一片丹心奈老何，
路凭开拓挥金戈。
平生能遂黎民意，
安度晚年乐趣多。

送行的这天，在西宁火车站月台上，格外拥挤，人头攒动，锣鼓齐鸣：送行的省市党政军领导来了，省级各厅局长也来了，更有许多自发送行的干部、工人、市民。送行的人们前呼后拥有地失声痛哭，有的喊着要给黄省长送万民伞。

在乐都站只停车三分钟，就在这三分钟里却完成了一个动人的仪式：几百名汉、藏、土、回等各族干部群众自发等候在这里，车一停，一位藏族代表手捧洁白的哈达，匆匆上车，恭恭敬敬地把哈达挂在黄省长的脖颈上，向他鞠躬致意，又匆匆下了去。

乐都侯国柱又献诗。题秋旅蚂蚁山下，前言曰："有言静公省长忠尽为国，遗爱在民，偶成一诗云，蝼蚁山中客，闲愁话古今。筹边思汉策，经略入龙吟。一舸江湖迹，三年瀚海心。推窗望北国，万里仰高岑。"此诗可觊吾省数百万人民之心意，非作者一家之言也。金杯银杯不如老百姓的口碑。黄老您有毛泽东同志亲笔为您书写的奖状，又有广大群众美誉。还有什么比这更高的荣誉。

闻讯赶来送行的人群将车厢团团围住，争着往车窗里塞热热的鸡蛋、刚刚出锅的锅盔、炖得酽酽的奶茶，非要黄静波喝一口不可。

就在火车要启动时，站台上又挤进一个小伙子，把一篮苹果递进车窗。啊，"三红"！黄静波眼睛一亮，伸手抓起一个，一边轻轻抚摸，一边看着送苹果的人，这里有多少话要说啊！不用说，也来不及，他只是向车窗外招着手，含着笑，眼眶却又一次湿润了。黄河东流，火车东去。站台上的人已看不见老省长热情、和善、总是笑呵呵的面孔，却看见了车窗里伸出一个鲜红的苹果。

"再见吧，青藏高原！再见吧，各族人民！"黄静波含泪默念着。

这种群众自发的、浩大的场面从西宁、平安、乐都、民和，一直到青海边境，许多群众跟着车轮，跑出去好远……

古人有"桃花潭水深千尺，不及汪伦送我情"，在此应更为"青海湖水深千尺，不及百姓送我情"。一方是已经离任的官员，另一方是"眼睛雪亮"的百姓，他们之间没有任何交易，也谈不上谁曾施与谁恩惠，只有这样酒一般纯净而又浓烈的"官民深情"。这都是有因的，是必然的，是合乎情理的。

还有两个人的诗倒出了人民的心声。一个是曾刚，一个是卞劫生。其诗曰：

读黄静波省长开拓青海纪实（三首）

曾　刚

人民公仆人民爱，赤县同讴黄静波。

一世风云催骨壮，万家忧乐寄情多。

腾飞不恋京华土，鼓翼偏挑青海河？

花甲风尘上昆仑，不寻仙草不攀龙。

高原飞雪深秋冷，孺子挚心遍体红。

百日山川投俊迹，万年湖海换春容。

回蒙汉藏人皆赞，共咏青天汗马功。

卸任江源泪送君，难分难舍诉离衷。

三年携手推新政，四海联交斩旧穷。

浩绩常留传史册，劳名永记暖心胸。

乐都哈达中途献，鱼水情嗟西复东。

清廉最得黎民意

卞劫生

别年有句送黄忠，盛赞高原不老松。

月数薪金感政绩，日看荧幕忆淳风。

清廉最得黎民意，公理自铭青史中。

诗度关河传友谊，何时把酒诉离衷。

毛泽东曾说，"世间没有无缘无故的爱，也没有无缘无故的恨。"如果非要寻找"缘故"，那么百姓心中的那杆秤无疑是十分准确的。

黄静波在青海的所作所为，不就是他几十年革命本色的再现吗？不正是他"延安精神"的延续吗？

邓小平在 1980 年召开的中央工作会议上强调："一定要宣传、恢复和发扬延安精神"。

江泽民指出，伟大的延安精神是我们党的优良传统、宝贵财富，过去是今天仍然是我们战胜困难、取得胜利的法宝。坚定正确的政治方向，解放思想、实事求是的思想路线，全心全意为人民服务的根本宗旨，自力更生、艰苦奋斗的创业精神，是延安精神的主要内容。

胡锦涛强调，我们坚持和发扬延安精神，很重要的就是要大力弘扬求真务实精神、大兴求真务实之风。

习近平指出："延安精神是中华民族优良传统的继承和发展，是我们党的性质和宗旨的集中体现。弘扬延安精神，对于推进中国特色社会主义事业、实现中华民族伟大复兴具有重要意义"。

改革开放 40 年了，中国人的精神、经济生活很难有"巨变"，人们也很难有改革初期的"噱喜"了，然而却并不意味着人们心中的那杆"秤"已经丢失。

第九章

"位"退心不退　老将立新功

在真气功和伪科学面前

　　一个征战一生的老革命家，65 岁就功成身退了，可他还有几十年的人生历程，该怎样度过呢？这个命题很严肃，也很严峻。再工作吧，干政不行。待着吧，未到颐养天年之时。干什么呢？干什么才能继续有益于党有益于人民呢？

　　离休之后的黄静波又在干什么呢？

　　在 20 世纪 50 年代，黄静波任中央粮食部副部长期间，因病在疗养院疗养，不仅学了乐器、书法，还认识了一个有着武术造诣很深的花匠。

　　黄静波想到拜师学武术，一开始那个师傅还不愿意教给他，认为一个忙于国家大事的部长不会在这方面吃苦，黄静波三次登门表了决心说："我什么苦都能吃，别人怎么学，我就怎么学。"师傅见他没有官架子，又能勤学苦练，就收了他这个徒弟。

　　学了武术以后，黄静波的病情得以迅速好转，以至于在"文革"期间，又是大弯腰，又是遭毒打，都没有摧垮他的身体。

包括在 60 多岁的时候，还能在广东、青海两个大省担任重要领导职位，到高原地区生活，处理那么多事务，都离不开练武术打下的健康基础。黄静波很感谢中华传统强身健体的方式为他带来的一切：

> 武术与气功异曲同工。从科学的角度来讲，气功受到了著名科学家钱学森等人的关注。
>
> 在《论人体科学》一书中，钱学森讲述了他对气功的看法：
>
> 古今中外，都说气功可以提高人的智力。如今在我们面前出现了很大的可能性，它可以把我们国家的人民在智力上提高一步，把人的潜力进一步发挥出来，这个社会效益实在是太深了。这就是医学的第四次飞跃，智力的医学。

1994 年 2 月，原中国气功科学研究会理事长张震寰给黄静波写了这样一封委托信：

> 黄省长静波同志：
>
> 我们驻会常务理事会面临领导危机，主要是身体，常务副理事长张江明同志久病，后来肖松同志，谢焕章同志，陶秉福同志又病了，我也是带病之身工作，去年重病未愈，江浩然同志练功身体好些，但家有病人，还要买菜做饭。
>
> 一月二十六日驻会同志通过，建议您以顾问身份帮助指导我们的换届工作，也包括了日常工作，因为是有连带关系的。
>
> 本应亲临府上，汇报情况，聆听意见，打电话又不太恭敬了，因身体不好，所以先写信报告，具体情况由张建、管谦同志代达。

此时，黄静波已从青海省省长的位置上退下来，几十年的颠簸和忙碌让他渴求清闲一段时间，因此一再推辞。

黄静波是怎么接下了气功科学研究会的工作，他本人回忆到：

　　1994 年，张震寰因病不幸去世，中国科协找了一些人，未办成，后来找到我，说了许多鼓励的话，要我来管。我因为不是干这行的，不愿接。他们找了我很多次，我说实在要我接，那就下命令，我作为组织上给的任务来接。

1995 年 3 月 1 日，中国科协正式下文，任命黄静波为中国气功科学研究会（以下称"中气会"）代理事长，法人代表。

干一行钻一行，接任这个命令后，黄静波立刻对气功科学进行了深入研究。他认为，气功是我们祖先几千年传下来的宝贵财富。在历史上长期流传的气功，对我国人民生活的各个方面，包括思维方法、智慧开发、医疗保健、身心素质、道德修养和促进生产发展等方面，都有广泛而深刻的影响。

但气功毕竟产生于古老的年代，经受了几千年封建社会的熏陶，留下了深刻的历史烙印，难免存在一些糟粕。因此，在继承这一宝贵财富时，必须采取分析的态度，发扬精华，摈弃糟粕，而不能兼收并蓄。

气功在历史上，长期带着神秘的面纱。中华人民共和国成立后，20世纪 50 年代，有的医院，曾将气功用于医疗，取得了鲜明的效果。但其后，由于种种原因，气功事业得不到应有的发展。

改革开放以来，社会环境比较松宽，一些传统功法逐步在群众中流传，不仅用于治病，有的还用于健身、开智、有的还用于农业生产。一些科学家，对此引起重视，用科学手段，对气功进行研究。

为适应并推动这一形势的发展，在各级党委和人民政府的关怀领导下，在彭冲、钱学森、张震寰同志等一批党政军老同志和科学家以及各方面热心气功事业的人们的支持、参与下，1985 年成立了中国气功科学研究会；各省、自治区、直辖市也纷纷建立了各自的气功科学研究会。各级气功科学研究会的建立是气功事业发展的一块里程碑，开创了我国气功事业的一个崭新的阶段。

但是，由于气功事业的迅速发展，气功舞台上各种人物纷纷登台亮相，气功队伍鱼龙混杂、泥沙俱下，不仅传统气功中的糟粕浮出水面，尤其值得注意的是：一些怀有政治野心的家伙，一些利欲熏心的人，看到气功容易笼络群众，掌握群众，便把自己打扮成为"大气功师""宗师""传人"，招摇拐骗，兜售其伪劣气功。这一问题，随着时间的推移，日益突出。到第二届理事会持续工作时，气功事业中的问题已很严重，如何辨别精华和糟粕，如何识破伪劣气功，以扬善抑恶，扶正压邪，拨正气功事业发展的航向，成为一项不可轻视的重大政治任务，它关系到气功事业的发展前途，关系到社会的安定和两个文明建设。

1995 年 7 月 21 日，中国气功科学研究会，向国务院人体科学工作组、中国科协、国防科工委呈报了《关于气功科学发展几个急待解决问题的报告》：

……三类是少数气功门派师借传授气功大肆宣传迷信，发展会道门和发不义之财。例如法轮功等，他们利用群众迫切要求治病的心理，乘人之危，弄虚作假，敲诈勒索；把自己打扮成在深山修炼十几年、二、三十年，是道家、佛家多少代掌门人，"救世主"，现在奉佛祖、道长之命出山拯救人民，散布"人类将要毁灭"，"地球将要爆炸"的谣言，迷惑蒙骗部分群众参加他们的功派活动。卖"宝瓶"可以治百病（一个"宝瓶"成本十多元，要卖五百元以上），以诈骗钱财，坑害群众，必须坚决揭露，彻底清理。第四类是极少数人利用气功实现个人政治野心。他们目空一切，从思想上、组织上同党和政府争夺群众。他们建立全国性的组织，进行跨省市的活动，并向港澳台和国外发展。有理论、有纲领、有组织，构成了对社会安定的严重威胁。为此，我们建议政府有关部门审时度势，对其本人和功派采取果断措施，以免养痈为患。但对其练功群众应进行教育团结。此外，还有一些气功师用各种手段迷惑群众，诈骗钱财，吃喝嫖赌抽五毒俱全，大肆挥霍，以至强奸、诱奸女弟子，生活糜烂，道德败坏。

同时，黄静波也提出了气功科学组织上的弊端：

> 气功师是我国气功事业的骨干队伍，是"科技兴国"的一支方面军。但是由于种种原因，目前凡是功德功能比较好的气功师，多数人的政治、科学、文化素质都比较低，这是气功界出现的许多问题的基本原因，要从根本上提高气功师队伍的整体素质。但是，目前我国的气功科学组织多头并立，各管各的人，给气功师的教育培训造成了许多困难。建议有关部门协同各气功科学组织，共同制定教育培训计划，或授权某一气功科学组织统一管理，或几家统一步调，共同组织实施，并逐步过渡到统一领导，建立起一套规范化的气功师培训考核发证的管理制度。

在众多的功法派别当中，法轮功引起了黄静波的关注，表面看来很多群众以此来锻炼身体，经过了解才知道，也有很多群众偏听偏信一家之言，在精神上失去自我。看到这种情况，黄静波非常焦急，迅速对法轮功的源头进行了大量调查，早在 1996 年 12 月中气会总结了《关于法轮功（李洪志）问题的情况》，对这法轮功进行了揭批。

1998 年 11 月 26 日，中气会向李岚清副总理直接写了报告。揭批"法轮功"，1999 年，他们又连续三次向江泽民总书记、朱镕基总理写了报告，向中央提供了若干重要情况，汇报了中气会开除法轮功的经过：

> 李洪志的"法轮功"在 1993 年 3 月在其未暴露反动面目之初建期，经第一届中气会张建秘书长、管谦副秘书长接纳，加入我会。1995 年 3 月，黄静波同志调来我会任代理事长后，在他领导主持下，根据各地练功群众对法轮功的反映，进一步对法轮功做了调查摸底。于 1995 年 7 月 21 日向人体科学工作组、中国科协、国防科工委写了《关于气功科学发展几个急待解决的问题的报告》，提出："法轮功大肆宣传迷信，发展会道门和发不义之财"，"散布

人类要毁灭"，"地球要爆炸"等谣言迷惑人，"必须坚决揭露，彻底清理"。在此期间，我会多次通知李洪志来我会，以便对他进行批评教育拯救。然而，李洪志抗拒不来。1996年7月，国家新闻出版总署发出《关于立即收缴封存〈中国法轮功〉等五种书》的通知，我们立即转发给各地气功科学研究会，协助执行。1996年9月12日，我会整理了《关于法轮功（李洪志）问题的情况》专门材料，正式将李洪志法轮功清除出我会。并于1996年12月9日向民政部社团司、中国科协学会部等领导部门作了《关于李洪志"法轮功"问题的情况反映》的报告材料，抄报公安部、安全部办公厅、人体科学工作组，抄送各省、自治区、直辖市气功科学研究会。

1999年4月25日，一万多名"法轮功"练习者在中南海周围聚集，在国际国内造成了极坏影响，被称作"4·25"事件。

7月，民政部作出了取缔法轮大法研究会的决定：

经查，法轮大法研究会未经依法登记，并进行非法活动，宣扬迷信邪说，蒙骗群众，挑动制造事端，破坏社会稳定。据此，依照《社会团体登记管理条例》有关规定，认定法轮大法研究会及其操纵的法轮功组织为非法组织，决定予以取缔。

中华人民共和国民政部

1999年7月22日

2002年10月，中央精神文明建设办公室副主任王茂林同志受李岚清副总理委托，约见了中气会理事长黄静波，对黄老的工作给予了高度肯定。

他说："黄老主持中国气功科学研究会期间，在气功大潮中，发现了法轮功的问题，在中央没有表态的情况下，坚持住了原则，在政治上把住了关。现在，气功管理体制进行了调整，健身气功归体育总局管，医疗气功归卫生部管。黄老主持工作的这一段，为中国气功科学研究会的工作画上了圆满的句号。"

2003 年 2 月，黄静波和中国科协学会部部长马阳、国家民政部社团管理处处长刘忠祥等商讨中国气功科学研究会清理整顿事宜。马阳说："首先感谢黄老在任期间对'中气会'所作出的贡献，特别是 1996 年将法轮功开除出'中气会'，为中央以后取缔法轮功组织创造了有利条件。同时，黄老在任期间，没有吸收对社会有危害的气功组织为会员，把好了关，其成绩是有目共睹的，也得到了中央领导的肯定。"

虽然主持中气会的这些年，黄静波感到从未有过的疲惫，早就想彻底退休，但是中国气功科学研究会因种种原因停办，黄静波仍感到非常惋惜。

他认为"法轮功、中功等伪劣气功的坏影响下，中国气功科学被蒙上了阴影，这是一个很大的遗憾。"

按理说，人们不会想到，一生为党征战，为民服务，主抓粮食主抓经济的老革命家，在其晚年的经历中，还有研究组织气功科学事业的精力。

其实很简单，也不奇怪，我们不能认为革命者的一生，只是扛过枪、渡过江、负过伤、领过奖章的战士。黄静波除了做党的工作群众工作之外，他还酷爱京剧、酷爱书法、酷爱武术、酷爱气功。可以说，黄静波还是传承中华传统文化的酷爱者、实践者、先行者。黄静波的爱好很广泛，成就也是多方面的。说全才如果说过了，是个全面发展的人，不为过也。

很自我的日子

2004 年 2 月，陕西省一个小山村中叫马胜金的人给黄静波写来一封信，信中说："黄爷爷，我们真想不到您还能找到我们，这么多年过去了，您还能记得当年的事。……爷爷活着的时候，经常提起您，说您那个时候真是顽强……"

看到这封信的时候，不了解实情的人根本看不懂说的是什么，一经解释才恍然大悟。原来，从气功科学研究会退出来以后，黄静波终于过上了从未有过的清静日子，回想自己最困厄的时候，曾经还有那么多帮过自己的人，既心酸又充满暖意。那些人还在吗，他们都还好吗？

被造反派囚禁的时候，那些悄悄"巡逻"的工人、群众，他们偷偷送来的热腾腾的饺子，就像是一颗颗人性未泯的良心，让人心里暖暖的。

知恩图报，黄静波想起这句话时总有些内疚，这么多年过去了，他都无暇去回报这些救他于水火中的人。他不仅要回报群众的"大爱"，还要回报每一个活生生的、曾经施以援手的人。如今，他终于有了属于自己的时间，于是开始了颇费周折地寻找。

马向业，是他找的人之一，"文革"时曾经帮助过他的一个热心的矿工，经过努力查找，马向业原籍是陕西，从抚顺煤矿退休后回到陕西老家。由于时间久远，马向业已经去世，他的儿子马登峰还记得这回事，给黄静波回信的则是马向业的孙子了。

黄静波找来很多这样的隔代的"交情"，邀请他们到家中做客，使得家中人来人往，热闹非凡。

有人说："没有永远的朋友，只有永远的利益"，这话是谬论。永远的朋友，有，但少而珍贵。永远的朋友如同稀有的珍宝，让很多人可遇不可求，可望而不可即。而且永远的朋友是不讲利益的，讲利益的朋友不久长，讲友情的朋友才长久。

人是"社会中"的人，是很难脱离其他所有人存在的，因此，现代社会的交际场合都讲究人的"背景"，一个人的"背景"往往决定着他的"位置"。黄静波的"背景"是一个普普通通的温馨家庭。

黄静波几十年来，都在中央和省市从事领导工作，手中的权力可谓很大，然而他能始终做到只求奉献不谋私利，一身正气两袖清风。

黄静波有多个子女，他们结束学业后，都在工厂、医院和学校工作。改革开放后，出国风盛行，子女们有的也想到国外求学深造闯事业，请求老父帮助。

黄静波多次申明，"只要组织上派你们出国，我全力支持，勤奋工作，在国内也会作出一番事业的，外国人都到中国创事业，中国人何必非到外国去！"

至今，他的子女们除一子曾随其爱人到西部非洲一个小国打工外，其他都在国内安心工作着。

黄静波生活俭朴，不吸烟、不饮酒、不喝茶。一日三餐，早晨一碗稀粥，一个馒头，偶尔加个鸡蛋；中午一碗米饭，一荤一素两个菜，晚上则是他喜欢吃的长条面，他能吃两碗，津津有味。

这还是他退休后的日子，在青海工作期间，他的两个"基本菜"还是酸白菜和辣酱。他常说中国的老百姓生活虽有了些改善，总的说来还很低，令人心不安。

他的司机说："外事招待能不参加他就不去，非参加不可的往往还借故中途离席，跑回家来吃，还说宴会上菜多他吃不饱。"

黄静波1953年就定为国家七级干部，老伴高宗一享有司局级的医疗待遇，他们夫妻的收入可谓比较丰厚，可他们一家人的生活都十分俭朴。

老伴说是为了"培养俭朴习惯，防止脱离群众"，经过深谈她才说出实情："黄静波熟人多，交际面广，家又住在首都，往来宾客不断，烟茶客饭招待，赠送小礼品，送车票路费，亲朋有急事求助，以及遇到亲朋婚丧等赠款赠物，静波的收入往往入不敷出。家庭日常生活主要靠我的工资来维持，既要在生活用度上节俭，又不能使他在家庭生活上增加负担。静波曾几次出国公务访问，回来除了资料图表，没有带回任何洋物赠送家人。"

生活中的贤妻良母，革命事业中的刚正女杰，伴随着黄静波度过了71个春秋，2009年3月，高宗一在病痛的长期折磨下病逝，享年90岁。

共度了那么多的风风雨雨，又一同走过战争年代，两人能始终相扶相携、琴瑟和鸣，实在是一段难得的佳话。

黄静波虽不曾像庄子"鼓盆而歌"那般超脱，但是他已经习惯了在平淡中哀伤。回首他在前线戎马倥偬、坐镇指挥的时候，妻子高宗一既要干好本职工作又要拉扯孩子，艰难清贫。

黄静波曾经给妻子这样的评价，虽然略显生硬，可足见其敬重之情："高宗一谦恭忍让，从不抱怨，是一个富贵不能淫、贫贱不能移、威武不能屈的强者。"

1967年，那个混乱的年代，黄静波被打成"现行反革命"，含冤坐牢，家被抄了，妻子带着孩子流落街头、走投无路。

黄静波托人带给妻子两句话："不要连累了你和孩子，咱们分手吧；我决不会自杀，除非枪毙!"

在那个年代，"断绝关系""划清界限"是非常常见的事。然而他们的爱情是经过磨难和历练的，妻子始终如一坚信丈夫的立场，在这样的危难时候，她并没有为了一时的安稳甩开包袱，坚贞不渝的爱情成为他们支撑彼此勇敢生活下去的力量。从不求人的妻子求人了，顶风冒雨、领着孩子四处奔波，为丈夫上访达11年之久。

经历了太多的悲欢离合，只有在两个人八九十岁的时候，才享受到了"天伦之乐"，一起品茶聊天，听听秦腔、京剧，练练书法、绘画。吃了那么多的苦，享到这一点点的福两个人就都已知足。

因为他们知道"人生不如意十之八九"，可见，如果不"坚持"活到100岁，那"十之一二"的如意就可能很难享到了。

对于他二老的赞颂之词，借用其长子黄少南在两人九十大寿时所作诗歌：

革命七十年，
四海留清名。
风雨难骞志，
正气浩然人。

黄静波是只有爱没有恨的人，他对"文革"整他的人也恨不起来，但他瞧不起他们。他认为，运动一来，总有些私心大暴露的人凶相毕露，这不奇怪，恨他们干什么？这些可笑的可怜虫，早晚要进历史的垃圾堆。

对毛主席，他永存真爱，谁想否定都不行。

2011 年，在纪念毛泽东诞辰 118 周年的日子里，他和来访者就如何看待毛主席，如何看待"文化大革命"，有如下对话：

问："你和许多老同志'文革'中都受到迫害，为什么还对毛主席的感情一如既往？"

黄静波指着墙上挂着的毛主席给他亲笔书写的奖状说："我是在毛主席的教导下成长起来的。我 85 岁时写了一首自述诗：

八十五岁吾回眸，

革命理想奠基础，

追寻领袖志不移，

践行题词永为伍。

革命一生看最后，我努力要做的就是要证实给世人，毛主席没有表扬错，没有看错我这个人。毛泽东不仅是中国的，也是世界的伟人。有些人反对毛主席我是不同意的，因为他完全是个人恩怨出发，而不是站在历史、站在人民大众的立场上。

"文革"中，我虽然也是九死一生，但我对毛主席没有怨恨。整我的人是那些当了权的坏人。有些人把"文革"中坏人干的坏事都推到毛主席身上，有些人把新中国成立以来出现的问题都推到毛主席的身上，也是不公正的。新中国成立以来那几次所谓路线斗争是毛主席一个人搞出来的吗？陆定一同志讲得好，毛主席所犯的错误，不是他一个人的错误，历史不是他一个人走出来的，我们都拥护、支持和执行过。是全党一起走的。我是中央的领导成员之一，主管文教和宣传工作，主席在这方面的错误我也有分。这是他在中央顾问委员会上的讲话。毛主席对我，对我们这个国家，这个民族的恩情是很深厚的。

2007 年春节，温家宝总理安排了慰问老红军的活动。他问候了黄静波，并约定要去看望他。然而由于公事繁忙未能成行。

6 月 10 日，在北京亚运村的黄静波家中，黄静波及家属 20 多人在家门口迎接贵宾，上午时分，温家宝驱车到来。

温总理和大家一一握手，看到黄老孙媳妇怀中的两岁小男孩，边笑着问"这是……"边亲切地摸了摸他的头。

坐定后，温总理谈起了黄老在青海的那段不凡的经历："从开放的广东到闭塞的青海，搞改革开放，很不容易，刚开始啊！青海发展到今天，你在工作中取得的成绩埋没不了！搞改革开放，多亏（当时）'超前'。如果一直'超前'，青海也许变化更大！"

温家宝总理与陕北老红军黄静波交谈

对于今天的青海，温总理谈到了国家关注的几个重点："青海地广人少，矿产资源丰富。青海的水利建设很重要，为保护三江源的生态，国务院拨了 70 个亿"，青海的牛羊肉味美而不膻，想当年，黄静波曾想大力发展青海牛羊肉的出口贸易，温总理也关注到了这个行业的发展，他说："青海的牛肉面行业，出来了 30 万人在各地。"

闻听过几天就是黄老 88 岁寿辰，温总理真诚地为他预祝米寿："从土地革命，到抗日战争、解放战争，到全国解放以来几十年间，您对党和人民做了有益的工作。希望您保持精神愉快，健康长寿！"

国家领导人对老一辈革命家的关心和肯定，为黄静波带来了阵阵暖意，他感到了中国当今执政党浓浓的人情味，并为他们继续关注着自己未竟的事业而深感欣慰。

"米寿"是八十八岁的雅称，因为"米"字拆开，上下各有两个八，中间是十。2009 年，是中国共产党的"米寿"，从 14 岁加入共产党，到相差两年的"米寿"，黄静波的生命历程一直与党的成长相伴，党的发展史的组成，又何尝不是一个又一个鲜活的人生！这一年七月，黄静波将"米寿"的祝词和殷切的期望在心里写了一遍又一遍。

血浓于水。当拼搏与付出成为回忆，黄静波因患喉部疾病已经很难说清什么话；而他也唯有无话可说的怅然若失，以及无话可说的满足……他的心海之波永不静。一会儿想陕北、想延安、想榆林、想绥德、想米脂、想清涧、想甘肃、想抚顺、想广东、想深圳、想青海、想西宁、想青海湖……

他想起抚顺救过他护过他的矿工们，成了他家的座上客，广东的改革先驱者成了他的座上宾，青海的朋友不远万里的来看他。而他又几次回陕西、回陕北、回延安、回榆林，访故旧，访故土。他在父亲墓前哀思，他在祖坟前默悼。他看望谢子长夫人尤祥斋、刘志丹夫人同桂荣、高岗夫人李力群、习仲勋夫人齐心。他在横山参观高岗故居，他在绥德、米脂、清涧访问当年的老战友。他在三十里铺听歌剧，如今的榆林地区今非昔比了。榆林过去以贫穷出名，如今以中国新能源基地闻名于世，黄土高原正在发生改天换地的变化。

2007 年，黄静波和妻子高宗一回到阔别半个世纪的故乡。榆林市和横山、米脂、绥德、清涧等县领导热情接待这两位青少年时即投身革命的老同志。

陪同的市县领导以自豪的心情介绍榆林这块神奇的土地最新的考古发现，陕北秦朝全天星台遗址主要分布在榆林的 11 个县。这些星台不仅与天空的星宿一一对应，还分别对应秦帝国的疆域山川、郡县城障、宫廷林园、文武百官，尤其令人眼花缭乱的是遗址总体轮廓为女娲补天形。"女娲"头北足南，其身高体宽的个位数合为九五之尊，女娲形自下而上共分九层，各层各有其名。含不同星宿或星宫，应对了"天有九层"的古老传说。这些星台还与各种神话等精神世界相呼应，构成了完整的"地上天国"秦长城，秦直道和秦星台交集在榆林地区，证明榆林历史的辉煌。

行走在"地上天国"，眼看着家乡浓郁的现代气息，黄静波深情地说："老天是公道的，大自然给予陕北人厚重的恩惠，要珍惜资源，科

黄静波（中）与亲友在一起（刘晨婧摄）

学利用资源，让陕北富裕起来，造福子孙后代。"

2013年夏天，北京的阵雨特别得多，黄静波感到自己的回忆也多了起来，记忆的长卷展开，每一幅的色调都是那么明艳，他的记忆通过了"保护程序"后，所有的晦暗、悲苦、凶残、阴翳的内容都进入了"缺省"状态，留下的是灿然、明媚、温和、友善的人间与人生……

在峁塬逶迤的陕北，一个放羊娃听说，有一支队伍为穷人打天下，放羊娃放下鞭子成了"红小鬼"。

"红小鬼"带着小朋友在山坳里唱歌，一个绰号叫"猴脑"的小孩唱起歌来却最笨，教了他五十多遍才不跑调。

"红小鬼"得了伤寒，感觉世界离他越来越远，是一碗香喷喷的"驴皮汤"唤醒了生命的记忆，此后，世间任何美味都不能和它相比。

在每一次反"摩擦"斗争最激烈的时候，同志们一看到他眉头一皱，就知道"小钢炮"又要开火了。义正词严，何愁"火力不足"，狂扫之后，滋事者的表情已"千疮百孔"。

一边是广大官兵挽起袖子大生产，一边是农民一般钻在棉田里的"县长"搞科研，棉花中藏着无穷的奥妙，要不是战士们等着棉布，就是一辈子做个棉农也甘愿。

沙家店的枪炮声刚刚打响，他和当时民政科的老郭迅速撤退，他行动快捷，打算从山上穿过，老郭身材较胖、动作迟缓，打算从山沟绕远路，结果敌人穷追山上的目标，回到营地时，老郭竟然已"恭候"多时，最远的路竟然是最近的距离！

自己在"牛棚"中蹲了十年，出来后见到抚顺煤矿工人老张，本为老张会表示同情、安慰几句，没想到他第一句话就是"嗬，头发居然一点都没白，你的心真宽！"因为头发的原因，老张的敬佩之情油然而生，谈起他必提这件事。

一想起在深圳堵截外逃者，他就双重感慨。没有农民纷纷外逃，逼的管理者无法管理怎么能有开放呢？开放也是逼出来的。黄静波有幸和习仲勋、吴南生、刘田夫、许世杰、王全国、杨应彬、方苞、梁广大等人成为改革开放最早的先行者、实践者。

最开心的事莫过于"苹果状元"从青海寄来的信,"老省长,今年'三红'苹果大丰收啦!"这时的心里,就像吃了一个苹果那么甜……

画卷还在展开,精彩还在继续,虽然和他一路走来的战友、伙伴、同志都已经一个个地和他微笑着告别,这幅巨制却并没有因此缺少观众,反而有更多的人来欣赏、学习。

黄静波曾经在诗中写道:"甘当革命铺道石,喜看事业霞光曙。"革命的路很长,铺在上面的石头也很多,有的是圆圆的鹅卵石,有的是粗粝的沙石,有的是闪着血丝的雨花石,有的是"零落成泥碾作尘"的碎石……而黄静波选择的,是陕北清涧的青石板,人们需要行走的时候,它是道路;人们需要休息的时候,它是床板;人们需要工作的时候,它是桌椅;人们需要吃饭的时候,它是锅灶;人们一一故去的时候,它是默默守护的墓碑……层层剥开的青石板,是坚实质朴的人间大爱。

如同陕北清涧的青石板一样坚强、坚贞、坚定、坚硬的黄静波,您出生在黄土高原的黄河边,您成长战斗在黄土高原的黄河上,您情系黄河——母亲河,您来到黄河源头为黄河啊!黄河不会忘记您的功绩,您留给黄河的记忆将源远流长!

后　记

陕北老红军黄静波是党长期培养并经历了严峻考验的优秀领导干部。他把毕生精力献给了中国革命、建设和改革开放事业，作出了卓越贡献，立下了不朽功绩（见《青海日报》：2014年12月8日"黄静波生平"）。

写黄静波传记，历时多年，应远离了他们经历的时代，"今日世途非旧日，此时人难解当时意"，真正走进老人的内心世界，经历了一个漫长的旅程。

黄静波一生坎坷多多，青年峥嵘，得过毛泽东亲笔题词的嘉奖，出生入死，经历过枪林弹雨，也坐过"四人帮"的监狱，历经大波折而又超越一己的悲苦，一心挂念西部的崛起和祖国的腾飞。

开始，因限于客观条件，只是想把他的一生记录下来系统整理，作为一个革命老人的精神财富留给后人，让他们都能了解自己先祖经历的人生，干过的事业，对社会的贡献，知道他们的"根"在哪里，自觉把红色基因传承下去，因此笔墨重在书写老人一身闪亮的地方，是事迹的堆积和串联，没有能认真品味、理解老人及老一辈革命家在党领导的革命事业中，千锤百炼中产生的革命精神，其优良作风对时代和历史真正的意义和价值。我们自己也不满意传记的浅薄的水准。

习近平总书记关于新时期、新长征中党的建设的系统思想和重要论述，给我们深化认识开拓出新的思路。

黄静波不仅是一个有革命资历的老人，也是一个有思想、有故事、有建树的老同志。黄老95岁生日时，对贺寿的亲友们讲，我可以宣布三件事：

一、我没有贪污；

二、我没有给子女亲友谋私利；

三、我没有欺负过老百姓。

革命一生看最后，老人的这三句话，经典地总结了他的一生。他是一个不忘初心，始终保持人民公仆本色的真正的共产党人。黄静波身上具有的革命精神和崇高的思想理念，是在共产党领导下，无数革命先烈和老一辈革命家团结奋斗的伟大事业中铸就的。这也始终是共产党的正能量和前进的主流。不仅是共产党的光辉和精华，也是中华民族的骄傲和自豪。

古人曰："文章为世用者，百篇无害，不为用者，一章无补"。我们希望《公仆本色——陕北老红军黄静波传》这本书能够在党的继往开来伟大事业中，体现出一个共产党员用自己的实践传承党的革命精神和优良作风的价值。这本书多次易稿，写作过程中，我们到甘肃、陕西、抚顺、广东、青海和陕北清涧，绥德档案馆查阅资料，并走访了一些老乡、老同志、老战友，也从一些老同志的回忆录中，发现收集与黄静波相关的史实。在成书过程中，对给予我们帮助的同志、亲友；审阅书稿的中央党史办的同志，及人民出版社的领导和编辑同志为本书作出的辛勤劳动，一并表示衷心感谢。

本书部分资料提供者包括《公仆的辉煌》（人民出版社出版）一书作者陈宗立、禾习三木、刘海旺、任仲儒、黄桂清，以及《杨小民案解密》一文作者田润民，《一条棉裤》作者韩义林，《温家宝总理看望陕北老红军》作者李蔚；引用了《陕西粮食史志资料》部分内容。雷笛（于淼）、何丽在此书成稿过程中亦有贡献，特此致谢。

责任编辑：宰艳红

责任校对：吕 飞 白 玥

图书在版编目（CIP）数据

公仆本色：陕北老红军黄静波传 / 郭兆文，黄少南，高建鹰 著 . — 北京：
人民出版社，2018.7
ISBN 978－7－01－019454－7

I.①公… II.①郭…②黄…③高… III.①黄静波－传记 IV.① K825.2

中国版本图书馆 CIP 数据核字（2018）第 128131 号

公仆本色
GONGPU BENSE

——陕北老红军黄静波传

郭兆文 黄少南 高建鹰 著

人民出版社 出版发行
（100706 北京市东城区隆福寺街 99 号）

北京中科印刷有限公司印刷 新华书店经销

2018 年 7 月第 1 版 2018 年 7 月北京第 1 次印刷
开本：710 毫米 × 1000 毫米 1/16 印张：18.75 插页：0.75
字数：260 千字 印数：0,001–6,000 册

ISBN 978－7－01－019454－7 定价：58.00 元

邮购地址 100706 北京市东城区隆福寺街 99 号
人民东方图书销售中心 电话（010）65250042 65289539